MÉMOIRES DE MARIE
fille d'Israël

DU MÊME AUTEUR

NI SAINS NI SAUFS, Laffont, 1954.

JACQUELINE SAVERIA HURÉ

MÉMOIRES DE MARIE

fille d'Israël

LA TABLE RONDE
40, rue du Bac, Paris 7e

ISBN 2-7103-0391-4

A Francis qui m'a aidée de son intelligence et de son cœur.

... Tout le surnaturel, même le plus sensible, est fuyant comme le rêve...

MAURICE CLAVEL, *Le Tiers des Étoiles.*

PREMIÈRE PARTIE

I

Tout compte fait, je préfère en sourire, mais ce qui m'est arrivé hier m'a tellement surprise que j'ai mis du temps avant de savoir ce qu'il fallait en penser. Je me trouvais par hasard dans la grande salle de notre maison de Jérusalem qui sert de réfectoire aux frères. Cette pièce est divisée en deux parties par une tenture que l'on ouvre seulement pour les réunions de l'Assemblée : c'est un cadeau de Paul qui nous l'a apportée de Damas. J'étais donc d'un côté, près de la fenêtre, distraite par la servante qui balayait la cour, autour du figuier, et j'entendais de l'autre côté ma belle-sœur Esther, ma cousine Myriam, et ma vieille amie Ruth occupées à mettre le couvert.

Il me sembla qu'elles prononçaient mon nom. Il n'est pas interdit de parler de moi, mais je m'étonnai d'être le sujet d'une conversation. Je tendis l'oreille et j'eus tout à coup la sensation étrange de m'apercevoir dans les propos que j'entendais. C'était bien de moi, Marie, qu'il s'agissait.

Nos sages ont à ce point méprisé les bavardages de femmes qu'ils ne se sont jamais lassés d'en bavarder eux-mêmes pour recommander de s'en méfier. Je ne suivis pas leur conseil et j'écoutai Myriam qui était la plus caustique. Elle expliquait que, dans mon enfance, j'avais tout fait en retard : percer mes dents, parler, marcher. J'étais d'ailleurs venue au monde après une attente singulièrement longue, ce qui avait provoqué chez les matrones de Nazareth des sentiments mélangés d'admiration et de crainte. J'étais déjà vieille d'un an qu'elles se disputaient encore pour savoir si cette lenteur était un bon ou un mauvais présage. Petite fille, je n'avais montré aucun penchant, aucune disposition particulière sauf peut-être pour le jeu de la flûte, mais mon père, assourdi par les sons que j'en tirais, m'avait un soir confisqué l'instrument et ne me l'avait jamais rendu. L'appétit par contre ne me manquait pas, ni la bonne volonté pour avaler sans grimaces les potions que ma mère m'infligeait, foie de poisson, ou tisanes de racines, afin d'écarter les maladies. J'avais appris sur ses genoux les rudiments dont les filles doivent se contenter. On mettait à mon passif quelques colères et des espiègleries sans conséquences. Bref, je ne m'étais distinguée en rien.

Ruth prit le relais. Elle n'avait remarqué chez moi aucun enthousiasme pour le mariage. Adolescente, je n'étais ni coquette devant les jeunes gens ni impatiente de fonder un foyer. On m'avait unie à Josef parce que nos deux familles étaient parfaitement assorties : Josef exerçait un métier considéré, il était de bonne souche, on disait même qu'il comptait le roi David parmi ses ancêtres.

— Aucun doute, affirma Esther, Mardochaï me l'a certifié.

Du reste, si ce n'était pas vrai, les ennemis de Jésus lui auraient jeté le mensonge à la figure.

Myriam enchaîna. Josef n'avait pas été un père comblé : je ne lui avais donné qu'un fils. C'était un homme sérieux ; moi par contre j'étais fantasque. Je m'étais assagie plus tard, mais, à cette époque, je n'en faisais qu'à ma tête. Mère avant tout, entièrement vouée à mon nouveau-né, mes attentions envers Josef étaient plus que discrètes. Il ne s'était jamais plaint, au contraire, il me passait tout. Quand on lui adressait des compliments, il répondait gentiment :

— Mais non, ce n'est pas moi, c'est Marie qu'il faut féliciter.

Quant à ma grossesse, on n'avait pas fini d'en jaser. Personne à Nazareth n'était parvenu à se mettre d'accord sur le nombre de mois qu'elle avait duré. Le calcul était d'autant plus incertain que j'avais accouché en l'absence de tout membre de la famille. Et dans une grotte ! Peu de temps après mon mariage, j'étais partie sans crier gare pour Ein Kerim, chez ma cousine Élisabeth. J'avais prolongé mon séjour, laissant ce pauvre Josef se morfondre seul à la maison. D'Ein Kerim j'étais revenue enceinte pour repartir ensuite à Bethléem. On n'avait d'ailleurs pas compris la raison qui m'avait poussée à accompagner Josef pour le recensement alors que j'en étais à la fin de ma grossesse.

— Il fallait bien, le recensement était obligatoire, prétendit Myriam.

— Mais non : seuls les chefs de famille étaient tenus de se faire inscrire dans leur ville d'origine. Marie aurait pu rester tranquillement à Nazareth au lieu de courir la route et de risquer un accident. Un accident, tu te rends compte ?

La conversation se prolongeait. Dans mon coin, je commençais à m'inquiéter et à sentir ma gorge sèche comme un tesson. Tout n'était pas encore dit, je craignais ce qui allait suivre, on y arrivait pas à pas.

— Crois-tu que Marie ait su que son fils était le Messie d'Israël ? A toi, Ruth, a-t-elle fait une confidence ?

C'était la voix de Myriam. Il y eut une pause, quelques soupirs. La question n'eut pas d'autre réponse.

Jamais silence ne me fit plus de bien. Il couvrait la place qu'auraient pu occuper l'imprudence, la maladresse, l'indiscrétion. Il me sauvait, et il sauvait aussi l'affection dont j'entourais mes compagnes. J'en étais quitte de savoir ce qu'elles diraient lorsque le rideau qui me cacherait serait celui des morts.

J'ai produit mon fruit. Le Tout-Puissant a fait en moi de grandes choses. Ma course a atteint son but, mais aussi sa fin. Me voici très loin dans mon âge, il me faut rendre à Dieu ce qui est à Dieu. Les journées ne me servent qu'à raidir mes doigts déjà gourds, je ne file plus le lin ni la laine, une autre verse à ma place l'huile des lampes, je ne touche pas au feu depuis que Jean me l'a interdit. Mes amies parlent de moi comme dans leur mémoire. Le moment est venu de considérer la succession de mes souvenirs au lieu d'en choisir un, par-ci par-là, pour me complaire. Avant de quitter la salle j'ai entendu Myriam prononcer :

— Il y a un secret dans la vie de Marie.

Ma vie, depuis son début jusqu'à ce jour, le Saint, béni soit-Il, en a noté les mérites et les défaillances. Qu'il lise en mon âme. Il est mon Juge, il est aussi mon Soutien. En ses mains, je place les miennes après les avoir élevées vers Lui.

Je suis née au pays d'Isaac et de Jacob. Mes parents étaient des juifs pieux qui m'apprirent dès l'enfance à respecter la Loi. Ils m'enseignèrent aussi notre histoire à partir de la création quand le souffle de l'Éternel planait seul à la surface des eaux. « Bereshit ! »

Que la lumière soit, et elle fut. Il y eut un soir et un matin. Le ciel et la terre achevés, Dieu contempla son œuvre, bénit le septième jour et le consacra.

Très tôt, je connus les grandes choses du Livre. Je sus que le Créateur ayant tiré le premier homme de la glaise le nomma Adam puis qu'attristé par sa solitude, il lui adjoignit une compagne qu'il nomma Ève. De leur union naquirent les peuples de l'Univers. Au sein de cette multitude, le Créateur choisit une tribu qu'il instruisit de sa vérité et de sa volonté. C'est ainsi qu'il contracta avec Abraham le Père une Alliance frappée de son sceau, alliance qui fut la raison d'être de toute famille juive, donc de la mienne.

De mes premières années à Jérusalem, je garde peu de souvenirs sinon de la piscine de Bethesda qui avoisinait notre maison. Mon père y occupait une fonction, je ne sais laquelle, peut-être de surveillant, car il était trop vieux pour exercer le métier qui lui avait été enseigné dans sa jeunesse : manier la pierre et le mortier n'était plus de son âge. Quand la trompette annonçait l'ouverture des portes du Temple, moi, j'ouvrais l'œil et je voyais mon père déjà debout, vêtu de sa tunique, phylactères au front, tephilim au poignet. Ma mère acceptait parfois que je le suive à son travail mais à contrecœur. Elle craignait la bousculade autour des bassins et prétendait que les enfants devaient dormir longtemps.

A la piscine aux cinq portiques, les éclopés se disputaient leurs places. Certains qui avaient fini par me connaître me tendaient la main ou le moignon. Un paralytique toujours assis au même endroit m'avait pris en amitié.

— Tu vois, Marie, l'eau qui s'agite sous la poussée de l'ange ? Celui qui plonge dans le bassin à ce moment-là est guéri miraculeusement. Mais moi, comment ferais-je ? Alors j'attends que Dieu me donne un coup de pouce !

Je ne crois pas être allée à Séphoris, bien que la métropole de Galilée soit proche de Nazareth et que l'on puisse effectuer l'aller et retour en une seule journée. Mes parents, et plus tard Josef, évitaient les villes païennes, sièges de garnisons et lieux de débauches. Séphoris, aux murs prétendument imprenables, fut de tout temps le théâtre de ravages indescriptibles, incendies, combats, représailles, crucifixions. Il était juste de s'en détourner. Nazareth, par contre, enchâssée dans la vigne et l'olivier, Nazareth dont mon enfance parcourut les ruelles, les impasses, les places, les carrefours, rajeunit ma mémoire. Dans notre maison adossée au rocher, ma mère, à la première veille, m'attire sur ses genoux. Elle me prépare pour la nuit, me nettoie les mains et la bouche, et me parle. Elle me raconte comment le Tout-Puissant a béni notre clan et permis qu'ayant résisté à l'idolâtrie, nous soyons demeurés sains et saufs, Israélites à part entière. L'or que convoite le cupide, le pouvoir qu'achète l'intrigant, ne valent rien aux yeux d'Adonaï. Ce qu'il exige de chaque juif, comme il l'a commandé à son peuple, c'est la fidélité à sa Loi, en échange des bienfaits qu'il accorde. Ma mère suivait, à travers les âges et parmi tant d'aventures, le fil jamais coupé de cet engagement. Elle me citait les noms de mes aïeux depuis avant l'Exode jusqu'aux jours de David et de Salomon, retraçait leur lignée lors des guerres fratricides entre le royaume d'Israël et celui de Juda et continuait jusqu'au moment où Cyrus le Perse autorisa le retour des déportés et la reconstruction du Temple. Avec elle je bénissais ou maudissais nos rois, suivant qu'ils avaient fait ce qui est bien ou mal aux yeux du Seigneur.

Je ne me lassais jamais d'entendre certains commentaires du Livre. Ils me captivaient. Je m'y réfugie encore, parce que Dieu les habite. Les récits, les paraboles, les anecdotes, les fables s'enroulent dans le buisson des siècles. J'apprends que la Torah est la parole de Dieu en même temps que l'épopée de notre peuple, que l'une et l'autre se confondent en un seul enseignement. Voici Abraham, le Père, assis sous son chêne, les doigts enfouis dans sa barbe, songeant au moyen de nourrir sa famille car la disette sévit et il a perdu son bétail. El Shaddaï l'inspire. Il l'écoute, se lève pour quitter Ur, la ville qui l'a vu naître et, poussant devant lui ses femmes et ses enfants, gagne la terre de lait et de miel promise à sa descendance. Abraham est mon ancêtre et j'habite la Terre promise.

Après lui, je côtoie son fils, Isaac, docile sur le chemin du sacrifice et que Dieu sauve au dernier moment. Je rencontre son petit-fils Jacob, assez obstiné pour consacrer deux fois sept ans à la conquête de Rachel son épouse, assez rusé pour tromper son frère Ésaü et lui ravir ses droits d'aînesse, assez intrépide pour affronter l'Ange, le terrasser et mériter le titre d'Israël, c'est-à-dire fort contre Dieu. C'est lui qui nous a légué ce nom qui nous désigne. Enfants de Jacob, intrépides, obstinés, rusés, nous le sommes, oui !

À travers l'aventure de Josef vendu par ses frères, j'entrevois la Justice et la Miséricorde. À l'innocent, l'Éternel octroie la puissance, tandis qu'il contraint les coupables à plier le genou. Josef, en larmes devant ses bourreaux repentis, leur ouvre ses bras. Mais, au premier rang de ma vénération, se place Moïse, plus grand que le prophète Élie, plus grand qu'Aaron son frère, le premier oint. « Songe donc, approuve ma mère, sans lui, nous serions encore esclaves en Égypte. » Ma mère a tout dit. Nous étions esclaves. Où ? En Égypte. Moïse nous délivre, nous devenons ce peuple libre à qui l'Unique daigne se révéler. Une succession d'événements inouïs engage, avec l'enfance du prophète, celle de notre histoire. La petite fille que je suis découvre le nouveau-né flottant dans un panier sur le Nil. Elle le recueille, le sèche, le caresse, le nourrit en secret. Elle le voit grandir. Les prêtres d'Égypte l'initient à leurs mystères. L'Éternel le remarque, notre sort est scellé.

Pas moins de dix fléaux découragent le pharaon de nous

maintenir en servitude, la mer se sépare en deux pour nous laisser fuir, nous atteignons le désert, la manne qui tombe du ciel nourrit notre faim et l'eau jaillie du rocher mouille notre gorge. Nous demeurons ainsi quarante ans réfugiés dans les sables. Moïse nous exhorte, nous menace, nous châtie, nous entraîne. De l'Éternel qui le convoque dans l'éclair et crie dans le tonnerre, il saisit les commandements : « Vous avez vu ce que j'ai fait aux Égyptiens, comment je vous ai porté sur les ailes de l'Aigle pour vous mener à Moi. Si à présent vous recueillez ma parole et conservez mon alliance, vous serez un royaume de prêtres et une nation consacrée. » Moïse rassemble les Anciens et répète ce que l'Éternel lui a ordonné de leur dire. Le peuple répond : « Ce que l'Éternel a commandé, nous l'accomplirons. »

Quand j'eus atteint l'âge de la réflexion et de la repartie, je posais régulièrement à mon père la question qui m'embarrassait. L'Égypte nous avait réduits en servitude, et, pourtant, c'est vers elle que nous songions à fuir quand le malheur des temps, la famine, l'invasion, la guerre civile, la folie d'Hérode ou tous ces maux ensemble s'abattaient sur le pays. J'ajoutais, fière d'un savoir dérobé au Livre des Rois :

— N'est-ce pas Sennacherib qui a déclaré : Pharaon est semblable au roseau brisé qui perce la main de quiconque s'appuie sur lui ?

Mon père me jetait le regard ahuri de celui qui trouve un statère dans la bouche d'un poisson et, avant de m'expliquer que les temps n'étaient plus les mêmes, me citait cette parole du Livre :

— J'ai roulé loin de vous l'opprobre de l'Égypte.

Puis, saisissant l'occasion, il me parlait de nos parents de Péluse qui avaient autant que nous l'amour de la famille. Oui, s'il le fallait, nous referions en sens inverse, par les pistes du même désert, la longue marche des Ancêtres.

En attendant, toujours aux aguets du pire, nous revivions l'Exode. Chaque année, au mois de Nisan, nous mangions la galette sans levain, les herbes amères, l'agneau du sacrifice. Mon père, tel le juge sous sa tente ou le roi en son palais, bénissait solennellement le repas. Je savais qu'à la même heure, dans les contrées du Nord et dans celles du Midi, de Dan à Bersheva, sur l'Euphrate ou sur le Nil, partout où des rejetons de notre race s'étaient transplantés, les chefs de famille chantaient les mêmes versets, le dos courbé, les yeux clos, les mains ouvertes.

Des juifs de souche aussi vénérable que la nôtre, la Galilée en comptait peu. On avait, autrefois, surnommé ce pays Guelil al Goyim, c'est-à-dire la terre des païens, puis on l'appela Guelil tout court, après qu'elle eut été reconquise sur Antiochus Éphiphane par les frères Macchabées. Dans cette région bénie, le voyageur s'installait tant il s'y trouvait bien. Nous y étions, nous, juifs anciens et orthodoxes, environnés de prosélytes, voire de simples Craignant-Dieu parmi lesquels des Araméens, des Anatoliens, des Mésopotamiens, des Grecs, gens dont la douceur du climat, la fécondité du sol, le transit des richesses convoyées par les caravanes — épices des Indes, or d'Ophir, bois précieux du Liban, soie du lointain Orient — bref la prospérité, excitaient l'envie. Il y avait aussi, comme aujourd'hui, des Cananéens, circoncis de longue date mais rivés à leurs terres, frustes et peu soucieux des observances religieuses : les Amhaaretz. Qu'ils fussent riches ou pauvres, on les fréquentait peu.

Dans la plaine comme au flanc des collines, la terre, chez nous, ne refuse aucune semence et les laboureurs y font naître toutes sortes de variétés. Ainsi, les noyers qui se plaisent dans les zones où l'air est frais y poussent en grand nombre à côté des palmiers qui réclament de fortes chaleurs. De même trouve-t-on l'olivier, le figuier et bien d'autres essences incompatibles, comme si à l'égal des hommes la nature les contraignait à voisiner. Je ne me lassais pas de courir la campagne au printemps, quand les tiges des anémones rouges, des bleuets, des boutons d'or atteignaient ma taille. La transparence de l'air, l'éclat du soleil rendent ces fleurs aussi belles que les joyaux dont s'orne, les jours de fêtes, l'éphod du grand prêtre.

Au milieu de cette mosaïque végétale et humaine, le regard de Dieu reconnaissait notre famille, dépourvue de richesse, n'ayant en abondance que la crainte qu'Il nous inspirait. Ma mère en était le foyer. Anne était son nom, ce qui veut dire pitié et miséricorde. Il me semblait naturel que ce soit celui-là. Il avait été porté dans l'Histoire par celle à qui le Seigneur accorda tardivement un fils en la personne de Samuel, le dernier des Juges. Ma mère avait sa place parmi les saintes du Livre...

Tout ce qui venait de son cœur tombait dans le mien. Ma robe était un morceau de tissu de la sienne. Longtemps après qu'elle m'eut sevrée (elle m'avait nourrie deux ans), je me blottissais sur son sein comme un enfant à la mamelle. « Honore ton père parce qu'il t'a engendré et ta mère parce qu'elle a vieilli. » Ma mère n'avait pas d'âge. La maladie, conséquence du péché, ne pouvait l'atteindre, ni la fatigue, ni le doute. Si le rôle des hommes est d'honorer Dieu, celui des femmes est de Le servir à travers ses créatures. Ma mère accourait au moindre appel, là où il y avait à soulager. Je voyais ses mains distribuer le remède ou l'obole, apprêter et offrir la nourriture, écraser le grain, pétrir la pâte, diviser au profit des pauvres les produits de la terre qui entretiennent la vie. La nuit la plus courte rendait vigueur à son courage. Une fois par mois, je partageais sa couche et respirais l'odeur de sa nuque. J'entends son rire lorsque, attendrie par ce contact, je lui confiais :

— Quand je serai grande, j'épouserai le pauvre.

Ce qui, vu l'état de nos ressources et la ponction des taxes, n'était pas tout à fait invraisemblable. Passant d'une idée à une autre, je continuais :

— Non, je ne me marierai pas.

Ou bien :

— Oui, j'aimerais avoir des enfants mais pas d'époux.

J'étais pourtant instruite des choses voulues par le Créateur, j'avais vu s'accoupler les béliers et les brebis, les boucs et les chèvres. Alors pourquoi cette effronterie dont je demandais aussitôt pardon ? En vérité, je crois que je voulais, le jour venu, enfanter un fils, ambition commune à toute femme, et je regrettais qu'à ma propre mère pleurant de se voir stérile le Seigneur n'ait donné sur le tard qu'une fille, une fille unique : moi.

Je ne crois pas qu'en ce temps de mon enfance, j'aie noté les traits de son visage. Ils m'étaient trop familiers. Je les recompose aujourd'hui pour apercevoir, à la lumière des huit chandelles de Hanouka, le profil d'une juive souligné par les rides de l'angoisse propre à notre peuple. Ses yeux, où je ne lisais alors que les alternances de la joie et du chagrin, se chargèrent, par la suite, d'autres reflets plus divers, mais dominés par deux soucis constants : celui de m'aguerrir et celui de m'épargner. Elle m'enseignait, à sa façon qui n'était pas celle des scribes, les matières de la vie et les manières du pays, notre pays, celui qui s'étend de la Galilée au désert de Juda et a pour centre le mont Moriah, là où, dans le Temple, bat le cœur de Jérusalem. Quand l'écho des scandales qui déshonoraient la Cour et des sacrilèges qui offensaient le culte parvenait jusqu'à Nazareth, je sentais son âme se déchirer, elle se détournait pour cacher ses larmes qui, alors, m'apprenaient la honte. Je me représentais le palais d'Hérode, antre de Belzébuth, j'essayais d'imaginer la table insolente des Puissants, leur langage impie, leurs habits ruineux, leur mépris des misères.

— Pourquoi le Seigneur tolère-t-il les méchants ?

Ma mère tressaillait. Elle énumérait les châtiments que subissent les pécheurs endurcis et qui avaient frappé notre peuple chaque fois qu'il avait tourné le dos à la Promesse. Elle affirmait la colère du Très-Haut devant l'accumulation des crimes, citait les écrits des Docteurs, prévoyait le jugement final, baissait le ton pour m'annoncer le secret redoutable de l'Apocalypse. Puis, me voyant glacée, elle me caressait les cheveux.

— N'aie pas peur, tout le monde ne périra pas au dernier jour, le Seigneur qui est juste épargnera ses serviteurs fidèles, le « Reste » que dénombre le prophète Isaïe. Quand l'heure aura sonné, nous serons debout pour acclamer le Fils de l'Homme qui descendra du Ciel afin de nous sauver. Cela est écrit aussi dans le Livre de Daniel.

Mon cœur rasséréné se gonflait de gratitude envers le Saint qui nous recueillait et je m'endormais dans les bras des prophètes qui m'avaient menée jusqu'à Lui.

II

« Ce que nous avons vu et entendu, nous ne le tairons pas à nos descendants. » Règle de Jacob, Loi en Israël que ma mère suivait à la lettre. Sa mémoire était une citerne bien pavée qui ne perd pas son eau. Qu'il s'agisse de choses vécues ou d'événements rapportés en famille, elle avait le talent de ressusciter les faits avec patience et soin du détail. Elle me faisait de ses souvenirs un cadeau si généreux que je me suis demandé, par la suite, si je n'avais pas assisté moi-même au siège de Jérusalem par Hérode, vu la peste ravager la contrée, l'eau se vendre à prix d'argent, des croyants se laisser mourir plutôt que de manger un rat.

— C'était donc pire qu'en Égypte au temps des plaies ?

— Toutes les calamités survenaient ensemble. Le Seigneur a voulu que cette année-là soit une année shabbatique. Les terres laissées en jachère se crevassaient sous le soleil, les sources étaient taries.

— Pourquoi n'avez-vous pas appelé Honi le Magicien, faiseur de pluie ?

— Honi était mort depuis longemps. Peut-être y avait-il son fils. Je ne sais plus. En tout cas, le sol, les troupeaux, les hommes se desséchaient. La fièvre courait en aveugle et frappait n'importe où. Les spéculateurs faisaient monter les prix, un denier pour une petite cruche de lait, seize drachmes pour une mesure de farine. Que les cheveux me tombent de la tête si je mens !

En écoutant ma mère, la langue me collait au palais.

— Alors, comme si tous ces malheurs ne suffisaient pas, l'Arabe, nous croyant anéantis, fondit sur nous, les armes à la main...

Les souvenirs de ma mère s'entassaient d'autant plus dans ma mémoire que je faisais semblant de les avoir oubliés pour les entendre à nouveau. Nous n'étions que deux femmes à la maison, besogneuses mais disponibles. Les travaux domestiques, ceux du moins qui ne sont pas trop lourds, laissent l'esprit libre. Tel est le privilège de notre sexe et j'en profitais sans mesure. J'avais, il est vrai, mes préférences pour tel ou tel récit. Celui du tremblement de terre par exemple avait mes faveurs parce que, contrairement à la plupart des autres, il ne finissait pas trop mal.

— Je te l'ai raconté soixante-dix-sept fois...

— Ce jour-là vous étiez à Ein Kerim...

J'ai toujours aimé la douceur d'Ein Kerim allongé dans sa vallée à l'ombre de l'eucalyptus et de l'amandier. Au mois d'Ellul, on y goûte une fraîcheur délicieuse sans avoir à s'éloigner beaucoup de la capitale. Je l'aimais aussi parce qu'habitaient là nos cousins, Élisabeth et Zacharie. Le récit de ma mère prenait un intérêt exceptionnel s'il coïncidait avec la visite de nos parents.

— Nous étions à Ein Kerim. Élisabeth venait d'épouser Zacharie et c'était sa première sortie. Ton père naturellement nous accompagnait. Il y avait aussi d'autres membres de la famille, Cléophas et Myriam promis l'un à l'autre. Les hommes avaient choisi le lieu de l'étape, une place ombragée où l'herbe est fraîche sans être humide ; une chèvre y broutait. Les femmes déchargeaient l'âne qui portait le repas, disposaient les corbeilles, Zacharie suspendait les outres à l'olivier quand soudain...

Ce soudain était mon attente, mon frémissement, ma joie, ma frayeur.

— Quand, soudain, je basculai contre le rocher. La bassine s'échappa de mes mains, la chèvre affolée rompit sa corde, l'âne se cabra et disparut. Élisabeth tomba à genoux. On eût dit que le sol se soulevait.

— Et le ciel, comment était le ciel ? Avez-vous remarqué un signe ?

— Le ciel ? répétait ma mère, surprise par ma question. Elle réfléchissait, soucieuse d'exactitude.

— Je n'ai rien aperçu.

Puis elle corrigeait :

— Comment le saurais-je ? La poussière me brûlait les yeux. Quand je les ouvris, je vis que ton père avait été renversé.

La suite, je me la répétais. Mon père s'était blessé dans sa chute et on l'avait porté jusqu'à la fontaine. Mais l'eau n'y coulait plus. Un homme était passé, hurlant :

— Le Temple, le Temple !

Oracle du Seigneur : « Je fais des villes de Judée des lieux de désolation. »

Cette fois, il y avait eu beaucoup de ruines, mais l'Éternel avait épargné sa Demeure. Des morts ? Y avait-il eu des morts ? Oui, il y en avait toujours dans les récits de ma mère. Combien ? Elle observait un moment de silence. Ainsi faisait-elle chaque fois qu'elle évoquait la fin d'une vie ou la fin des temps.

— Les morts, le Seigneur seul en tient le compte !

— Mais il y avait des Justes parmi eux ?

Ma mère me jetait un regard offusqué.

— Dieu n'aime pas les raisonneuses, ma fille.

Tout de même, par quelle faveur insigne, au sein de cette myriade de catastrophes, notre famille avait-elle été épargnée ? Le Juge récompense et châtie à son gré, certes. Mais alors, ne devrions-nous pas Le remercier de façon particulière, par un geste plus gratifiant que celui des bénédictions rituelles ? Une offrande spéciale, plus méritoire ? Ma mère dont la nature était fière hésitait, se demandant si je n'avais pas raison. Elle ne voulait pas être en dette avec qui que ce fût, même avec le Tout-Puissant. Mais on ne traite pas le Seigneur comme une créature envers laquelle on s'acquitte par un simple cadeau.

— Le mieux est de s'en remettre à Lui. Peut-être, Marie, te

dictera-t-il ta conduite. Peut-être t'inspirera-t-il ce qu'Il attend de toi.

À la fête du Pourim qui commémore l'histoire de la reine Esther, l'épouse d'Assuérus qui sauva les juifs du massacre, ma mère, tout en me déguisant comme on le fait ce jour-là, ne manquait pas de rappeler que le Seigneur se servait parfois des femmes pour réaliser ses desseins. Je logeais cette parole dans mon cœur de petite fille. Juchée sur la charrette ornée de guirlandes, je rêvais qu'un jour l'Éternel daignerait se servir de moi et que mon obéissance Le remercierait des bienfaits dont Il nous avait comblés.

De mes souvenirs d'enfance, je ne saurais dissocier les noms de Ruth et Rachel, mes contemporaines et voisines. En me conviant à goûter dans l'arbre les premières figues de la saison, elles m'offraient une tentation que je rapprochais de celle d'Ève au jardin d'Éden : je n'y résistais pas. Lorsque je rentrais à la maison, les joues barbouillées et les doigts gluants de ce jus rosé qui m'avait fait succomber, ma mère s'exclamait :

— Tu es encore allée chez Ruth et Rachel !

Son ton n'était pas celui du reproche ; c'était celui du regret. Pourtant, nous étions comme la brebis et la chèvre broutant le même talus. Mais quelque chose séparait nos familles, nos parents n'échangeaient entre eux que des shaloms distants, il ne se visitaient pas les jours de fête, de sorte qu'en fréquentant mes amies je ressentais une réprobation qui redoublait l'attrait de leur commerce. Presque chaque jour, je les rencontrais à la jonction des deux vallées lorsque j'allais puiser l'eau. Au retour, je me donnais bonne conscience en racontant quelques-uns de nos bavardages tandis qu'autour de moi la famille faisait semblant d'acquiescer. Aussi, pour le cas où nous aurions dû espacer nos rendez-vous, avions-nous mis au point un code de signaux permettant de communiquer par-dessus les terrasses. La complicité qui s'instaurait entre nous resserrait notre liaison.

Dans cette oasis enfantine, je savourais le vin du secret et le miel de la confidence.

Jumelles, mes amies se ressemblaient comme deux galets polis par le Jourdain, bien que leur nature les distinguât. Ruth, enthousiaste et prête au jeu, Rachel, plus grave et ombrageuse ; Ruth, déterminée, Rachel, prudente et réfléchie. Elles étaient passionnées par les rumeurs annonciatrices de bouleversements qui confluaient vers les places de Nazareth. L'enfance recherche dans les orages une distraction qui la fait trembler. J'avais neuf ans. Ma mère m'avait contrainte à nouer mes cheveux haut sur la tête, pour des raisons de propreté et de convenance. J'étais de méchante humeur depuis le matin et dans le même état au coucher du soleil. Ma cruche inclinée sur l'épaule, j'allais à la fontaine d'un pas traînant, souhaitant l'imprévu qui me débarrasserait de mon ruban, une chute, la main d'un ange. Comment revenir à hier où je ne l'avais pas ? Le perdre ? Il était bien serré. Ruth, dès qu'elle m'aperçut, m'attira à l'écart du groupe des porteuses d'eau. Elle voulait me raconter un songe. Sa mère avait rêvé de moi. Elle m'avait vue couronnée d'or, tenant un enfant dans mes bras. Sur mon passage, la foule s'inclinait. On se serait cru, disait-elle, sur l'esplanade du Temple lors de la bénédiction.

— Qu'est-ce que cela veut dire ?

— Que tu auras un fils et qu'il sera roi.

Ruth épiait mon visage. Elle savait qu'il était interdit d'ajouter foi aux rêves, sauf s'ils venaient de Dieu. Mais comment faire la différence ?

— Ma mère dit toujours vrai, insistait Ruth. L'an dernier, pendant son sommeil, elle a appris que nos bêtes tomberaient malades et nous avons perdu la moitié du troupeau.

Je revins à la maison, allégée de mon ruban et alourdie d'une couronne. Silencieuse et agitée, je l'étais encore au milieu de la nuit au point que ma mère soulevait à chaque instant le rideau qui me séparait de sa couche pour me chuchoter :

— Marie, tu ne dors pas ?

Ce n'est qu'à l'heure où sortent les chouettes que la fatigue eut raison de mon insomnie, et, naturellement, au réveil, je n'allais pas mieux. Imaginer mon fils en successeur d'Hérode prêtait à rire ou à pleurer. Des enfants que le roi avait fait assassiner l'un après l'autre, ne survivaient qu'Hérode son homonyme, Archeloüs, Philippe et Lysanias : le fait même de les énumérer me faisait rougir de honte. Quand vint le soir, ma mère m'envoya jeter du grain aux poules. Irrésistiblement, je retrouvai Ruth qui revint à la charge, appuyée par sa sœur.

— Tu sais que nous voici à la fin des temps. Mon père arrive de Jérusalem. Tous ceux qu'il a rencontrés, les marchands de Batanée, les caravaniers du Nil sont d'accord, bientôt surgira un nouveau Moïse ou un nouveau David qui régnera sur Israël.

— Je ne crois pas. Ma mère m'a expliqué qu'au jour du Jugement, c'est un Fils d'Homme qui descendrait des nues comme il est écrit dans le Livre de Daniel.

— Un Fils d'Homme doit naître d'une femme. Pourquoi pas toi ? Michée le prophète déclare qu'il naîtra à Bethléem, la ville de David. Bethléem n'est pas loin, il suffit d'y aller accoucher.

— Mais ce serait tricher !

Nous en étions restées là, irritées, perplexes. Lorsque la conversation nous ramena au même sujet, nous étions encore à la fontaine. J'attaquai.

— Rachel, pourquoi l'Oint du Seigneur ne naîtrait-il pas de toi ? La femme de Jacob a enfanté Josef d'où est sorti le peuple d'Israël. Ou bien de toi, Ruth ? Dans le Livre, sais-tu qui était Ruth ?

— Une étrangère.

— Booz, son maître, l'épousa, toute Moabite qu'elle fût, et son fils Jessé engendra David.

Après tant d'années, je n'ai pas oublié la réponse des jumelles :

— Ce n'est pas possible, notre famille n'est pas considérée : nos ancêtres sont restés en Galilée au lieu de vous suivre en exil. Ne joue pas l'étonnée, Marie, tes parents eux-mêmes nous regardent de haut. Mon père ne va pas à la synagogue. Non, le Messie ne naîtra pas chez nous.

Je devinai leur dépit et cherchai à les consoler.

— Pourquoi ? Chez vous aussi on observe le Shabbat, on paye la dîme aux prêtres, et on verse même plus de deniers que chez nous pour le service du Temple.

— Encore le Messie, toujours le Messie ! Chaque fille de Nazareth voudrait accoucher de lui !

Je reconnus la voix gouailleuse d'Éliahoud, le frère des jumelles, leur aîné de deux ans. Agile, fureteur, il surgissait au moment où on l'attendait le moins, saisissait au vol le dernier propos pour le griffer d'une moquerie.

— D'ailleurs, inutile de rêver, le Messie, le vrai Messie, ne viendra pas sans être annoncé. Quelqu'un le précédera et vous savez qui : cet homme s'appellera Élie.

— On n'attend que toi, bien sûr !

— Ce sera Élie le prophète, celui qui vécut en Israël au temps du roi Achab, qui commanda au feu et au vent, qui ressuscita le fils de la veuve, qui multiplia les pains pour rassasier la foule, ce sera lui qui descendra du ciel pour rassembler les tribus d'Israël. Ensuite, le Messie apparaîtra.

Il ne m'apprenait rien. Déjà, lorsque je fixais des yeux le sommet enneigé de l'Hermon, je voyais se dessiner dans les nuages le profil barbu de l'homme de Dieu.

— Tu as raison, Éliahoud. Celui dont tu portes presque le nom descendra du ciel comme il est écrit dans le Livre.

J'aimais Eliahoud comme j'aimais ses sœurs. Je voyais approcher avec chagrin le jour où, admis parmi les hommes, il cesserait de nous fréquenter. Je crois qu'il s'en attristait lui aussi. En attendant, il affichait sa supériorité d'aîné et de mâle en s'amusant à nous épouvanter. Ce n'était pas difficile car la peur a toujours habité chez nous. Chaque nuit, j'entendais mon père s'éveiller pour faire sa ronde aux abords de la maison. Quel était ce bruit ? Des brigands ? Une patrouille de police d'Hérode ? Des rebelles pourchassés ? Des démons en quête de malfaisance ? Je redoutais l'insolite, l'étrange, le messager porteur de nouvelles toujours mauvaises, le fou de Dieu dans sa grotte qui annonçait d'autres calamités.

Éliahoud veillait à enrichir l'arsenal de mes frayeurs. Les démons dont il prétendait déchiffrer les messages habitaient le réservoir des vents. Originaires de l'entre-deux fleuves, là-bas, au pays du Tigre et de l'Euphrate, ils avaient connu Abraham et exterminé une grande partie de son bétail.

— Ils sont puissants, moins que Dieu cependant, se présentent aux hommes sous des formes très belles ou affreuses. Comme ils se cachent dans les maisons, il est interdit d'ouvrir le coffre ou la huche sans permission.

Éliahoud, tu déguisais ta voix et tu tremblais toi-même. Un jour tu me soufflas dans l'oreille :

— Méfie-toi. S'ils t'apparaissent, récite le Shéma pour les mettre en fuite. Observe leur visage. Ce n'est pas facile, ils sont souvent masqués.

— Masqués ?

— Remarque les yeux, les prunelles ne trompent pas. Tu verras s'ils te veulent du mal.

— Et s'il fait nuit ? Tu sais leurs noms ?

— Ils en ont plusieurs : Azazel, Bélial, Semyoza, Belzébuth... On raconte qu'ils se sont mariés autrefois avec des filles d'hommes et qu'ils ont engendré des géants. Le Seigneur les a châtiés et en a fait des démons. C'est Hénoch qui le dit.

— Qui est Hénoch ? Il n'est pas cité dans le Livre des Prophètes. Si tes monstres viennent me tourmenter, je me réfugierai dans le Temple. Ils ne me trouveront pas.

J'étais rouge d'énervement.

— Que tu es bête, Marie ! Au Temple, tu n'as droit qu'au parvis des femmes. Tu n'y serais pas en sécurité.

— Je me cacherai dans la synagogue, alors.

— Tu n'y serais pas à l'abri non plus. La synagogue n'est qu'une salle de prières comme il y en a dans beaucoup de maisons.

J'étais ignorante, en effet. Le gardien de la synagogue à qui Éliahoud avait raconté mon propos s'était tourné vers mon père :

— Joachim, tu n'apprends donc rien à ta fille ? A-t-elle une idée du Temple de Jérusalem ? L'y as-tu emmenée ?

Mon père avait fait une moue qui signifiait : Elle connaît.

Et le Hazan lui avait répondu par une autre qui voulait dire : Peu importe, c'est une fille.

Ainsi, pareille à toutes les enfances, la mienne était faite de craintes et d'espoirs emmêlés, de connaissances et de lacunes, de naïveté et de prémonitions, et, par-dessus tout, d'attente. Cette attente propre à l'adolescence que mon être ressentait comme s'il était en état de guet se conjuguait avec celle du monde juif suspendu à l'expectative de la Promesse. Ainsi que le peuple entier autour de moi, je comptais sur un avènement dont j'épiais les indices. Ce frémissement d'impatience atteignait son paroxysme le soir de la Néoménie, fête qui célébrait le renouvellement de la lune. Nos parents,redoutant le débordement de la foule en ces occasions, nous interdisaient la rue. Avant que le crieur annonçât la montée de l'astre et le début des réjouissances, nous nous postions donc, mes amies et moi, sur nos terrasses respectives, à l'écoute des flûtes et des tambourins. Ces solennités qui revenaient treize fois par an, me donnèrent le goût des veillées et aussi, par contraste, celui du silence. Dès qu'arrivait la belle saison, je me complaisais à scruter le ciel jusqu'à ce qu'il soit peuplé d'étoiles. La plaine d'Ysrëel s'étendait au loin, blanche, soumise comme l'âme du pécheur lavée de ses fautes. Je ne savais pas que c'était beau, je ressentais que c'était bon. J'avançais les mains, pour recevoir ou pour donner. Louez le Seigneur, lune, étoiles brillantes : le reste est vanité et poursuite du vent. Je croisais pudiquement mon châle, n'osant pénétrer dans le sein du Créateur miraculeusement ouvert pour moi, Marie.

Au fur et à mesure que se superposaient sur la chaux du mur, à l'angle de la porte, les traits d'ongle qui marquaient ma croissance, mon corps changeait d'aspect et je le sentais neuf. J'allais sur mes douze ans et j'en étais à la fois exaltée et inquiète. Bientôt on dirait de moi : C'est une femme. Le rêve d'un mari commençait à troubler mes compagnes, la quête d'une parure les absorbait. J'étonnais mes parents en me distinguant d'elles, préférant concentrer mon attention sur le rite pieux qui, trois fois par jour de l'aube au couchant, me permettait de bénir le Saint. J'offrais mon cœur sans réserve, ne doutant pas qu'il serait pris.

Ce repli sur moi-même se traduisait par des heures plus nombreuses passées à la maison. Je filais le lin à côté de ma mère. Moi qui aimais tant parcourir les ruelles, visiter le marché, aller à la fontaine même si nos réserves d'eau étaient suffisantes, saisir tous les prétextes pour m'échapper, je me découvrais le goût du foyer, et il me fallait de bonnes raisons pour que je consente à sortir. Je me souviens d'un jour où le vent du sud nous avait engourdis dès le matin. Le soleil voilé de sable brûlait nos yeux. Je devais aller chez le potier acheter une jarre : la nôtre s'était brisée, et ma mère qui avait glissé sur l'huile répandue, s'était foulé la cheville. A regret, je la laissai assise sur le tabouret, gémissante non pas de douleur mais d'agacement : elle qui ne craignait pas l'Apocalypse s'affligeait d'un incident qui se soldait par un peu d'huile gaspillée et un retard dans la préparation des lampes : nous étions à la veille du Shabbat.

Je traversai le bazar. À cette heure de la journée, les marchands s'étaient assoupis. Ils avaient couvert leurs étals de branchages mouillés et de sacs. Tout était immobile, sauf le porteur d'eau qui trottinait, ballottant les outres accrochées à sa ceinture : il avait fort à faire en ces jours de vent sec. Au coin de la venelle, je me détournai du mendiant qui me tendait la main, puisque je n'avais rien à lui donner. Je perçus dans le voisinage la clochette des lépreux qui profitaient de la sieste des bien-portants pour se dégourdir. La vue d'un ânon harcelé par les mouches mit le comble à mon malaise. Est-ce un péché de faire cas de la souffrance des bêtes ? Les bêtes sont innocentes. Qu'il vienne, et vite, le temps béni où le loup cohabitera avec l'agneau. Je songeais à l'Éden décrit dans la Genèse. Le Seigneur m'insufflait la nostalgie des jours d'avant la faute, je rêvais de refaire avec Lui un monde tout neuf où les mots douleur et mort n'auraient plus de place.

Absorbée dans mes réflexions, je dépassai la demeure d'Issachar et revins sur mes pas. Je connaissais son atelier dont j'aimais l'ordre immuable : les jarres, amphores, cruches et cruchons classés par taille et par destination sur les comptoirs me rassuraient. Issachar était potier comme son père, et avant lui ses aïeux. Cela aussi me rassurait. Il exerçait son métier avec talent et amour, profitant du respect de tout le village car il est écrit dans Isaïe : « C'est nous l'argile, c'est toi Seigneur qui nous façonnes, tous nous sommes l'ouvrage de ta main. » Le geste de l'artisan me fascinait. Les doigts s'imposaient à la glaise pour modeler une forme qui, se dégageant peu à peu, évoquait l'Œuvre de l'Éternel. N'y eut-il pas, au commencement, une complicité semblable entre le Créateur et sa chose ?

— Tu viens me voir travailler ? plaisanta Issachar.

Je lui répondis par les salutations d'usage et lui racontai ce qui était arrivé à la maison. Pouvait-il me fournir une jarre pour remplacer celle qui s'était brisée ? Il se leva, prit sur l'étagère celle qui lui semblait la plus ronde, l'examina, me la tendit. Puis, il me toisa :

— Il me semble que tu as encore grandi !

— C'est à force de porter tes cruchons sur la tête.

Il est vrai que je veillais à me redresser en marchant. Mon père avait coutume de dire : Se tenir droit est une manière d'honorer le Seigneur qui nous a fait différents des animaux qui broutent et des serpents qui glissent.

Issachar sourit de plus belle. Aller seule chez lui était une des courses permises. Il connaissait ma famille depuis longtemps et mon père éprouvait pour lui une confiante amitié.

— Tu ne veux pas t'asseoir ?

J'eus le sentiment qu'il avait quelque chose à me dire.

— Non, je n'ai pas le temps, c'est bientôt l'heure du Shabbat.

Lui-même devait fermer boutique avant le coucher du soleil. Il couvrit d'un linge mouillé le vase qu'il venait de tourner.

— Marie, garde toujours pour la Vérité une oreille docile.

Je revins à la maison. Était-ce le souvenir de l'âne infesté de mouches ? Était-ce la vue d'Issachar tournant sa glaise et lui donnant vie ? Je passai la veillée à rêver. Quelle belle histoire avait raconté Isaïe, une histoire vraie puisque les grandes personnes l'apprenaient à leurs enfants : « En ce temps, le loup habitera avec l'agneau, le léopard couchera près du chevreau, le veau et le lionceau seront nourris ensemble, un petit garçon les conduira, la vache et l'ours auront la même pâture, le lion et le bœuf partageront le même fourrage, le nourrisson jouera sur le nid du cobra. » Le hazan lisait tout le chapitre à la synagogue. « Il ne se fera ni mal ni destruction sur la Montagne sainte car le pays sera rempli de la connaissance du Seigneur comme la mer que comblent les eaux. » Quand ?

— Le Dieu des juifs a déjà donné à son peuple beaucoup d'événements. Il ne s'arrêtera pas, assurait mon père.

Le jour approchait où Éliahoud serait Bar Mitswa, étape décisive qui le ferait entrer dans le monde des adultes et mettrait fin à nos complicités. C'est alors que j'eus le sentiment accru de mon âge. Je revois le jeune garçon au sortir de la synagogue : il avait été admis à lire la Parasha et la Haphtara. Je l'aperçus de la terrasse où j'étais montée, encadré par les siens, eux-mêmes habillés de neuf, il avait revêtu un châle de prières trop long pour sa taille, il portait les téphilim au front et aux poignets ; dans cet accoutrement, il était à la fois plus enfant et plus homme. Il avait reçu le titre de Bar Onesh, fils des châtiments, il serait désormais responsable de ses actes et, comme tous les rejetons d'Israël, prêtre d'Adonaï. Quand, pour la dernière fois, sur le chemin de la fontaine, je le rencontrai avec ses sœurs, je lui demandai quel chapitre du Livre il avait lu, sachant que, parfois, l'avenir se cache dans ces citations. Il répéta sans broncher :

— L'Éternel m'a désigné dès le berceau. Il a énoncé mon nom dès le sein de ma mère. Il a rendu ma bouche semblable à un glaive tranchant. Et il m'a dit : Tu es mon serviteur, Israël, c'est par toi que je me couvre de gloire.

Je reconnaissais les paroles du Seigneur à Isaïe, qui

annonçaient ce Messie dont nous avions tant parlé. Mais Éliahoud n'avait rien ajouté. La cérémonie du jour l'intéressait moins que l'avenir qui l'attendait.

— Maintenant, Éliahoud, que vas-tu faire ?

— Je pars étudier à Jérusalem.

— Dans quelle école, celle de Hillel ou de Shammaï ?

— De Hillel.

— Tu vas aussi apprendre un métier. Peut-être charpentier, c'est un métier considéré.

Il m'avait regardée fixement comme s'il cherchait ma pensée. Mais non, sans doute est-ce moi qui, maintenant, en juge ainsi.

— Je ne te verrai pas de longtemps, Marie.

— Je sais. De toute manière, tu ne pourrais plus me rencontrer qu'aux fêtes, et nous serions séparés...

Éliahoud s'en allait. Ensemble, nous quittions l'enfance, mais par des voies différentes. Mes parents ne m'enverraient pas à l'école, ni à Jérusalem, ni à Nazareth. L'instruction des filles se fait sous le toit familial. Par l'exemple des miens bien plus que par la voix des maîtres, j'ai appris à faire monter du cœur aux lèvres l'élan d'amour envers Celui auquel rien n'échappe, parce que le creux de nos secrets lui est ouvert.

III

Il ne faut pas longtemps à un enfant juif pour s'apercevoir que le sol qu'il foule lui est contesté, que la terre promise par la Genèse, conquise par Josué, fertilisée par la cendre des holocaustes et engraissée du sang des sacrifices, est, depuis l'origine des temps, objet de convoitises et de disputes. Déroulez l'histoire depuis l'Exode, le Livre de Samuel, celui des Rois, que disent-ils ? Égyptiens, Assyriens, Perses, héritiers d'Alexandre, Séleucides et Lagides, Romains appelés en libérateurs et aujourd'hui exécrés, tous piétinèrent nos pâtures, dévastèrent nos récoltes, pillèrent nos villes, souillèrent nos puits. Jérusalem, fille de David, il ne reste rien de tes premières murailles. Le lit du Cédron est comblé de victimes.

— Que fait l'Éternel du lieu de sa Gloire, le Temple d'Or que lui érigea Salomon ? Il tolère qu'un Arabe, Hérode l'Iduméen, le rétablisse et l'achève ! Pourquoi les sacrilèges, les défis, les déportations, pourquoi ?

— Parce que, proférait mon père, le Seigneur a conclu avec notre peuple une alliance dont nous devons payer le prix. Le Saint nous a choisis, donc séparés du commun. À son appel, nos ancêtres ont répondu. Il nous travaille maintenant au feu de sa forge, Il nous veut parfaits comme l'épée du roi Salomon. Nous formons de son armée le bataillon d'élite. Peu importe la défaite d'un jour si le stratège est invincible. Il éprouve notre foi et s'assure de nos forces. Nous sommes sa folie, sa raison d'être.

Il m'est doux d'évoquer la personne de mon père, son regard résigné, sa barbe aussi blanche que la fleur d'amandier. Lorsqu'on interrogeait ma mère sur son époux, elle citait les versets de David :

— Heureux l'homme qui ne prend pas le parti des méchants et, jour et nuit, récite la Loi.

Car mon père était comme les vrais croyants, robuste et ingénu. La crainte de Dieu s'enracinait en son cœur et produisait les fruits doux et acides dont il se nourrissait. Sa fermeté s'appuyait seulement sur le Suprême. Ceux qui pactisaient avec l'occupant, les notables peureux, les marchands rapaces ne le voyaient pas d'un bon œil. Par contre, les scribes, dont il n'épousait pas toutes les convictions, respectaient ses avis et recherchaient sa compagnie. De son côté, il rendait hommage à leur science, à leur sagacité aussi, leur sachant gré de ne tomber ni dans le dogme étroit du haut clergé saducéen, ni dans la tentation des hérésies dont l'incertitude de l'époque multipliait les sectes. Il éprouvait pour Hérode la répulsion ressentie par tout bon juif, mais son esprit de justice s'efforçait de faire la part des œuvres innocentes du règne.

— Ne gémissons pas trop, Hérode a l'oreille du Romain et grâce à lui les légions confinées en Syrie ne harcèlent plus nos Lieux saints. Il a embelli le Temple. Voyez la nouvelle enceinte, les portiques qui ombragent les galeries, l'aqueduc, tous ces travaux de nos ouvriers ont été payés en bonne monnaie.

— Ce n'est pas pour enrichir le peuple qu'il s'est livré à ces dépenses, objectait Samuel notre cousin, mais pour faire accepter sa tyrannie. Son ambition est sans limite, il s'est juré d'égaler Salomon. Il ne laissera dans l'Histoire qu'un nom puant.

— Dieu merci, il a respecté la charge de Grand Prêtre.

— Mais il s'est réservé le droit de le nommer. Son caprice honore ou destitue, sa fantaisie dispose de nos fils et de nos biens. Que nous rapportent ses largesses aux souverains étrangers ? Il achète sa gloire avec nos deniers.

Autour de mon père, le cercle des amis se resserrait pour qu'aucun de ces propos ne s'entendît au-dehors. La police était vigilante, les délations redoutables. J'aidais à desservir la table et prêtais craintivement l'oreille. Samuel n'en finissait pas d'énumérer les dons impies d'Hérode aux cités des païens.

— Pour Damas, Tripoli, Ptolemaïs, des gymnases, pour Byblos un rempart, pour Bérytos et pour Tyr des exèdres, des places publiques, pour Sidon et Damas des théâtres, pour Ashcalen des thermes et des fontaines.

Mon père en convenait, le scandale était immense. Bien plus, Hérode avait décoré somptueusement Sichem, la ville des Samaritains, en lui donnant le nom de Sébaste, pour flatter Auguste. La soirée ne se terminait pas sans que, par l'un ou par l'autre, fussent évoqués les exploits de Juda et de Simon Macchabée, nos héros préférés, ceux qui, il y a de cela huit générations, évincèrent l'occupant grec. En exaltant leur zèle, leur sacrifice, chacun pensait évidemment à la situation présente. Au récit de leurs combats, mon père s'animait si fort qu'on eût cru écouter un témoin. Fermant les yeux, ce sont les expressions de son visage à ces moments-là que je retrouve entre toutes. Voici que tombent de ses lèvres les mots du Livre des Macchabées qu'il connaît d'un bout à l'autre et dont il répète avec délectation le passage triomphal : dans Jérusalem délivrée, l'inauguration du Sanctuaire reconstruit.

— Sur la table, à côté de l'autel restauré, on disposa selon la coutume les pains de proposition, le chandelier et les parfums. Les rideaux une fois tendus, on procéda à la Dédicace. Le 26 du mois de Kisleu au matin, se déroula le sacrifice... Pendant une semaine ce ne furent que réjouissances, actions de grâce...

Mon père ajoutait, me regardant :

— C'est cet événement que nous célébrons chaque année sous le nom de Hanouka, tu le sais bien, Marie.

Comment ne l'aurais-je pas su ? La Hanouka, c'était sa

fête, à lui, vieux juif nourri de dévotion, sa revanche sur l'âge et le goy.

Ah ! Que je les sentais démunis, ces hommes penchés sur le passé pour y découvrir l'espérance ! Démunis, non pas de foi — ils en regorgeaient — mais de la lumière qui leur eût permis de discerner, dans la nuit où ils trébuchaient, le chemin voulu par Dieu. Leurs yeux s'usaient à chercher sa trace. Ils se résignaient à l'autorité sanglante d'Hérode, blâmaient les attentats des rebelles, mais secrètement souhaitaient que leur succès amenât la délivrance. Tour à tour, ils écoutaient les pharisiens (à quoi bon prendre les armes contre Rome, maîtresse du monde ?) et les jeunes exaltés (rien n'est impossible à Dieu). Moi-même, j'aurais aimé répéter : C'est vrai, rien n'est impossible à Dieu. Cependant, par égard pour mon père, afin de respecter ses tourments et ses déchirures, je me taisais. Parfois, je surprenais dans son regard les signes d'une évasion intérieure comme s'il regrettait de ne pas avoir engendré le fils dont il aurait dû tempérer l'ardeur.

Un jour, il s'adressa à moi avec un surcroît de tendresse :

— Il nous faudrait un homme juste et courageux, habité par le Souffle du Très-Haut, capable de nous guider à coup sûr. Tous nos prophètes l'ont annoncé : Amos, Michée, le grand Isaïe, Jérémie, Ézéchiel... Si nous sommes fidèles à la Promesse, il viendra, le libérateur d'Israël ! Le Seigneur suscitera un rejeton de la race de David qui tiendra les goyim sous son joug et purifiera Jérusalem de telle sorte que l'on accourra des extrémités de la terre pour contempler sa gloire. Écoute ce que dit Isaïe : « Il sera pur du péché pour commander aux peuples car le Très-Haut le fera puissant par le Souffle saint... » Moi je ne le verrai pas. Mais toi, Marie, peut-être...

Je serrai la main que mon père avait posée sur mon genou. Ce dont il venait de m'instruire me bouleversa. Car il était rare qu'un père se confiât ainsi à sa fille, avouant ce qui était la flamme et la brûlure de sa vie. Mais qui avait raison de ma mère ou de lui ? Ma mère annonçait un Fils d'Homme, Prince de paix, espoir de ceux qui souffrent en leur cœur et dont le sceptre ferait régner sur la terre un jugement juste. Mon père attendait un héros qui rassemblerait les tribus d'Israël après avoir exterminé les goyim, un Messie triomphant et libérateur. « De sa parole comme d'un bâton il frappera les impies, du souffle de ses lèvres il les fera mourir. » Quelle était la clef de ce mystère qui recélait le dessein de Dieu sur son peuple et qui, lorsque ma pensée s'y heurtait, me paraissait si impénétrable ? Nos épreuves étaient bien la conséquence de notre élection et elles nous menaient quelque part. Le Seigneur qui nous avait sortis d'Égypte à main forte nous sauverait à nouveau. Alors, fallait-il comme les Hassidim courir au-devant d'une révélation, ou bien comme les Docteurs, interroger les textes pour y trouver sa réponse ? Moi, femme et servante, que pouvais-je, sinon m'abîmer dans la prière et me soumettre d'avance à Sa volonté ?

Une veille de Shabbat, un des Shabbat d'hiver qui paraît plus intime et cependant plus solennel que les autres, je m'attardai à la fontaine auprès de Ruth et de Rachel que je n'avais pas vues depuis quelques jours. Je ne voulais pas que, l'âge aidant, s'établisse entre nous une distance qui nous empêcherait de demeurer les amies que nous avions été. De nouveau, nous nous étions donc promis cette fidélité qui est la valeur suprême de l'adolescence. Sur le seuil de la maison, j'arrachai le morceau de tissu qui me tenait lieu de voile — je le portais depuis peu et ne m'y habituais pas — et reconnus dans la cour Myriam notre cousine, son mari Cléophas, ainsi qu'un ami de mes parents, Zébédée, habitant Kephar-Nahum. Bien qu'à ma connaissance il ne se fût pas annoncé, il comptait que nous lui offririons le gîte et le couvert. Il avait dormi au caravansérail de Naïm après avoir colporté dans les bourgades environnantes un lot de poissons séchés. Je me joignis à ma mère et à Myriam pour l'accueillir comme il convient. Du coffre où nous rangions les linges pour les ablutions, je sortis un carré de toile fine, je remplis les bassines pour qu'il pût se rafraîchir le visage et tremper ses pieds, j'allumai quelques sarments pour dessaler le poisson dans l'eau tiède. Mon père avait toujours fait en sorte de conserver sous le rocher des grains grillés, des dattes, des figues, des amandes douces, des noix, du miel, de quoi honorer les gens de passage. C'était le cas.

Un hôte imprévu, voyageur, parent ou ami, est toujours porteur de nouvelles. Au milieu des préparatifs, j'écoutais Zébédée annoncer la mort suspecte de Phéroras, le frère d'Hérode, événement que tous jugèrent préoccupant encore qu'à première vue il m'ait semblé sans importance. Cette différence dans l'échelle des soucis entre ceux des grandes personnes et les miens était pour moi une leçon de modestie : je n'étais pas encore en âge de déchiffrer le sens secret des choses. Je prêtais donc la plus grande attention à ce qui se disait. Zébédée était, parmi nos cousins, le mieux informé des événements publics parce que son commerce en dépendait. Par ses amis les mareyeurs de Césarée, la ville nouvelle, il suivait les mouvements des navires, l'arrivée ou le départ des grands de ce monde, autant que la fortune des équipages, le volume des cargaisons ou les barèmes des marchandises. Pêcheurs hauturiers ou pêcheurs du lac avaient jugé profitable de s'accorder pour ravitailler à tour de rôle la table des riches et des gens de cour afin que leurs affaires, mieux réparties, fussent protégées des fantaisies du vent. Hérode, le vieillard despote, Hérode le capricieux, raffolait du poisson. Un relais de poste rapide lui en fournissait chaque jour, à Jérusalem, du plus frais et du meilleur. Mais on savait par son médecin que depuis quelque temps son estomac rejetait la nourriture et qu'il s'affaiblissait. Il avait essayé une cure aux eaux thermales de Callirohé de l'autre côté du Jourdain et ne s'en trouvait pas mieux.

Les histoires passionnent les enfants, et davantage encore si elles rapportent des faits actuels. Les nouvelles commentées à la maison me trouvaient toujours au pied du conteur : je buvais ses paroles

— Hérode a découvert que la mort de son frère Phéroras n'est pas due à une maladie naturelle mais à un poison vendu par une femme arabe, expliquait Zébédée. Sous la torture, elle a avoué. On dit que son fils Antipater serait l'instigateur du complot. Qui sait ? En somme, le fils chercherait à faire disparaître le père par le même procédé. On peut s'attendre à la vengeance d'Hérode, une vengeance terrible...

Les horreurs qui indignaient le village se tramaient assez près pour qu'il pût en frémir, mais assez loin pour qu'il en fût épargné. Le sang des moribonds n'avait pas encore éclaboussé nos murs, on pouvait jouer avec la peur.

— Quelle destinée que celle d'un tyran, soupirait Cléophas. Il voit des épées nues de tous côtés. Menacé par chacun de ses fils, il les assassine les uns après les autres, il ampute le membre qu'il croit infecté mais le mal renaît ailleurs et c'est la famille entière qu'il extermine. Pour lui faire cortège, il ne peut plus compter que sur la solitude, la terreur et la mort. Ainsi périssent ceux qui défient le Tout-Puissant.

J'avais remarqué que mon père, d'habitude si prompt à commenter les situations qui pouvaient affecter notre peuple, se taisait comme si sa préoccupation était ailleurs. Il me semblait qu'il arrêtait sur moi un regard plus attentif, plus affectueux encore que le jour où il m'avait confié ses espoirs. Ma mère n'avait pas soufflé mot et j'allais m'étonner lorsque Josef le charpentier poussa la porte, suivi de son frère Mardochaï et de ses vieux parents. J'en fus vaguement inquiète car ceux-ci ne se déplaçaient que rarement et c'est plutôt nous qui allions chez eux si nous voulions les voir. Josef, par contre, effectuait chez nous les réparations dont notre vieille demeure avait besoin, il nous fournissait en seaux, bassines, manches de balais ou de pelles, et avait remplacé dernièrement le boisseau mangé par les vers. On le disait bon, patient, aimable, courageux et très compétent dans son métier. Mon père l'accueillit en ouvrant ses bras, ma mère se courba devant lui, et les autres se levèrent comme s'ils se trouvaient tout à coup en face d'un important personnage.

— Marie, déclara mon père d'un ton solennel, Josef fêtera le Shabbat avec nous et c'est lui qui demain lira la Parasha.

Je compris aussitôt : au jeune homme qui s'engageait en vue d'un mariage était dévolu le privilège, le Shabbat suivant, de lire l'Écriture à la synagogue. Josef était admis dans la famille et serait mon époux. J'allai vers lui et lui baisai la main, puis je baisai celle de mon père qui l'avait choisi.

Une ovation salua ce double geste et je m'aperçus que cette réunion que je crus fortuite avait été soigneusement préparée pour qu'y fût publiée la décision, également préméditée, de mes fiançailles. Les langues, en effet, se déliaient. Il fut question des démarches et des tractations qui avaient précédé la rencontre d'aujourd'hui, des mérites de nos ancêtres respectifs dont nous avions hérité par la grâce de Dieu et qui rendaient notre union parfaitement assortie, des dates possibles de la cérémonie, de la robe que je revêtirais et qui était celle de mes aïeules. Cléophas promit d'apporter le vin du repas. Josef me jeta un regard amusé auquel je répondis par un sourire. Comme tout allait vite ! Une complicité venait de s'établir entre nous.

De la terrasse la plus haute de la ville, le hazan lançait ses deux appels, le premier aux paysans pour leur commander de quitter les outils et les terres, le second aux marchands pour leur signifier de couvrir les étals et de fermer boutique. Nos hôtes revêtirent leur talith avant de se rendre à la synagogue pour l'office du soir et mon père, d'un geste habile, vérifia que les tzitsits étaient bien accrochés au sien. Josef, invité à franchir le seuil le premier, me parut plus grand, plus droit que les autres.

— Aide-moi à remplir les lampes.

Myriam rappelait volontiers les impératifs du sacré. L'instant d'après, le dernier chant du hazan proclamerait en effet, l'apparition de la première des trois étoiles annonciatrice du Shabbat.

On se hâterait d'allumer les lampes pour ne plus y toucher. Je pressentais ce que serait la longue veille qui, lorsque chacun se serait endormi, préluderait à ma nouvelle existence. Je n'étais plus assise au carrefour de deux âges, j'étais précipitée de l'aute côté du seuil familier en deçà duquel se situaient ma maison, mes parents, mon enfance. La décision de mes fiançailles me transformait en un être nouveau dans lequel j'allais devoir me reconnaître. J'avais un maître qui n'était plus mon père, patriarche respecté, mais Josef, à qui je devrais obéir, de qui j'apprendrais d'autres habitudes, les visages et les noms d'une autre famille, les secrets d'un autre foyer, les devoirs d'un autre état. La vie, ma vie, était-elle cette voie que d'autres avaient tracée pour moi ? Le Seigneur en avait-il décidé ainsi ? Je montai sur la terrasse qui avait été si souvent mon oratoire. Les rues de Nazareth étaient plongées dans la quiétude du soir. La maison s'apprêtait à accueillir mon père et nos invités revenant de la synagogue. La paix de Dieu régnait sur la ville comme elle devait régner dans mon cœur. « Le Créateur bénit le septième jour et le proclama Saint, parce qu'en ce jour, Il se reposa de l'œuvre entière qu'Il avait faite. »

Dès que tous furent réunis, mon père pria ses hôtes de prendre place autour de la table et dit :

— Il est beau de rendre grâce à l'Éternel, d'annoncer sa bonté et sa bienveillance. Car Tu nous combles d'allégresse, ô Éternel, seul digne de louanges à jamais.

Ayant béni le vin dans sa coupe, il bénit pareillement les deux pains, symbole de la double ration de manne tombée dans le désert, il les rompit et les distribua.

— Ce jour qui est au premier rang des solennités nous fait souvenir, ô Seigneur, que Tu nous as choisis et sanctifiés au milieu de tous les peuples.

Ces prières, je les avais entendues chaque Shabbat depuis que j'étais en âge de comprendre. Ce soir-là, je leur découvrais une signification inouïe. Il me semblait que Dieu, ayant achevé mon enfance, se reposait parmi nous avant de reprendre son ouvrage et de me composer un destin. Mon père ne cessait d'évoquer ses complaisances.

— Oui, le Tout-Puissant a fait pour nous de grandes choses, profonde est notre joie.

Tandis que je le regardais, les épaules légèrement ployées sous le châle des prières, accusant son âge et ses fatigues, un flot d'amour mouillait mes yeux. « Seigneur, à mon tour, j'appelle Ta compassion. Mon père est Ton prêtre fidèle, fais qu'en récompense de sa piété, il vive assez longtemps pour voir les enfants de ses petits-enfants. Et lorsque le moment sera venu de son dernier repos, qu'il célèbre dans la paix, selon Ton commandement, un Shabbat qui n'a pas de fin. »

— Tu es morose, Marie ?

Zébédée avait raison, la tristesse n'était pas de mise un tel jour. Je souris et lui versai du vin. En ce temps-là, c'était un homme fort comme tous nos cousins de Kephar-Nahum, connaissant les caprices de la mer et sachant les dominer. Les cordes de halage avaient durci ses mains et je ressentais leurs paumes rugueuses lorsqu'elles caressaient ma nuque de petite fille.

— À la prochaine occasion, nous irons en famille t'aider à tirer les filets, nous ferons griller le poisson sur la rive, comme avant.

Je m'étais trahie. Je ne voulais pas blesser Josef, mais le bonheur était encore à mes yeux un repas sur l'herbe, des taches de soleil dans les fleurs, le sang d'un genou couronné par une chute et soigné par ma mère, la tentation d'une sieste au creux d'un rocher.

— Oui, Marie, avait dit Josef, nous irons en famille, comme avant, ne t'inquiète pas.

Nous sommes un peuple musicien : David dansait et chantait devant l'Arche, le Temple entretient un orchestre ainsi qu'un chœur de lévites, et nos fêtes se déroulent au rythme des tambourins, au sifflement de la flûte, des chalumeaux, au son des trompettes, aux modulations du luth. Zébédée se dressa pour entonner un cantique car il était fier de sa voix. Josef prit place à ses côtés. La température ne permettait pas que nous nous installions sur la terrasse mais je me sauvai pour y jouir du spectacle de la nuit, ne serait-ce qu'un instant. Comme j'en descendais, Zébédée chantait le psaume du matin du Shabbat, anticipant sa récitation parce qu'il savait que je l'aimais. Il me fit un clin d'œil de connivence.

— Les cieux racontent la gloire du Seigneur, le firmament proclame l'œuvre de ses mains...

L'affection des miens à laquelle participait Josef, la connaissance d'une Loi qui me plaçait au sein d'une race bénie fortifiaient ma certitude, l'affirmation d'Isaïe se vérifiait : « Tous ceux qui observent le Shabbat, je les amènerai sur ma sainte montagne et les comblerai de joie. »

Aucune terre ne me donnerait autant que celle où j'étais née, aucune source n'apaiserait ma soif autant que celle où je remplissais ma cruche. Qui prendrais-je pour modèle dans ma vie d'épouse, sinon ma mère ?

Alors la voix de mon père s'était élevée vers les hauteurs :

— Écoute, ô Israël, le Seigneur notre Dieu est le seul Seigneur. Que sa domination glorieuse soit célébrée à jamais. Tu aimeras le Seigneur ton Dieu de tout ton cœur, de toute ton âme, de tout pouvoir : que ces Paroles que je te dicte restent gravées en toi. Tu les enseigneras à tes fils, tu les méditeras aussi bien assis dans ta maison que marchant sur la route, tu les considéreras à ton coucher et à ton lever. Tu les attacheras comme un signe sur ta main, comme un fronton entre tes yeux. Tu les écriras sur les piliers de ta demeure et sur tes portes...

Je ne connais pas de plus beau commandement.

Dans la matinée qui suivit, je me rendis avec mes parents et mon fiancé à l'office de la synagogue : je tenais à entendre Josef, à le fortifier de ma prière.

Je l'avais appris une fois pour toutes, la synagogue n'est pas le Temple, on s'était suffisamment moqué de ma confusion. A celui-ci la magnificence, à celle-là la modestie. Entre le palais de Dieu et la salle des prières, entre le Grand Prêtre et l'humble hazan, il n'y a pas non plus de commune mesure. La synagogue de Nazareth était comme une dépendance de notre demeure, ni plus spacieuse ni mieux ornée. La veilleuse qui se consumait avec ferveur devant l'Aron Hakodesh était en tout point pareille à la lampe qui projetait sur le mur blanc la silhouette familière de mon père, la lucarne sous le toit ressemblait à celle de notre réserve aux grains, la lézarde de la grande salle me donnait des distractions car, malice du démon, elle dessinait le serpent de la Genèse. J'avais tort d'y songer puisque la Loi interdit toute représentation de créature. Il n'y a pas de lézarde sur les murs du Temple mais du marbre et de l'or. Il n'y a pas de serpents, ni d'agneaux aux chapiteaux des piliers mais des grappes de raisin ou des feuilles d'acanthe. À Jérusalem, la gloire de Dieu, à Nazareth sa compagnie. Le lecteur célébrant était ce matin-là mon futur époux.

L'office commença en retard. Comme d'habitude. Il fallait attendre que le nourrisson ait fini de crier, que les femmes aient réussi à s'installer et à se taire, que les hommes aient conclu leurs discussions : la maison de prières est aussi la maison des palabres. Les nouvelles de la Cour rapportées par Zébédée couraient sur toutes les lèvres. Elles me tourmentaient : Qu'adviendrait-il de mon union avec Josef si le conflit entre le prince et son père provoquait la guerre et la ruine ? C'est toujours le peuple qui paye pour les grands et l'innocent pour le coupable...

Le silence revenu dans l'assistance, l'officiant s'était tourné vers le tabernacle pour en retirer les rouleaux de la Loi et les brandir devant les fidèles. Je le suivais des yeux. Je vis mon père approcher son talith du tissu cramoisi qui enveloppait la Torah et le baiser comme le firent à tour de rôle les autres fidèles. Quant à Josef, il gravit la teba. Mon cœur cessa de battre. Forçant la voix, oscillant la tête et le buste d'un pieux balancement, mon futur époux ouvrit le Livre des Prophètes et lut ces belles paroles qui convenaient si bien au temps de nos fiançailles :

— Les angoisses passées seront oubliées, elles seront cachées à mes regards : voici que je crée des cieux nouveaux et une terre nouvelle. On ne se remémorera plus les événements précédents, ils ne remonteront plus à l'esprit. Je fais de Jérusalem une exultation et de son peuple une allégresse.

Belles paroles pour le temps de mes fiançailles ! L'Écriture contient toutes les lettres, la somme de tous les chiffres. Mais nos calculs sont vains. C'est Dieu seul qui fait les comptes et rédige nos destins.

IV

Les préparatifs de la cérémonie de mes fiançailles allèrent bon train. À la routine succéda une agitation dispersée mêlant les décisions importantes aux choix insignifiants. L'examen et l'ajustement de ma robe dépliée du coffre familial, la manière dont je tresserais mes cheveux, la répartition des tâches et l'acquisition des denrées pour le repas se joignaient aux avis que me donnaient mon père sur ma conduite envers mon futur époux, ma mère sur l'organisation de mon foyer, Josef sur ses projets immédiats. Comme l'usage exigeait qu'une année s'écoulât avant notre mariage, il songeait à se faire embaucher parmi les charpentiers qui travaillaient au Temple de Jérusalem. Les salaires y étaient élevés et quotidiennement payés, de sorte qu'il pourrait dédommager plus généreusement mes parents en augmentant la dot tout en faisant face aux dépenses de notre établissement. Nous serions séparés, ce qui était triste, mais il reviendrait à Nazareth aussi souvent que possible, et entre-temps ferait parvenir des nouvelles. Moi-même j'accompagnerais mon père s'il montait en pèlerinage.

Pendant cette période, je ne manquais pas de revoir Ruth et Rachel qui avaient été parmi les premières à apprendre la nouvelle de mon engagement et qui, aussitôt, m'avaient exprimé tant de vœux et d'affection, tant de disposition à me seconder que je voyais avec douceur nos liens s'affermir au lieu de se relâcher. Ruth m'apprit en secret que sa sœur

Rachel était promise à un riche marchand de Babylone qui avait déjà fait présent à sa famille de bracelets précieux :

— Bientôt, je resterai seule.

— Ton tour viendra...

— Oh, moi...

Je fus troublée par la profondeur de sa mélancolie. Plus que d'autres, plus que moi, elle y était sujette. Quand nous étions enfants et que nous jouions ensemble, il arrivait qu'elle nous quittât brusquement, n'ayant plus envie de nos farces ou de nos courses.

— Ruth, viens-tu ?

Son frère Éliahoud répondait à sa place :

— Laissez-la tranquille, elle médite.

Lorsque je lui rappelai qu'un jour j'avais déclaré à ma mère que j'épouserais le pauvre, elle me répondit :

— Et moi, je veux épouser un prêtre, celui qui officie dans le Temple.

Pauvre Ruth, qui n'était pas de race assez pure pour un tel mariage ni même pour entrer dans une famille comme la nôtre.

— Tu sais à quoi je pense ? Au rêve de ta mère. Eh bien, mon fils ne sera pas roi puisque mon fiancé est charpentier et que nous habiterons Nazareth. C'est ici que naîtront nos enfants.

Elle avait fait la grimace comme si je l'avais déçue alors que je croyais la rasséréner en lui montrant combien l'avenir se moque de nos imaginations. Ruth avait besoin de hausser mes mérites, ma destinée, mon rang. Moi, au contraire, je désirais les fixer près des siens, puisqu'elle était ma compagne. Aussi je décidai de la mêler autant que je le pourrais, ainsi que sa sœur Rachel, à mes tâches et à mes projets. Je prévins naturellement Josef afin qu'il ne fût pas surpris de cette fréquentation. Il m'écouta, me prit la main :

— Marie, me dit-il, je te comprends et t'approuve.

Mon cœur bondit vers lui. Josef, l'époux choisi par mon père, était également, Dieu soit loué, mon ami.

Malgré le nombre et le zèle des concours qui s'offraient à ma mère et à moi, j'abordai le grand jour avec mauvaise mine. Je m'étais tant souciée de tout ! Ma mère, voulant s'assurer que je serais maîtresse de maison accomplie, avait multiplié les occasions de m'initier au ménage et à la cuisine. Je l'avais suffisamment observée dans ses tâches pour savoir pétrir la pâte et enfourner le pain, mais elle avait voulu me confier le secret de ses recettes, celui par exemple des gâteaux de miel, miel sauvage et miel cultivé n'ayant pas la même saveur. Elle m'avait appris à filer, à manier l'aiguille et même à faire des points de broderie comme si, épousant Josef, j'allais connaître l'aisance des dames de Jérusalem. Je lui sus gré de m'inculquer ses principes sur la propreté du corps et de la literie, l'usage des remèdes en cas de refroidissement ou d'indigestion, les soins aux nouveau-nés, mais là non plus, je n'étais pas sans expérience. À défaut de poupées dont s'amusaient les païens, je jouais à la maman avec les vrais bébés de mes voisines, je retirais d'un doigt la bave de leur bouche, huilais leurs rondeurs, les couchais dans le son, les berçais de mon pas lorsqu'on les ficelait sur mon dos.

J'avais essayé différentes façons de tresser mes cheveux pour, en définitive, revenir à ma coiffure habituelle. Ce n'était pas du goût de tout le monde. Ma mère hésitait. Il ne fallut rien de moins que le désir exprimé par Josef pour nous départager : telle qu'il m'avait rencontrée, telle il me voulait. A peine apaisée, la querelle renaquit à propos de l'agrafe de mon voile puis de je ne sais quel détail de ma ceinture. Ainsi tiraillée, je passais de main en main et d'avis en avis comme un objet soumis à l'examen d'experts. Ces embarras retardaient le moment où je serais prête et, pendant ce temps, les premiers invités arrivaient.

Mon père en avait convié beaucoup, souhaitant donner à la fête en l'honneur de sa fille unique un peu plus que l'éclat traditionnel. S'il avait consenti à une telle dépense, c'était aussi qu'il était convaincu de la vanité d'épargner nos biens par les temps hasardeux qu'il prévoyait. Il se gardait de me l'avouer, mais je l'avais entendu répéter ce précepte dont il était l'auteur : C'est sagesse que de se désaltérer quand l'eau coule dans le ruisseau, afin de mieux supporter la soif s'il se dessèche. Ma mère en riait et me soufflait à l'oreille :

— Ton père se trompe. Quand on a bien bu la veille, on a encore plus soif le lendemain.

Il avait donc prié tout naturellement nos cousins de Ein Kerim et ceux de Kephar-Nahum, mais aussi des parents plus éloignés, un grand nombre de gens de Nazareth, sans compter les familles amies ou proches de Josef et des musiciens pour agrémenter le repas : plus de monde que la maison n'en pouvait contenir. Certains s'étaient logés en ville, d'autres avaient préféré descendre dans les caravansérails de Séphoris, de Naïm ou de Cana qui n'étaient pas très distants. Tous avaient répondu à l'invitation, en particulier Zacharie, époux d'Élisabeth. En échange, nous avions reçu de nombreux cadeaux, des poissons, des vins, des étoffes, des épices, même un agneau offert par les parents de Ruth. Une pointe de superstition incitait nos hôtes à se montrer généreux car, en donnant pour une promesse de mariage, on s'attire certes les bénédictions du Ciel, mais la fête tombait en outre au moment de la pleine lune, ce que certains interprétaient comme l'augure d'un bonheur auquel il était salutaire de s'associer.

Ces préoccupations accaparantes avaient eu pour résultat de me faire oublier l'essentiel. Je songeais plus à la cérémonie qu'à l'engagement qu'elle consacrait et dont je n'étais pas persuadée qu'il fût le mien. Je n'apercevais même pas que mon père était dans un état d'esprit tout à fait contraire, l'organisation de la fête lui important moins que la réflexion sur ce qui advenait à sa fille et, par elle, à la prolongation de sa race. Pour que je réalise pleinement l'importance du moment, il me fallut voir Zacharie prendre place à côté de mon père et ce dernier élever la coupe de vin devant Josef et moi :

— Que ce couple uni par les sentiments les plus purs se réjouisse comme Adam et Ève se réjouissaient dans l'Éden. Sois loué, Éternel notre Dieu qui a créé le Fiancé et la Fiancée, l'amour et l'affection, les délices et les plaisirs, l'amitié et la paix.

Voici que les prières de ceux qui s'étaient portés garants de mon consentement révélaient leur vertu. Par elles, je me percevais telle que j'étais devenue, femme, bientôt épouse, promise à Josef. Après que l'officiant eut trempé ses lèvres dans la coupe, nous bûmes, lui le premier, moi ensuite. Il me tendit une breloque d'argent détachée du bandeau de mariage de son aïeule, symbole de l'union de nos familles et me dit :

— Par ce gage, tu m'es consacrée pour toujours selon la loi de Moïse.

Corps et âme, je me trouvais liée au corps et à l'âme d'un homme et ceci à la face du Ciel. Les vapeurs du vin, l'enchantement du luth et des cithares pouvaient à bon droit s'emparer des invités puisqu'ils étaient les spectateurs de notre allégresse, les témoins de l'ordre divin qui s'accomplissait devant eux. La mère de Josef m'adressa un sourire que j'accueillis avec gratitude pour le lui rendre mieux encore. Mon père et ma mère n'échappaient pas à cette liesse et je ne lisais dans leur regard que le signe atténué de l'inquiétude qui n'a jamais quitté le peuple de la Promesse.

Ce n'est pas avant le soir que Josef put m'inviter à chercher sur la terrasse un peu de fraîcheur. Il me prit la main :

— N'es-tu pas fatiguée ?

Mon fiancé me parlait déjà comme à une épouse que l'on protège, et sa question me remplit de bonheur. Je lui demandai de me guider, de me dire ce qu'il attendait de moi pendant cette longue année ou nous serions séparés, puisqu'il travaillerait à Jérusalem. Je lui confiai en échange un des secrets de mon adolescence : moi aussi, j'avais songé à m'enrôler parmi les quatre-vingt-deux jeunes filles qui, au Temple, tissent le voile du Sanctuaire. Et puis, à cause de mes parents, j'y avais renoncé.

Josef me complimenta sur ma piété filiale, y voyant sans doute l'indice d'une dévotion qui se reporterait sur lui, et me cita en riant l'histoire du pauvre Job qui fut loti d'une épouse acariâtre, ultime plaie envoyée par le Seigneur. Puis, reprenant son sérieux, il me conseilla de profiter de ces mois pour m'instruire et me fortifier, car les temps à venir exigeraient une foi et une santé au-dessus des épreuves.

Bien des fiancés de cette époque auraient tenu le même langage, mais, pour s'être exprimé aussi franchement devant moi, Josef grandit à mes yeux. J'osai l'interroger sur ce qu'il pensait des menaces dont beaucoup, à commencer par mon père, prédisaient la prochaine échéance.

— Josef, pardonne-moi si je me permets de te demander ce que tu penses. Je te prie de ne pas me répondre si tu ne le veux pas. Mais crois-tu que nous soyons à la fin des temps ?

— En tout cas, cette fin est proche. Je crains qu'elle ne s'accompagne de grands malheurs. Hérode agonise mais il sait encore tuer. La guerre civile se prépare, les jeunes gens entassent les armes qu'ils ont volées, partout on parle de soulèvements, et la Galilée sera au premier rang. Ici nous ne sommes pas tout à fait comme les autres juifs, la montagne qui nous isole nous a donné le goût de l'indépendance et ses caches propices aux embuscades nous ont rendus téméraires.

C'était la seconde fois qu'un homme m'honorait de son avis. Mon père d'abord, mon fiancé ensuite. Ils s'exprimaient d'une voix différente mais l'un et l'autre avaient ce même œil qui regardait loin. Je ne voulais pas interrompre Josef, je souhaitais seulement qu'il me devine, qu'il sache combien j'éprouvais à l'entendre de gratitude et de respect. J'étais fière de sa confiance.

— Marie, nous serons deux, toi et moi. Unis, nous le sommes déjà. Te sens-tu plus forte ? J'aimerais que tu éprouves malgré la pensée de ce qui peut nous accabler la même liberté que moi. Il faut être droit devant les hommes et courbé devant Dieu.

— Et le Messie, Josef, l'attends-tu comme moi ? Voilà bientôt deux mille ans que le Saint nous a séparés des nations pour témoigner de Sa parole, deux mille ans que nous sommes éprouvés par le fer et par le feu. Va-t-il bientôt nous l'envoyer, le rejeton de David, le germe juste qui régnera en Roi ?

Je mettais tant d'ardeur dans ma question que je sentis mon visage s'empourprer. Il s'approcha et je l'entendis réciter :

— Ta joue est comme une tranche de grenade derrière ton voile, ta chevelure est comme un troupeau de chèvres, comme un ruban écarlate sont tes lèvres.

— Josef, ce sont les noces de l'Éternel et de son peuple que chante le Cantique des Cantiques, ce n'est pas à moi qu'il faut parler ainsi.

La lune, la pleine lune montait lentement dans le ciel dont elle pâlissait l'ombre. Voilà qu'apparaissait le présage attendu, assurance de félicité auquel les invités voulaient croire. Ils nous appelèrent. Notre cousine Élisabeth m'accueillit en bas des marches. Les vœux de fécondité que l'on m'adressait auraient pu l'affliger, elle qui était stérile. Non, elle me prit dans ses bras :

— Que le Seigneur t'accorde des fils, Marie, au moins un, béni par le Seigneur, un nouveau petit David.

V

La semaine s'était à peine écoulée que commença le mois de la Pâque. J'entrepris avec ma mère le nettoyage de la maison depuis le toit jusqu'au réduit dans la cour. Je m'y adonnais avec entrain, décelant dans les coins ou l'interstice des pierres la miette de pain levé qui avait échappé au balai maternel. L'interdit de consommer en cette période une nourriture fermentée s'accompagne de l'obligation d'en effacer toute trace. Nous sommes un peuple scrupuleux dans l'obéissance et méticuleux dans l'accomplissement de nos tâches. Partout, à Nazareth, on rangeait, on récurait, l'objet essentiel de ce remue-ménage étant de mettre d'un côté les ustensiles qui servent aux repas des jours ordinaires et, de l'autre, ceux que l'on réserve exclusivement à la semaine sainte. L'œuvre du Saint, dans sa perfection, sert de modèle : n'a-t-Il pas séparé les espèces fixant à chacun sa place, répartissant aussi la lumière et les ténèbres, sans confusion ?

Selon cette tradition séculaire qui ne comporte pas d'incertitude, nous préparions la fête de Pessah dans les moindres détails. Mon père nous regardait faire. Outre que les besognes domestiques n'étaient pas de son ressort, il se sentait affaibli, n'osait nous le dire et s'inquiétait de voir que nous nous en doutions. Il dut l'avouer au moment de décider si nous effectuerions le pèlerinage rituel à Jérusalem, d'autant plus indiqué que Josef était installé dans la ville. Ma mère et moi fûmes les premières à écarter le projet quoi qu'il nous en eût coûté à l'une et à l'autre. Ayant prétexté l'insécurité des routes, la dépense, notre fatigue après tant de travaux et de célébrations, j'ajoutai qu'en participant de cœur et d'esprit aux sacrifices, nous ne serions pas en défaut, surtout, si, l'an prochain à Jérusalem, nous étions tous réunis.

Personne n'était dupe. Assise au chevet de mon père qui se levait pour des heures chaque jour moins nombreuses, je constatais les rapides progrès d'un mal qui pouvait se confondre à l'origine avec les effets d'un quelconque surmenage mais dont, très vite, la réalité et l'issue ne firent plus de doute. Ma mère et moi évitions d'en paraître averties. Nous étions deux femmes face aux problèmes quotidiens. Pour leur improviser tant bien que mal des solutions, la présence de Josef eût été une aide autant qu'un réconfort mais je n'avais pas désiré qu'il soit prévenu.

J'apprenais donc que la ration de pain coûte un as, que le contenu d'un pot de miel s'échange contre un sac de figues, que toutes les monnaies n'ont pas le même cours. Ma faute avait été de faire si peu de cas jusqu'à ce jour de ce qui concernait la conduite d'un ménage. Plus tôt que prévu et dans le trouble d'une angoisse étouffée, je voyais arriver un terme, celui de ma vie insouciante, de ma famille tutélaire, une fin des temps sur le foyer meurtri.

Mon père sans nul doute savait que pour lui le chant de l'oiseau allait se taire : il pensait à son état en évoquant mon mariage, ma progéniture, attentif à ménager cet avenir qui glissait de ses mains dans les miennes. Son verbe était placide comme l'accent de sa voix et il s'efforçait de me cacher que cette paix apparente provenait en vérité de sa faiblesse. Il perdait peu à peu sa volonté de lutte. Parfois, comme l'Ecclésiaste, il sombrait dans la mélancolie.

— Une génération s'en va, une autre vient et la terre demeure au monde. Le soleil luit et se hâte vers la place ou il se couche. Tous les ruisseaux vont à la mer qui n'en est pas comblée.

Puis il ajoutait :

— Seigneur, je ne suis qu'un invité chez toi.

Je me suis souvent reproché de n'avoir pas assez supplié le

Saint, béni soit-Il, de le guérir. Il est vrai que je jugeais plus conforme à la piété de partager ses souffrances plutôt que d'implorer leur soulagement. Le Seigneur sait ce qui est juste et bon et, puisque ce qui atteint notre chair ou notre cœur vient de Lui, nul n'a le droit d'entraver Sa volonté. Ruth me conseillait de prendre l'avis d'un de ces thérapeutes qui vivent dans l'ascèse et connaissent le secret des plantes, au moins pour couper la douleur qui soudainement l'abattait.

— L'un deux s'est établi au mont Carmel, dans la grotte d'Élie. Quand Rachel est tombée malade, nous aurions voulu l'appeler, mais chez nous, il n'aurait pas accepté de venir, tandis que chez toi, il ne refuserait sûrement pas.

— Mon père s'y opposera. L'autre jour, il m'a dit : « C'est du Tout-Puissant que vient la guérison. » Il a aussi répété : « Seigneur, ne me rejette pas maintenant que je suis vieux, car j'ai été toujours avec Toi. Tu m'as saisi par la main droite. Tu m'as conduit selon tes vues. Tu me prendras ensuite dans ta gloire. »

La visite d'Issachar fut une heureuse diversion qui chassa nos miasmes comme le vent d'est balaye les relents de la mer Salée. Le potier se garda de parler de soins, de douleurs ou de guérison, préférant nous distraire par l'évocation de faits divers qui ne nous parvenaient plus. Mardochaï ou Cléophas venait à tour de rôle nous rendre visite mais ils n'osaient retirer au malade la consolation de décrire son mal. Tandis que mon père hochait la tête en écoutant les récits de son ami, son regard reprenait vie. La conversation en arriva aux affaires du royaume.

— Hérode se tait, dit Issachar, il rumine sa vengeance contre Antipater dont il a fait son héritier mais qui se garde bien de rentrer de Rome. Nous avons un répit, pour combien de temps ?

— Pour combien de temps, en effet ?

— Si ce n'est le duel du roi avec son fils, c'est le soulèvement contre Rome qui provoquera la guerre des juifs. La garnison de Séphoris a été renforcée, les bandes armées tiennent toujours la montagne.

— Ton fils aîné ?

— Il les a rejoints.

— Ah !

— Le cadet aussi...

Mon père n'avait pas cillé. Il avait chassé la mouche qui parcourait sa joue.

— C'est bien.

Tel avait été son verdict.

Lorsque nous eûmes célébré la Pâque, dans la dévotion et l'anxiété, avec les membres de notre famille qui, comme nous-mêmes, n'avaient pu se rendre à Jérusalem, ce fut Zacharie, libéré de ses devoirs sacerdotaux, qui descendit en Galilée pour saluer mon père d'une courte visite, aussi réconfortante que l'avait été celle d'Issachar. Appartenant à l'une des vingt-quatre sections de prêtres qui assurent le service du Temple tout au long de l'année, notre cousin était respecté dans le pays et en contact avec beaucoup de gens avertis de bien des choses. Toutefois, sa prudence l'empêchait de se compromettre et ses opinions balançaient de telle sorte qu'on ne savait jamais de quel côté elles penchaient.

— Simon, le grand prêtre, fils de Boethos, t'envoie ses salutations, dit-il à mon père.

— Il me fait beaucoup d'honneur.

— Le Temple a connu pendant la pâque une affluence qui a dépassé celle de l'an dernier. On a dû doubler la police de la ville à cause des pèlerins étrangers. Quant aux prix, ils ont atteint des sommets incroyables, un denier d'or pour une tourterelle !

— Comment les pauvres pourront-ils offrir un sacrifice ?

— On a importé mille têtes de bétail pour faire baisser les prix mais sans résultat. Le parvis est plus que jamais encombré de commerçants et de changeurs.

— Il n'est pas bon que le vin de l'offrande éclabousse la veuve, commenta mon père.

— Malgré tout, nos institutions sont solides, le Temple s'élève au centre de l'Univers, les architectes ont élargi le périmètre de l'esplanade. Voici une nouvelle qui va te faire plaisir : on a réparé les fissures du petit bassin de Bethseda. Que disais-je ? Oui, la nation, si elle n'est pas aussi prospère qu'il le faudrait, jouit bon an mal an des ressources de son sol et de son commerce. L'argent ne manque pas à Jérusalem. Il est vrai que nous autres, prêtres ordinaires, nous ne touchons pas régulièrement la dîme. Mais crois-moi, Joachim, les tribulations et les misères que nous avons connues dans notre jeunesse peuvent être évitées demain si les hommes s'améliorent. Je ne serais pas étonné que ta fille Marie ne vive des années heureuses dans un pays paisible. Que le Saint, béni soit-Il, m'écoute en tout cas.

Mon père m'appela :

— Marie, as-tu entendu ?

Il avait l'accent d'un homme qui a reçu une bonne nouvelle. Oui, j'avais entendu et je m'émerveillais de sa soudaine confiance, lui qui avec Issachar, la semaine passée, approuvait les jeunes gens révoltés. Il est vrai que nous faisions en sorte qu'autour de lui, dans la maison entrouverte, l'existence parût sans alarme et le temps sans hasard. Ma mère se consacrait aux devoirs domestiques, nos cousins et cousines s'efforçaient de nous rendre service. Je réservais tous mes instants au malade, dormant peu, me levant à l'aube. Je montais sur la terrasse pour saluer le jour : combien de fois encore avant le dernier ? Nous sommes une paille dans le vent.

Vint le moment où mon père trop affaibli pour élever la voix me demanda de prier pour deux. C'était un matin gris, je frissonnais sous mon châle : la fraîcheur était inhabituelle pour la saison.

— Seigneur, guéris-nous, et nous serons guéris... Apporte un remède efficace à nos douleurs. Tu brises le fer des esclaves et Tu gardes les promesses à ceux qui dorment dans la poussière.

J'avais approché ma joue afin que nos souffles soient confondus dans la bénédiction.

— Père, ne craignez rien, je suis là. Je suis née de vous, on dit que je vous ressemble. Vous vivrez à travers moi. Je vous porterai longtemps, longtemps...

Cette fois, je m'appliquai de toutes mes forces à prolonger sa vie terrestre. Ce corps qu'il m'avait donné, je le lui prêtais en retour. Mon sang était son sang, en moi s'installait sa demeure. Je scrutais son regard et y lisais ses pensées que l'heure de vérité rassemblait en une seule : la délivrance, la sienne, certes, mais aussi celle d'Israël, et encore au-delà, au bout de l'horizon visible, celle du monde qu'éclairerait soudain une lumière nouvelle. Toute sa vie il avait fixé les yeux sur la promesse d'un Sauveur. Alors, me souvenant de sa joie lorsqu'il lisait le premier Livre des Macchabées, je lui récitai le testament de Mattatias, doucement, sur un ton de confidence, comme on berce un enfant :

— Les jours de Mattatias, approchaient de leur fin et il dit à ses fils : Voici maintenant le règne de l'arrogance et de l'outrage, le temps des bouleversements et de l'explosion de la colère. À vous mes enfants de connaître le zèle pour la Loi et de donner vos vies pour l'Alliance de vos Pères. Souvenez-vous des actions qu'ils ont accomplies en leur temps et vous gagnerez la gloire éternelle. Abraham n'a-t-il pas été fidèle dans l'épreuve et cela ne lui a-t-il pas été compté comme justice ? Josef au moment de sa détresse observa la Loi et devint le Seigneur de l'Égypte, Pinhas par son zèle ardent reçut l'Alliance du Sacerdoce éternel, Josué pour avoir rempli sa mission devint juge en Israël, Caleb par son témoignage de vérité obtint de l'Assemblée une terre en héritage, David par sa piété reçut un trône royal pour les siècles, Élie pour avoir brûlé du zèle de la Loi a été enlevé au Ciel, Ananias, Azarias, Misaël pour leur confiance en Dieu échappèrent aux flammes, Daniel pour sa droiture fut sauvé de la gueule des lions. Comprenez que, de génération en génération, ceux qui espèrent en Lui ne faibliront pas. Ne craignez pas la menace de l'homme pécheur car sa gloire va vers la pourriture et les vers, aujourd'hui il s'élève et demain on ne le trouvera plus, il sera retourné en poussière et ses projets seront anéantis. Mes enfants, soyez des hommes et tenez fermement la Loi, car c'est elle qui vous comblera de gloire. Alors Mattatias les bénit et il fut réuni à ses Pères. Il fut enseveli à Modin et tout Israël mena sur lui un grand deuil. Son fils Juda se leva à sa place. Il étendit le nom glorieux de son peuple, rendit la victoire amère à bien des rois. Il fut renommé jusqu'aux extrémités de la terre et rassembla ceux qui étaient perdus.

Mon père s'était assoupi. J'observai le squelette de son visage sous la peau transparente comme si le signe de la date et de l'heure redoutables s'y trouvait inscrit. Avec sa barbe humide de fièvre, il ressemblait à Noé, à Abraham, à tous ceux qu'il avait vénérés et qu'il s'apprêtait à rejoindre. J'osai le caresser, poser la main sur son front, suivre des doigts les rides qui le parcouraient. Il s'éveilla doucement.

— Marie, ma fille.

À cet instant même, il me sembla qu'il allait mieux. Il réussit à se retourner sur sa couche sans que je l'aide et me fit signe de me pencher vers lui :

— Écoute et réjouis-toi, dans mon sommeil j'ai vu ton fils, il était beau et fort comme l'espérance.

Puis il ajouta :

— C'est curieux, je ne souffre plus.

Il promenait son regard comme s'il cherchait d'autres témoins de sa surprise.

— Ta mère est-elle à côté ? Je ne la vois pas. Il faudra qu'elle ferme la porte. Le Qadim souffle ce soir et soufflera encore demain.

Un semblant de gaieté dérida sa bouche et ses joues.

— Dans quelques heures, je ne serai rien et vois ce qui m'occupe !

Le jour passait. Je souhaitais ardemment que Samuel, le pharisien que mon père aimait, pût venir avant la nuit. Il me l'avait promis, c'était un homme de parole. Il était membre du petit sanhédrin de Séphoris et professait une interprétation du Livre qui n'était pas celle de l'orthodoxie, mais que mon père avait adoptée. Il prétendait que le grand prêtre et les autres sadducéens faisaient offense à l'Éternel en niant la résurrection des morts. Le Créateur n'avait pas sorti l'homme du néant pour l'y plonger ensuite. Comment retirerait-il ce qu'il avait donné ? Tel était l'enseignement de Samuel et sa foi.

Je l'entendis gratter à la porte et courus lui ouvrir. Je le prévins de l'état de mon père, mes larmes jaillirent et je me blottis dans ses bras.

— Console-toi, Marie, le Seigneur est juste. Il ne confond pas les bons et les méchants, ni ton père avec un impie. Il ne dicte pas à tous le même sort. Il n'a pas oublié de récompenser les frères Juda et Simon qui sont tombés pour sa gloire. Il ne négligera pas ceux qui L'ont servi. Il a mis en nous une soif de durée qu'une destinée humaine ne suffit pas à étancher. Aie confiance et souviens-toi de ce que dit Daniel : Ceux qui dorment dans la poussière s'éveilleront, les uns pour la vie éternelle, les autres pour l'éternelle infamie. Et les sages brilleront comme brille le firmament.

J'avais raison d'espérer. Mon père se relèverait au jour du Jugement et ce jour était proche. Béni soit le Saint.

— De révélation en révélation s'éclaire la vérité suprême. Toi, Marie, tu seras témoin de grandes choses. Sois attentive et reste pure.

Je souhaitais que le maître s'explique encore, que l'ami me rassure davantage, mais il s'était éloigné vers le coin de la pièce où gisait mon père. Je demeurais seule à l'autre bout, enveloppée de pénombre, les yeux fixés sur le visage émacié. Samuel, incliné, paslmodiait à voix rauque la prière des mourants.

Ma mère entra. Je lui cédai la place sur le banc et m'accroupis à ses genoux. Nous savions l'une et l'autre que le chant de Samuel et le cœur de mon père s'arrêteraient ensemble.

— Approchez, Anne et Marie, voici que Joachim nous quitte, son souffle s'évapore.

Sous la nuque de son époux, ma mère agenouillée glissa son bras. Je vis le sang se retirer des lèvres, les prunelles s'éteindre ; au pincement des narines, je sus exactement l'instant de sa fin. Cette tête qui retombait lourdement sur le coussin, je n'en reconnaissais plus les traits. Mon père était parti, il avait lâché sa dépouille. Sans l'haleine de la vie, que reste-t-il de l'homme ? C'était la première fois que je voyais un mort et la surprise de cette vue me laissait hébétée. J'avais tellement partagé son agonie que le reste de sa vie avait coulé dans la mienne. Pour moi il n'était mort qu'en apparence. Me détournant du corps j'emportai l'esprit. On ne m'en priverait pas.

Ma mère s'écarta du lit. Elle revint s'asseoir sur le banc et se serra contre moi : nous étions veuves. Ce fut Samuel qui se chargea des rites. Il appela pour l'aider une femme de Séphoris qui l'avait accompagné et l'attendait sur le seuil. Il lava mon père, le frotta avec les aromates, l'enveloppa dans le linceul, entoura ses mains et ses pieds de bandelettes, et couvrit son visage du suaire. Puis il donna l'ordre de convoquer les pleureuses, les flûtistes, et de fixer leur prix. De longues minutes s'écoulèrent tandis qu'il accomplissait minutieusement ses devoirs. Lorsqu'il eut terminé, il vint vers nous. Alors, ma mère, saisie de tremblements, laissa échapper un cri de bête blessée qui emplit la chambre de toutes les souffrances d'Israël, un cri qui n'en finissait pas, tellement épuisant que j'en eus peur. Bien qu'il ne fît pas encore tout à fait nuit, j'allumai une veilleuse afin que la vue de cette lumière nous rassurât.

— Ouvre les contrevents et laisse entrer l'air, je me sens mal.

C'était contraire à l'usage mais j'obéis. Le gémissement de ma mère s'étouffa dans un sanglot. Elle succombait à son tour et j'essuyai ses joues. Nous pouvions enfin toutes deux verser nos larmes sans retenue.

Le lendemain matin, au lever du soleil, une longue procession conduisit le mort auprès de ses ancêtres afin qu'il fût enseveli dans la terre qu'il chérissait. Nos cousins et parents proches déchirèrent leurs vêtements et s'abstinrent de passer le rasoir sur leurs joues, les femmes ajustèrent leur voile et le sacq. Ceux qui avaient touché le corps du défunt procédèrent avec nous aux ablutions. Myriam, particulièrement vigilante à cet égard, s'était procuré l'hysope purificatrice et des cendres de vache rousse brûlée au Temple, suivant une tradition immémoriale, afin de les mélanger à l'eau et de la distribuer à ceux qui le demandaient. Elle me prêta son concours pour la préparation du repas, tâche qui m'incombait, et fut même secondée par des voisines qui, n'ayant pas nos habitudes, compliquaient notre service en cherchant à nous aider : la vaisselle, les objets usuels avaient changé de place au cours de la maladie de mon père, la farine et le miel étaient épuisés, le pétrin habité par les fourmis. Je rougis du désordre et de l'évidence de notre dénuement.

J'attendais Josef, prévenu trop tard pour assister aux funérailles. Sa famille entière avait fidèlement participé aux cérémonies, mais son absence pourtant naturelle m'affligeait. J'allai vers sa mère et lui dis mon regret. Cette femme qui ne m'était rien il y a quelques semaines entrait tout à coup dans notre intimité ou plutôt je pénétrais dans la sienne. Nous nous regardions avec des yeux hésitants. Je sentais qu'elle m'observait à la dérobée, cherchant sans doute à deviner davantage de moi. Joies et peines, nous les partagions désormais. Je lui tendis timidement un gâteau de figues et de raisins, qu'elle goûta et jugea réussi. Elle me fit du menton le geste qui apprécie tandis que je lui témoignai une modestie de circonstance. Il faut parfois si peu.

Suivant l'usage, le deuil dura trente jours. Autour de nous, nos amis, nos voisins observaient un silence recueilli. Ni ma mère ni moi ne quittions la pensée du maître qui avait régné sur nous et qui ne parlerait plus que dans notre souvenir. Désormais Josef serait mon guide. Comme j'avais besoin de lui !

Car l'agonie de mon père, les soins que je lui avais prodigués, les exigences de la maison m'avaient pour un temps sortie de moi-même. Pendant cette période, j'étais celle dont une autre vie dépend, l'instrument indispensable dont l'emploi est défini et qui se consacre à lui. À présent que la chambre où j'avais veillé tant d'heures était rendue au silence, je découvrais ce que j'étais, près d'une mère désemparée, loin d'un fiancé que je connaissais à peine, seule. Qui appeler ? « Adonaï Élohim, je voudrais me réfugier sous la tente. »

Ce premier mois de notre deuil, je rapprochai ma couche de

celle de ma mère. J'étais le moineau à la veille de l'envol, apeuré par le vide, je m'accrochais au nid que j'allais quitter et que couvrait l'ombre tutélaire de mon père. Ma mère reprenait courageusement les rênes de la maison et me pressait de partager ses besognes pour me tirer de la torpeur et des angoisses qui me figeaient. Soudainement, elle replaça nos nattes à bonne distance l'une de l'autre, geste qui me fit mal. Je me blottis dans mon coin et n'en bougeai pas.

C'est alors que survint l'événement insolite qui allait saisir ma vie et la déposer sur les genoux du Seigneur : j'entendis dans la nuit prononcer mon nom. Aucun doute, ma mère m'appelait. Je m'approchai sans bruit. Bouche entrouverte, cheveux épars sur le coussin : l'image que j'aperçus d'elle me fit trembler. Mais non, elle reposait. Je retournai à ma place. M'avait-elle appelée en rêve ?

— Ce n'est pas moi qui ai rêvé, c'est plutôt toi, me répondit-elle le lendemain.

La nuit suivante, la voix se fit plus pressante.

— Mère, me voici, dis-je à nouveau, accourant vers elle.

Ma mère, réveillée en sursaut, me jeta un regard dont je me souviens encore. Penaude, je n'insistai pas.

Quelque temps après, je fus tirée de mon sommeil par la même voix :

— Tu as trouvé grâce auprès du Seigneur, tu verras de grandes choses.

Cette fois je compris que l'appel ne venait pas de ma mère. Ces phrases qui me promettaient un avenir dont j'avais bavardé avec Ruth et Rachel, ou même avec leur frère Éliahoud, d'où me venaient-elles ?

Tout à coup, ce que la Torah racontait du jeune Samuel me revint en mémoire : il était servant à l'autel après qu'il eut été consacré au Seigneur par Anne sa mère. Nuit après nuit, il entendait son nom et croyait que le prêtre Héli l'appelait. Interrogé, Héli répondait chaque fois :

— Non, Samuel, je ne t'ai pas appelé.

A la fin, Héli comprit que le Seigneur appelait l'enfant.

— Quelle parole t'a-t-il adressée ? Ne me la cache pas.

Alors Samuel lui rapporta les paroles entendues sans rien omettre. Héli affirma :

— C'est le Seigneur, qu'Il fasse ce que bon lui semble.

Cela se passait il y a très longtemps aux jours des Juges, à Silo, en Israël, or voilà que la même chose m'arrivait. Le Saint, béni soit-Il, m'enveloppait, me soulevait, et des larmes profuses inondaient mes joues. Dominée par la joie et le tremblement, je m'exhortais. « Repose-toi près du Très-Haut, mon âme, il est le Rocher, la Citadelle. » Il y a tant de beaux cris dans les Psaumes. Je récitais ce que j'en avais retenu pendant les nuits que cette même présence venait habiter. Je me répétais les prédictions de mon père sur son lit de mort, reprises cette fois en une sorte de psalmodie angélique « Tu concevras un fils et le nommeras Jésus. » Jésus ! Le nom détermine. Je crois même que le rêve de Ruth et de sa mère me traversa l'esprit : Il faudra bien qu'il naisse un jour, ce Messie désiré, qu'il naisse d'une femme jeune, assez pure pour être digne de le porter, il sera l'Oint, le Béni, il sauvera. Je frissonnais à évoquer cet Envoyé qui régnerait au long des âges sur la maison de Jacob et dont le règne n'aurait pas de fin. La crainte de m'attarder abusivement sur sa gloire et l'exaltation d'imaginer le privilège d'être sa mère me tenaient les yeux ouverts.

À l'heure où mon destin et celui de mon fils sont accomplis, je fais effort pour juger cette enfant que j'étais, dans sa robe et son âme de treize ans. Le démon se plaît à faire trébucher la créature, j'en étais prévenue. Que de fois ma mère m'avait-elle mise en garde !

— Méfie-toi de lui encore plus que de la voisine.

Je riais en pensant à la voisine qui était plus bavarde que méchante. Crédule, je l'étais également, les taquineries d'Éliahoud n'étaient pas loin et j'étais encore très capable de tomber dans ses attrapes. Mais comme tout enfant juif nourri de la Torah, j'étais irrésistiblement confiante dans cette Providence qui est l'autre nom de la Promesse et dont la lettre est inscrite dans le Ciel.

Je remonte loin dans ma mémoire pour retrouver la petite fille effleurée par la puberté, fiancée à un homme nommé

Josef et préparant son mariage. Voici qu'au moment où elle se retourne sur sa couche, tracassée par tout ce qui l'attend, ce qu'elle sait et ce qu'elle ne sait pas, elle surprend une Voix... Coûte que coûte, elle décide d'en parler à sa mère. À peine s'est-elle confiée qu'un regard soupçonneux la transperce. Elle se retranche derrière l'aventure de Samuel, le jeune homme qui lui aussi a entendu la Voix et dont la mère, Anne, porte le même nom que la sienne.

— Marie, pour qui te prends-tu ? Pour le premier des Juges ? Le Seigneur te parlerait à toi comme à Samuel ? Pourquoi pas comme à Moïse dans l'éclair et le tonnerre ?

Au nom de Moïse, la confusion m'envahit, je mords ma langue et fonds en larmes. Ce que je redoutais m'arrive. Ma mère se moque. Il n'y a pas de raison, en effet, pour que le Seigneur me distingue et me visite. Ô prudence, sagacité, cruauté maternelles !

Il n'y a pas de raison non plus pour qu'Il ne me parle pas, surtout par la bouche d'un messager. Les anges existent, ils interviennent pour guider les élus ou simplement un homme, une femme. Jacob, Tobie, Daniel ont eu à faire à eux et bien d'autres, même l'ânesse de Balaam en a vu un qui lui barrait la route. Comment ne pas y croire ? L'Écriture ne ment pas. Tout le monde y croit, sauf les sadducéens et pourtant, dans le fond du Sanctuaire, le grand-prêtre est frôlé de leurs ailes.

J'attendis que ma mère s'apaise, ce qu'elle fit, confuse à son tour d'avoir été si raide. Elle s'aperçut que je pleurais.

— Écoute, Marie, la prochaine fois que l'ange reviendra, quoi qu'il te dise, aie soin de répondre :

« Je suis la servante du Seigneur, qu'il soit fait suivant sa parole. »

Puis, changeant de sujet, elle me prodigua dix conseils sur mon mariage et mon trousseau, se perdant dans les soins du budget et de la cuisine.

Elle n'avait pas tout à fait tort, nous avions tant de mal à joindre les deux bouts, nos ressources nous permettant tout juste de subsister. Mais ainsi rappelée à l'ordre, je me refermai sur moi-même, gardant mon secret scellé sur ma bouche.

Il était lourd à porter seule. Si ma mère refusait mes confidences, qui les accueillerait ? Josef ? Jamais je n'aurais osé en parler à mon fiancé. Et pourtant… Mes amies ? Telle que je connaissais Ruth, j'aurais eu à subir les débordements de sa curiosité. Elle aurait exigé des détails. Insistant sur les prémonitions de sa mère, on en serait venu à mélanger le pur et l'impur, ce qui vient du Malin et ce qui vient du Ciel. Le message devait demeurer intact. Décidément, je le tairais.

Je le tus en effet. Ce fut ma fuite au désert. Après tant d'années, j'en viens à réexaminer ce silence et ce qu'il doit à ma mère. Sans doute est-ce la loi des familles, cette coupure entre les générations. N'en ai-je pas été victime, et davantage mon fils, que peut-être je n'ai pas toujours compris ? Mais les questions que je me pose aujourd'hui ne servent à rien.

Il en est une en tout cas qui m'obséda longtemps : je me reprochais de n'avoir pas songé à me renseigner davantage sur la proximité de ce qui m'était annoncé. Quand ? Je m'examinais du dedans et du dehors. J'étais à l'affût d'un nouveau signe. Mais je ne voudrais pas inventer un débat intérieur que je ne ressentais pas : la conversation avec ma mère m'avait inspiré un doute que la prière avait eu tôt fait d'effacer. Ma pensée était unique, ma vie était simple. Dès que j'achevais une de ces bénédictions qui jalonnent la journée, je me retrouvais dans une autre, comme si elle venait à ma rencontre. Je me souviens cependant d'un grand moment de désarroi. C'était un soir de la Néoménie et je m'étais accoudée seule sur la terrasse. Les chansons de la rue, le choc des cymbales m'étourdissaient. Joie de Nazareth, exubérance des foules, sort des autres si différent du mien. Je m'étais sentie glacée jusqu'à ce que je glisse, dans mon oraison, la goutte chaude et enivrante de l'Amen…

Le retour de Josef rétablit dans la maison les rythmes et les projets de circonstance. Il apportait aussi l'air d'un autre monde, celui de Jérusalem. Mon fiancé ! Je prenais plaisir à le désigner ainsi, j'étais fière de penser qu'il avait été recruté pour enseigner le métier de charpentier aux prêtres chargés de la réparation du Sanctuaire. Il devait cet emploi privilégié à la pureté de ses origines et à la recommandation de Zacharie. De lointains parents qui fournissaient le bois des holocaustes et possédaient une maison spacieuse avaient accepté de le loger. Son salaire lui était versé chaque soir avant que les lévites ferment la porte de l'enceinte.

En entendant Josef me parler en détail de l'ordonnance de sa vie et bientôt de la nôtre, je voyais qu'à travers lui mon père me protégeait. Il avait choisi pour moi celui qui m'offrait la solidité de son bras, la tendresse de son cœur, la lumière de son esprit, le rocher de sa foi. Enhardie par son affection, je profitai de son séjour à Nazareth pour lui accorder tout mon temps et mes soins, et, bien que ce ne fût pas dans les usages, je succombai à la tentation de lui parler seule à seul.

— Josef, crois-tu aux songes ?

Il me parut interloqué.

— Tu ne crois pas aux songes, aux rêves de Pharaon, de Daniel, à ceux consignés dans le Livre ?

Voici ce qu'il m'avait répondu :

— Il est interdit de se livrer à la divination, tu le sais, Marie. Cependant, en certains cas, Dieu peut se servir du sommeil d'un homme pour lui révéler un secret. Mais il faut beaucoup de vigilance pour connaître le vrai tandis que le faux nous attire dans ses pièges.

Il s'était assis sur le banc vermoulu de la cour, celui qu'il répara tout de suite après notre mariage. Moi, j'enfournais le pain. Ma mère était sortie pour apporter une potion à un malade. Elle ne prolongerait pas sa visite puisqu'elle nous savait seuls.

— Josef, si le Seigneur te demandait quelque chose de difficile, de très difficile, obéirais-tu ?

— Quelle question Marie ! Bien entendu. Mais comment s'adresserait-il à moi ?

Je voyais ses yeux sourire et ils m'attendrissaient.

— Eh bien justement, dans un songe...

Il s'offrit à me débarrasser de ma corbeille. Un instant, nous fûmes deux à la tenir.

— Permets-moi encore une question : le Messie, le Sauveur d'Israël, penses-tu qu'il naîtra de la descendance de David ? Pourquoi pas d'une famille comme la nôtre ?

Quelle audace de ma part ! Dans quelle voie m'étais-je engagée ! Vite, revenir sur mes pas, repentante. Mais Josef riait franchement, sans moquerie.

— Si tu mets au monde le Messie, nous en serons avertis tous les deux.

Il avait ajouté, cette fois grave et fronçant le sourcil :

— Tout est possible au Très-Haut.

VI

Dès que furent passés les délais du deuil, Josef nous invita à le rejoindre pour la fête des Tentes. La décision fut arrêtée au cours d'un conseil de famille. Nous partirions vers Jérusalem en compagnie de Myriam et de Cléophas, de Mardochaï, de nos cousins de Cana et de Kephar-Nahum, nous emporterions la seconde dîme pour la dépenser sur place comme le veut la loi.

Ces célébrations religieuses qui plaisent tant à l'âme juive, réchauffent notre vieille histoire dans le sein d'aujourd'hui. Où que j'y aie pris part, à Jérusalem, à Ein Kerim, à Nazareth et même en Égypte, elles ont traversé d'un pas égal les étapes de ma croissance et la chronique de notre nation. Se succédant avec la rigueur des cycles de la lune, elles leur sont liées, démontrant que le temps est dans la main de l'Éternel qui a ordonné les fêtes aussi bien que les saisons. Je les situe aisément dans le calendrier de mon souvenir selon que j'y vois mes parents, ou Josef, ou Jésus, ou tel membre de ma famille. Elles ont ainsi jalonné mon existence et brisé sa routine. Cette fois-là, un motif supplémentaire m'enchantait puisque j'allais dans la Ville sainte retrouver mon fiancé.

Mais ma mère fut soudain prise de scrupules. Veuve, elle n'était pas certaine que les convenances lui permissent d'assister à une réjouissance, fût-elle religieuse. Elle proposa d'avancer ostensiblement notre départ afin d'être à Jérusalem dès l'ouverture de la semaine de pénitence qui précède le Yom Kippour.

— Je pense que ton père nous approuverait.

Jérusalem, cité de David, capitale de la Judée, Lieu saint de tous les croyants, périgone du Temple, mon âme d'enfant ne te dissociait pas des chefs-d'œuvre de la nature préexistants à l'homme. Il me semblait que tu avais ta place dans la Genèse parmi les ouvrages du Créateur. Et pourtant je me souviens mal de mon premier contact avec le Temple. J'étais toute petite. J'avais l'âge où les menus malheurs, les caprices, les réprimandes, l'excitation de l'imprévu, l'abattement de la fatigue détruisent l'émerveillement. On m'avait dit :

— Regarde !

Et je n'avais rien vu. J'avais par contre ressenti mes pieds meurtris par les pavés, mon estomac soulevé par les fumées mélangées de la graisse et de l'encens, pleuré sur ma main paralysée par celle de ma mère qui me broyait les doigts de peur de les lâcher. Comment me serais-je échappée ? J'étais terrorisée par les houppelandes qui râpaient mes joues, les chèvres et les agneaux qui bêlaient à mes oreilles. Notre cortège hésitant s'écartait des mendiants pour trébucher sur les aveugles, évitait les changeurs pour tomber sur les camelots. Mon père grognait en invoquant le service d'ordre :

— Où sont donc les lévites chargés de la police ?

Ma mère s'inquiétait :

— Est-ce le bon chemin ?

La trompette sonnant le début de l'office avait tout à coup figé le flux des pèlerins. Alors, abasourdie, j'avais entendu la voix paternelle venue d'en haut :

— Voici la Demeure du Saint, le Dieu d'Abraham, d'Isaac et de Jacob, nos Pères.

Depuis ce temps, nous étions fidèles à l'auberge où nous avions le rare privilège d'être accueillis, près de la porte des Brebis. Ma mère souhaitait s'y reposer avant de monter au parvis. J'étais quant à moi impatiente de retrouver Josef.

— Mère, n'est-ce pas lui, ce jeune homme chargé d'une poutre ?

Ce n'était pas Josef. Pour le rencontrer, le plus simple était de l'attendre à la sortie des ateliers. Mais il fallait enjamber les moellons entassés au pied des portiques, franchir les chantiers, dépasser les troupes de pèlerins parlant grec, latin, araméen, égyptien, bousculer une foule d'oisifs ou d'affairés, toujours barrant la voie, éviter les bâtons des policiers escortant un convoi d'or ou d'offrandes. À peu de chose près, moins d'effroi, une taille de plus, je récupérais ma vision d'enfant : Jérusalem, c'était toujours, comme aujourd'hui, l'agitation brouillonne d'une foule bigarrée, chacun faisant ce qu'il veut ainsi qu'il le veut, face au rituel exigeant d'une loi sévère, codifiée par Moïse et Aaron, revue par Esdras et Néhémie, révisée par nos Docteurs.

Et tout à coup, je me heurtai à Josef, heureuse de me réfugier enfin sous sa protection. Il n'osa m'embrasser ni me prendre la main en public mais je lus sur son visage la joie qu'il éprouvait à me revoir. Je ne lui cachai pas la mienne. Il m'avoua qu'il avait hâte de revenir à Nazareth, de retrouver son frère, son atelier et de fonder notre foyer.

— Ici, chacun est étranger et nul ne prête assistance au voisin. La Cour ne fait pas mystère de ses mœurs scandaleuses, il suffit de traverser la ville haute pour apercevoir le luxe des potentats en litière, des concubines parées à outrance suivies de leurs esclaves. Même la noblesse sacerdotale affiche un train de vie insolent. « Les riches ont dévoré la vigne et la dépouille des pauvres est dans leurs maisons. »

Je retrouvais dans mon fiancé les propos de mon père, son souci de justice, sa générosité, ses pudeurs aussi. Longeant le parvis des femmes, nous approchions de la porte de Nicanor, où, parmi les infirmes et les malades, les épouses présumées adultères attendent que le prêtre, ayant reçu l'offrande de jalousie, leur inflige l'épreuve de l'eau d'amertume. « Si elle s'est livrée à l'inconduite avec un autre que son mari, que cette eau pénètre ses entrailles, qu'elle fasse enfler son ventre et dépérir son sein ! » Aucune fille de chez nous n'ignorait la prescription des Nombres. Je m'aperçus que Josef faisait un détour pour éviter ce lieu. Bien qu'un commerce aussi coupable que celui dont ces femmes étaient peut-être fautives fût inconcevable pour moi, et que je ne pusse imaginer encourir un tel verdict, mon fiancé voulait m'épargner la simple vue des conséquences d'un soupçon d'impureté. Un autre jour, à Nazareth, il avait réprouvé la confidence de ma mère lorsque celle-ci, toujours soucieuse de proclamer ce qu'elle pensait être la vérité, m'avait affirmé :

— Ton père était un croyant sincère, certes, et sa joie comme celle d'Isaïe était la crainte de Dieu, mais il n'a pas échappé à l'égarement des Ténèbres : je suis sûre qu'un jour, il a douté de la Promesse.

Cette mise à nu choquait Josef dont la discrétion était instinctive. Je ne cherchais pas à arbitrer. Mon père m'eût dit qu'entre ma mère et mon fiancé le jugement n'était pas requis.

Josef avait-il aperçu des gens de Nazareth ? Oui, il avait rencontré Eliahoud qui s'interrogeait sur son avenir. J'étais curieuse de connaître le métier qu'avait adopté mon compagnon d'enfance mais j'avais peur de rougir en posant la question. Je me contentai d'apprendre qu'il était en bonne santé. À mon retour, je pourrais rassurer Ruth et Rachel.

Un sujet excitait la verve de mon futur époux et il y revenait sans cesse : le Temple. Il l'aimait avec passion comme le Sanctuaire du Dieu unique que lui, simple artisan, contribuait à édifier. De toutes les œuvres d'Hérode qu'il dénonçait comme les autres juifs, celle-là non seulement trouvait grâce à ses yeux mais suscitait son enthousiasme. L'esplanade du mont Moriah, expliquait-il, a été élargie par des terrassements gigantesques auxquels ont travaillé dix mille ouvriers sans que jamais le service de Dieu soit interrompu. Colonnades, chapiteaux, balustrades, frontons, dallages colorés, toitures de cèdres, portes monumentales, tout a été mis en œuvre pour que la qualité du matériau, la perfection des formes, exaltent l'esprit et l'élèvent jusqu'au Ciel. Moi qui savais si peu, je regardais par les yeux de mon guide et répétais après lui : « Seigneur, j'ai aimé la beauté de Ta Maison et le lieu où réside Ta Gloire. » Mon fiancé pouvait être fier de consacrer sa force et son talent à cette construction divine et, moi, j'avais le sentiment qu'à ma place modeste, j'œuvrais à ses côtés.

Qui n'a pas vécu à Jérusalem le mois de Tihri a perdu le même temps de sa vie. Je vérifiais le vieux dicton qui célèbre la force, la splendeur, la gloire de la Ville sainte pendant ces semaines. Tout s'effaçait dans l'esprit des pèlerins pour qui rien ne comptait plus que leur tohu-bohu dans les ruelles ou les parvis secoués de transes. Moi aussi j'étais captivée, absorbée. Mon excitation n'avait qu'une limite : avec Myriam j'entourais ma mère de prévenances, consciente de ses efforts pour participer à toutes les solennités. Elle nous suivait partout en dépit de ses mauvaises jambes et des impotences dont son énergie triomphait : elle ne voulait pas gâcher notre humeur. De notre côté, nous veillions à ce qu'elle exerçât son autorité matriarcale sur notre petit groupe féminin, nous ne discutions pas ses avis, nous ne la dépassions pas dans la ruelle même s'il y avait lieu de se presser, nous lui évitions les soucis inutiles, les contretemps qui, au cours de ces longues cérémonies, auraient pu accroître sa fatigue. À la fin du jour, tandis que la fumée des brasiers se consumait sur l'autel et que le soleil se couchait dans le sang d'un ciel gavé d'holocaustes, nous nous accoudions sur la longue terrasse de l'auberge. Parfois Josef nous y rejoignait. La brise accourait de l'une des deux mers, celle qui borde la rive des païens ou celle qui baigne les pieds du Moab. C'est l'heure que nous aimions. La paix qui descendait des hauteurs envahissait mon cœur d'enfant.

Le quatrième jour, Josef quitta notre compagnie pour rejoindre son équipe d'atelier : le Yom Kippour approchait et il est bon qu'hommes et femmes s'y préparent séparément. Me remémorer ce jour des Expiations passé en compagnie de ma mère me donne le frisson. Le grand prêtre a observé l'abstinence depuis une semaine, il s'est livré aux ablutions rituelles, on l'a tenu éveillé afin qu'il ne se souille d'aucune manière, on lui a préparé les vêtements immaculés qu'il revêtira pour accomplir le sacrifice. Bientôt il va pénétrer dans le Saint des Saints, privilège accordé à lui seul, dont il use une fois par an : ce jour ! Nos yeux sont rivés sur la tenture de pourpre qui s'écarte pour lui livrer passage. Il disparaît dans le lieu sacré, centre du monde. Tous se prosternent, face contre terre, la nuque alourdie par l'invisible Présence.

Cependant je ne quitte pas ma mère des yeux. Les solennités religieuses suscitent en elle des émotions qui la transportent. Ce n'est pas, je le sais, le grand prêtre de cette année-là qu'elle contemple revêtu de ses habits d'apparat, c'est un adolescent de sa génération fraîchement intronisé. Son nom est Aristobule, il a dix-sept ans, il est le dernier descendant de la lignée asmonéenne et, lorsqu'il gravit les degrés du Sanctuaire, l'éphod sur les épaules, le pectoral enrichi de joyaux recouvrant sa tunique, rayonnant sous la tiare étincelante, il offre l'image d'une grâce, d'une beauté qui préfigure le renouveau d'Israël. Bien qu'il ne soit pas sadocite, c'est-à-dire légitime pour la charge si haute qui lui est dévolue, la foule l'acclame avec frénésie. Ma mère l'aperçoit au travers des années qui la séparent de sa propre adolescence ; elle prononce le nom de ce jeune homme noyé sur l'ordre d'Hérode, jaloux de sa gloire. Depuis lors, la piscine de Jéricho se soulève le soir pour rejeter le souvenir du corps qui souilla son eau.

— Mère, lorsque vous l'avez vu pour la dernière fois, Aristobule célébrait l'office des Tabernacles, aujourd'hui, c'est le deuil de Yom Kippour.

— Justement, répliquait ma mère, je prie pour cet ange martyr.

Elle pleure l'épi fauché parce que mûri trop tôt, elle partage la douleur qui fut celle de la mère du jeune Asmonéen et endure au-delà l'espoir meurtri de tout un peuple. Elle s'afflige en évoquant ceux qu'elle a vus souffrir, les victimes des famines et des catastrophes qui jalonnent sa mémoire, les frères morts en déportation, elle prie pour les faibles qui ont lâché pied, séduits par les Grecs, les Samaritains hérétiques qui sacrifient sur le mont Garizim, elle confesse les péchés dont elle est innocente, elle s'accuse d'avoir laissé un autre recueillir le dernier souffle de son époux. Elle me prend la main, geste qui scelle notre communion. Je rêve qu'une tresse aussi serrée me joigne au fils qui naîtra de moi. C'est le moment sublime de la liturgie du Temple. « En ces jours d'Expiation, dit Moïse, vous vous purifierez et vos péchés s'effaceront devant l'Éternel. » Le grand prêtre réapparaît. Il va prononcer le Nom sacré, ineffable, mais que toute la nature célèbre : on s'interdit le souffle pour entendre ce que lui seul, une fois l'an, a le droit de proférer. Il a égorgé le jeune taureau, le bélier, sept agneaux et aspergé l'autel du sang souillé de la créature, sang qui appartient à Dieu et qui lui fait retour pour qu'il le purifie. Le prêtre se dirige alors du côté du parvis où deux boucs sont tirés au sort, l'un destiné à l'holocauste, l'autre au désert où chargé de nos fautes par l'imposition des mains et précipité du haut d'une falaise, il anéantira avec lui les forfaits d'Israël. Malheureux bouc, innocent émissaire, si je pouvais ne jamais pécher afin de ne prendre désormais nulle part à ta mort ! Le soleil s'effondre derrière le Sanctuaire, le rite du sang voulu et suivi par la foule fait vaciller le ciel et la terre. Les pèlerins éblouis, hagards, recherchent la clémence du Père après avoir redouté la fulmination du Juge.

— Sela lanou. Mehal lanou. Kaper lanou...

Le murmure pieux s'achève.

— Soyez purs, crie le grand prêtre, les bras ouverts.

Pure, le suis-je assez ? Je suis vidée de ma lourdeur charnelle, souffle parmi les souffles. Simon, fils de Boethos, beau-père d'Hérode, investi du sacerdoce suprême, a eu raison, en ce jour, de Marie de Nazareth, fiancée de Josef.

Dans la chambre où nous étions de retour, brisée, j'avouai à Myriam un sentiment caché : la partie sanglante de ces sacrifices m'était pénible. Je m'en étais ouverte déjà à Élisabeth, non sans scrupules puisqu'elle était femme de prêtre. Voici ce qu'elle m'avait répondu :

— Je te comprends. Moi aussi, j'ai parfois le cœur soulevé. Rassure-toi, ce n'est pas blasphémer que de dire avec nos prophètes que la pureté ne s'acquiert pas à prix d'argent, ni par la mort d'un taureau ou d'une tourterelle. Écoute Jérémie parlant au nom du Seigneur : « Je n'ai rien demandé à vos Pères en fait d'holocaustes le jour où je vous ai tirés d'Égypte. » Et encore Isaïe : « Que me fait la multitude de vos sacrifices ? Des béliers, de la graisse de veau, j'en suis rassasié ! » Dieu préfère l'obéissance aux sacrifices.

Le lendemain, ma mère eut peine à se lever. Les exercices du Pardon, qu'ils fussent ceux du repentir intime ou des cérémonies collectives, l'avaient harassée. Pour la fin de la semaine, je voulais la supplier de garder la chambre puisqu'à tour de rôle Myriam et moi pouvions rester auprès d'elle et lui servir l'orge trempé dans le lait caillé, potion recommandée pour les palpitations du cœur. Mais j'étais persuadée qu'elle ne suivrait pas mon conseil. Or, à ma grande surprise, elle me dit :

— En effet, ces fatigues ne sont plus de mon âge.

Son âge, le connaissait-elle ? Elle ne me l'avait jamais avoué. Chez elle, depuis quelque temps, la chair et l'esprit faisaient bande à part en un détachement qui, hélas, finirait par devenir la volonté de Dieu. Je mesurais son désir de me voir mariée au plus vitc.

— Rassurez-vous, vous habiterez avec nous. Josef sera notre protecteur.

Elle se contentait de sourire pour éviter de répondre.

Dès la clôture du Yom Kippour, mon fiancé vint nous rejoindre et bouleversa nos plans. Il nous proposa de passer la fête suivante, celle des Tentes, à Béthanie hors de la ville. Ma mère s'y reposerait de la foule de Jérusalem, nous y retrouverions des amis et la famille. En fait, il avait tout prévu et décidé.

J'ai toujours aimé cette réunion joyeuse tellement bienvenue après la semaine des repentirs et des supplications. Que de fois, petite fille, m'avait-on expliqué ses origines ! Ces cabanes dressées en hâte sont la réplique de celles qu'élevaient nos ancêtres pour être à pied d'œuvre lors des vendanges. Elles figurent aussi le campement fragile que nos Pères ont connu, Araméens vagabonds, voyageurs sur la terre, et réveillent la nostalgie propre à notre peuple, lorsque, jeune et ardent, il dialoguait avec Dieu. Et quel merveilleux amusement ! L'édification du village de branches occupe les hommes tandis que les femmes déballent les provisions et confectionnent les lulabs que se disputent les enfants. Tout le monde a faim après le jeûne du Kippour. On se jette sur les pains de froment pétris à la huche, les gâteaux parfumés à la menthe, les sauterelles confites dans le miel. Le vin filtré avive l'appétit. Ma mère s'était penchée à l'oreille de sa voisine.

— Josef m'a un peu forcée à venir mais il a eu raison : je suis bien avec vous.

Laissant les autres préparer la collation qui nous réunirait plus tard, je profitai du remue-ménage pour m'échapper. A l'endroit de la tente où coucherait ma mère, je m'assurai que Josef avait bien répandu la sciure de bois transportée par un charpentier de ses amis. Pour moi, à côté d'elle, il avait étendu des feuilles sèches. Je gagnai à l'écart de la route un petit tertre où je croyais être seule comme sur la terrasse de Nazareth : brebis séparée du troupeau, je sentais sur moi l'œil vigilant du berger, j'entendais sa voix.

Lorsque nos amis furent partis vers la ville, torches en main, pour assister à la fête nocturne, je retrouvai ma mère dans l'ombre de notre abri.

— Tout le monde n'est peut-être pas sur les parvis, me dit-elle. Va voir s'il y a des gens de Nazareth dans les cabanes voisines.

Je ne vis personne et m'en réjouis. Dans le ciel, un halo lumineux désignait l'emplacement du Temple où la fête battait son plein. Je ne me hâtai pas de revenir au chevet de ma mère.

J'ai souvent pensé à ce tête-à-tête manqué qui me laisse un remords. Ma mère m'avait attendue et j'avais tardé à la rejoindre sans lui donner de raison. Peut-être la respectais-je trop pour déranger encore une fois sa sérénité par de nouvelles confidences ? Je réussis à me persuader qu'au moment voulu le Seigneur lui soufflerait la vérité sans que j'aie besoin de l'avertir. De tous les attributs du Créateur, le plus précieux est sa Parole. Ma mère l'entendrait.

DEUXIÈME PARTIE

VII

Je m'arrête et me retourne sur ces souvenirs. La mémoire ressemble à la femme qui va chercher le bois mort : elle ramène le fagot qui lui plaît ; pourtant, il me semble que c'est à toi, Jésus, que j'ai parlé et que je ne t'ai rien masqué. Tu as dit un jour que la tache d'une seule tromperie ne saurait s'effacer, même par cent paroles sincères, et je ne l'ai pas oublié. Ce que je viens de mettre au jour constitue un trésor secret et véridique qui t'appartient autant qu'à moi. Je t'ai montré le temps qui est au-dessous de ta vie comme la terre est au-dessous de l'arbre : mes parents, nos ancêtres, le fondement de notre famille.

Les premières années de mon enfance auxquelles je voue une si grande piété sont l'histoire, comme il y en a tant, d'une petite fille issue d'une famille modeste qui sert Dieu dans la crainte et se réjouit dans le tremblement. Rien en apparence qui soit différent de ce qu'on peut voir chez nos cousins ou nos proches. Oui. Mais ce que cette petite fille guettait depuis son jeune âge, c'était l'étoile de ta naissance. Dès que sa bouche lui permit de parler, et ses yeux de regarder, elle s'est préparée à t'accueillir. Tu es l'être vers lequel elle s'avance, tu es sa convoitise, sa prière, le miracle de son innocence et de sa foi. Écoute-moi encore. Mon cœur parle et se souvient de ce qui lui était destiné. Tu es venu au monde un soir de printemps qui est le plus beau de ma vie. Ton père et moi cheminions sur la route de Bethléem. Un voyage à dos d'âne est une rude épreuve pour les femmes qui sont en fin de grossesse. Je n'échappais pas aux malaises de mon état, pas plus que je ne me démarquais des autres épouses par la joie de donner bientôt naissance à un fils, et quel fils ! J'avais épousé Josef aussitôt que les usages l'avaient permis, car le décès de mon père avait été suivi par celui de ma mère survenu peu après notre pèlerinage à Jérusalem. Le vide créé par la perte de mes parents me laissa chancelante au moment où j'aurais eu besoin de leur épaule. Objet de la compassion publique et en particulier de Ruth et Rachel, je passai du foyer de mon cousin Cléophas à celui de nos amis de Cana, après que notre voisine, femme cependant peu amène, se fut attendrie sur mon sort au point de m'offrir elle aussi l'hospitalité. Josef, le moment venu, vint me chercher pour me prendre chez lui. J'eus droit à une cérémonie discrète et à la bienveillance due à l'épouse orpheline. Tambourins, libations, chants nuptiaux terminèrent une journée qui, dans la somme de mes souvenirs, s'est effacée au profit de la première, celle qu'avaient organisée mes parents et par laquelle je m'engageai devant eux. La bonté du Saint, béni soit-Il, m'arrachait à mes solitudes familiales pour me porter vers mon époux. Je l'estimais de plus en plus tandis que mon cœur s'emplissait de gratitude envers ceux qui me l'avaient présenté.

Je venais à peine de m'installer dans ma nouvelle condition d'épouse, lorsque la plus réjouissante des nouvelles nous parvint d'Ein Kerim. Élisabeth, chérie entre toutes nos parentes, me pressait de la visiter : elle me faisait savoir qu'elle s'était découverte enceinte en dépit de son âge. Ainsi le Seigneur répandait-il ses grâces sur notre famille en récompensant la ferveur dont elle ne s'était jamais départie. La liesse et la fierté sont communicatives. Josef, toujours raisonnable, m'incitait au calme. Il hésitait à me laisser partir. En fin de compte, il me donna sa permission.

Élisabeth m'accueillit. Je me jetai dans ses bras. Mais avant que j'aie proféré une parole, elle s'adressa à moi :

— Marie, tu es bénie entre les femmes, et le fruit de ton sein est béni.

Tels furent ses mots de bienvenue. Je me les suis répétés

bien des fois, toujours stupéfaite que sa divination ait percé mon secret tout neuf, et qu'elle me sût enceinte moi aussi.

Jésus, c'est avec toi seul que je puis évoquer sans le trahir, l'ineffable de cette rencontre. Tu connais la suite. Je répondis par la même bénédiction à celle d'Élisabeth en regardant sa robe soulevée. J'esquissai le geste de toucher son ventre et baissai les yeux sur le mien. Cet échange de grâces et de salutations confirmait le cadeau du Seigneur, jadis trouvé dans mes rêves de petite fille. L'onde de félicité jaillie des lèvres de mon père mourant, le flot des visions qui m'avait envahie, ce miracle prodigieusement humain surgi comme toute création des sources de la Genèse, accomplissait en moi des merveilles. L'alléluia qui s'échappait de ma bouche n'avait pas de fin.

À Ein Kerim je demeurai plus longtemps que prévu. Très tôt le matin nous quittions la maison pour une courte promenade jusqu'au bois de pins qui couronne la bourgade. Élisabeth s'arrêtait, alourdie par son fardeau — elle était au septième mois de sa grossesse — et contemplait la vue.

— Notre terre est bénie : l'œuvre de l'homme concourt à celle du Créateur.

Les terrasses plantées de vignes escaladaient les collines comme les marches d'un immense escalier, le soleil faisait de Jérusalem une montagne de neige. Ce n'était pas la terre riante et fleurie de Galilée, le paysage de Judée est sévère, mais ici comme là-bas la paix régnait sur l'ouvrage de Dieu. Pour Élisabeth et pour moi, l'espérance portait le nom des fils qui allaient sortir de nous.

Car ce seraient des fils. Je le savais. Élisabeth, elle aussi, croyait en avoir reçu l'annonce par l'effet d'un accident dont Zacharie son époux portait la marque : il avait perdu l'usage de la parole depuis qu'au Temple, désigné par le sort pour encenser l'autel, il était ressorti du Sanctuaire en retard et muet. La foule, avec bon sens, supposa qu'il avait eu une vision divine et Élisabeth en fut assurée dès qu'elle se vit enceinte contre toute espérance. À la naissance de Jean, Zacharie sortit de son mutisme et nous donna la clé de l'énigme, mais, au temps où j'étais à Ein Kerim, nous en étions réduites aux conjectures, imaginant la forme d'une apparition et les termes d'un message. Nous ne savions surtout pas si Zacharie guérirait. Je lui accordais mon soin. Lui, tout le jour, s'abîmait en prières, n'omettant aucune bénédiction. J'admirais sa piété et sa sérénité. Il paraissait si heureux à la perspective d'assurer sa descendance qu'il aurait supporté un coup plus pénible. Je le respectais davantage pour cet accueil qu'il faisait à l'épreuve que pour la dignité sacerdotale qui ne le quittait pas.

Les avertissements du Ciel et les faveurs étonnantes dont nos cousins avaient le privilège ne sont pas exceptionnels dans notre sainte histoire. Ce qui arrivait à leur foyer intriguait mais ne surprenait pas. La réputation de Zacharie était bien installée dans le pays, on le savait intègre et modeste dans sa fonction, on jugeait Élisabeth sage et soumise dans son ménage. On chuchotait le nom de Sarah épouse d'Abraham, d'Anne mère de Samuel, qui elles aussi avaient été guéries de leur stérilité pour procréer des fils proches de Dieu. À la maison, Élisabeth prenait le monde à témoin de sa félicité :

— Voici ce qu'à voulu le Seigneur, il a jeté les yeux sur moi et a mis fin à ce qui faisait ma honte devant les hommes.

En vérité, elle hésitait à se montrer dans les rues aux heures d'affluence, ne tenant guère à affronter la curiosité des commères, car sa grossesse tardive alimentait les récits jusqu'au-delà des monts de Judée. Plus qu'en aucune autre époque, les esprits voulaient apercevoir en tout prodige le symptôme de la fin des temps et de l'avènement d'un Sauveur. Je suppléais donc Élisabeth dans les petites corvées de la maison ou du jardin et je le faisais avec joie. J'enjambais les plants d'orge, coupais l'herbe à fourrage, trottais par les mauvais chemins, dissimulant ma propre grossesse d'autant mieux que je me portais bien. Une femme ne doit pas ébruiter son état avant le quatrième mois. J'avais le temps. Les incommodités des premiers jours avaient disparu. Sans doute dois-je à mon séjour auprès de ma cousine d'avoir évité les amollissements qui affligent les futures mères. Non seulement, je n'étais la proie d'aucune langueur mais je me retenais de sauter de joie en allant faire les courses. Comme j'étais jeune ! Quatorze ans à peine. À la maison, je prenais ma tâche au sérieux. Je m'efforçais d'être docile. J'assistais ma cousine, m'informais de sa santé, de son humeur, lui prodiguais maints compliments et la rassurais avec autant de bonne volonté que d'incompétence lorsque la crainte de sa délivrance la tracassait. Je recevais ses avis, comparais ses sensations aux miennes. Mais, lui ayant témoigné mon affection, je me cachais pour penser à moi. Dans mon coin, cachée sous mon voile je caressais mon ventre encore plat, le parcourais des doigts pour y tâter l'embryon qui se nourrissait de ma substance et dont je voulais surveiller les progrès. Bientôt, ma peau se tendrait comme la pelure d'un fruit. L'âme de mon enfant y était déjà déposée, je fabriquais son sang, sa chair, ses os, jour et nuit dans la profondeur de mon sein. Je cherchais à me familiariser avec ce mystère. La joie d'être le créateur de ce qu'on aime, n'est-elle pas la joie d'imiter Dieu ? Mon fils, ma Genèse... Lorsque le temps serait venu, il sortirait de moi et je le saisirais pour le regarder de mes yeux, rencontrer les siens, admirer ses mains, en compter les doigts, toucher ses oreilles roses, vérifier qu'il était bien un petit homme. Un garçon naît souvent sans un cheveu sur la tête, le mien aurait donc, et il eut en effet, le crâne lisse et tendre où palpite la création.

À partir de ces jours, toute vie me devint sacrée, je m'en aperçus en assistant à un spectacle qui me fut insupportable : la dîme du bétail. Sous le regard sévère et silencieux de Zacharie, les produits de la terre étaient partagés, le dixième prenant le chemin du Temple pour constituer la redevance au Créateur. À Ein Kerim, on dîmait le grain, le miel, les herbes, les fruits, on dîmait aussi les bêtes. Les bergers avaient planté des piquets encordés, formant un couloir où s'engageaient les agneaux. On comptait jusqu'à neuf et l'on poussait le dixième à l'écart. Je m'apitoyais sur le sort des nouveau-nés arrachés à leur mère et priais pour ces jeunes victimes dont le sang rougirait bientôt le pavé du Sanctuaire. Je suivais des yeux jusqu'au dernier lacet de la route leurs charrettes escortées de chants et de danses...

La fraîcheur des sources m'a souvent soulagée de mes

angoisses. Sur le chemin du retour, je m'arrêtai devant celle qui s'était tarie pendant le tremblement de terre dont mon enfance aimait tant le récit. Là, mon père avait cherché en vain à laver la plaie de son front. Ranimée, la fontaine coulait en abondance et les enfants s'aspergeaient autour d'elle. L'Éternel comble les abîmes, efface les ténèbres, fait sourdre à nouveau l'eau du rocher. L'Éternel est créateur de toute vie : un fils vivait en moi.

De retour à Nazareth, les mois qui me séparaient de la délivrance passèrent si vite qu'ils se réduisent à de brèves images. Et pourtant mon destin, comme le vase du potier, était lentement façonné par la main du Seigneur. Un mélange d'inconscience puérile et de confiance inspirée composait l'enfant que j'étais demeurée. Heureusement il y avait Josef, mon époux, attentif, inébranlable. Ensemble, nous inventions de nouvelles habitudes. Notre voisinage n'avait pas changé puisque nous avions décidé de garder la maison de mes parents, hélas vide, mais prête à nous abriter. Je goûtais donc un bonheur paisible à nettoyer comme je l'avais toujours fait, mais avec un soin plus égoïste et quelques innovations. Il fallait que notre maison fût accueillante pour l'arrivée de cet hôte de marque qu'était mon premier né. C'est là, me disais-je, qu'il ouvrira les yeux, c'est entre ces murs blanchis à neuf qu'il grandira. Josef avait renforcé la charpente et ajusté, à la place de l'ancienne, une porte massive pour mieux défendre notre foyer contre les agressions du dehors. Il avait monté le cadre d'un nouveau lit et terminait en hâte un superbe berceau.

J'aimais cette maison qui avait tant de souvenirs à me raconter. Les deux pièces du bas ouvraient sur la cour dont j'exigeais qu'elle ne soit jamais encombrée bien que la tentation fût grande d'y entasser les objets embarrassants. Plusieurs années après, quand la famille s'élargit des enfants de Myriam et de ceux de Mardochaï, Joseph, afin de libérer une chambre, déblaya de la cave creusée sous le roc non seulement les réserves d'huile, de grains et les jarres de vin, mais encore certains outils nécessaires à ses travaux du soir. La demeure de ses parents, à moins d'un stade au tournant du chemin, lui servait d'atelier pour les grosses besognes et il la partageait avec son frère. Il s'y rendait très tôt dès le lever du jour. Je restais avec les enfants dans le tohu-bohu des garçons qui partaient pour la synagogue avec leurs camarades, des filles qui s'interpellaient pour descendre ensemble à la vigne ou partager les travaux du ménage ou encore apprendre à filer le lin. Une telle agitation confuse et pourtant ordonnée, bruyante et joyeuse, représentait l'enchantement du matin, le sourire du Créateur distribuant à chacun sa tâche. T'en souviens-tu ?

Cette maison familiale si plus tard je t'en parlais avec amour, c'est qu'un jour elle te reviendrait, à toi, Jésus. Nazareth est notre ville, nos racines y pénètrent le rocher. Je t'entends encore déclarer :

— Nul n'est prophète en son pays.

Et j'ai bien vu que tu avais raison. Mais en ces jours-là, je me laissais séduire par la pensée que tu pourrais y être artisan, marchand, que sais-je, y être entendu, respecté, y vivre comme l'ont fait tant d'autres membres de notre famille qui furent riches de considération et de vertu. Mon père racontait que son aïeul connaissait à ce point la Torah, qu'il était guidé par tant de science et d'équité que l'on venait le consulter de loin, bien qu'il n'exerçât aucune fonction dans la cité. Établi dans la ville, à l'abri de nos murs, tu hériterais de cette estime, y ajoutant celle de ton mérite et de ton éclat. Sur l'âme humaine et ses chimères, tu sais assez de choses pour me comprendre.

Mais vois comme le destin raille les projets que font les hommes ! J'avais souhaité que tu naisses pour l'anniversaire du jour où Judas Macchabée restaura le culte dans le Temple profané. De telles dates sont significatives et nul augure ne me semblait meilleur. Cela n'arriva pas. De même avais-je préparé pour toi la maison de Nazareth. Or le légat de Rome ordonna un recensement et ton père fut contraint de se mettre en route pour Bethléem dont il était originaire. Il y serait parti seul si nos cousins Hefer et Deborah qui habitaient là-bas n'avaient insisté pour que je l'accompagne, nous offrant l'hospitalité et comptant nous garder un moment auprès d'eux. C'était, en effet, l'occasion de renouer avec cette partie de la famille des relations que l'éloignement avait distancées.

— À tout prendre, me dit ton père non sans fierté, tu accoucheras dans la ville de David.

La ville de David ! comment ne pas évoquer aussitôt les références du Livre ou même les babillages de Ruth, les visions de sa mère ? Non, je ne faisais aucun rapprochement et je m'en étonne aujourd'hui. Je devais être accaparée par l'âne qui nous secouait, moi et mes douleurs, par l'entassement de la foule, ses cris, ses coups. A vrai dire, il y avait de quoi. Des caravanes affluaient de toutes parts, se bousculant sans précautions avant de bifurquer aux carrefours. Il en venait de partout. J'avais dû plusieurs fois changer de monture. Afin d'éviter la Samarie, nous avions longé la vallée du Jourdain pour nous reposer deux jours et deux nuits à Jéricho dont j'aimais la palmeraie, le marché croulant en Ellul comme en Kisleu, de fruits, de miel, de dattes qui font venir l'eau à la bouche. Puis, montant vers Jérusalem, nous avions contourné la ville, espérant ainsi échapper à l'incommodité des foules. Sur la voie nouvellement pavée, la sandale de ton père s'était déchirée et c'est botté de linge, maugréant un peu, qu'il avait dû continuer. Dans l'air léger du printemps, l'enceinte du Temple gravait d'une main sûre son tracé de marbre et d'or, tandis qu'à nos pieds, le ravin du Hinnom exhalait les fumées noires du brasier où se consumaient les ordures de la ville. Au temps jadis, on y jetait les nouveau-nés pour apaiser la jalousie de Baal. Nos ancêtres encore assujettis aux pratiques païennes s'étaient-ils soumis à celle-ci ? J'en avais la nausée.

Bien que ton père eût tout fait pour hâter la marche, il devenait de plus en plus certain que nous ne pourrions gagner avant la nuit la demeure de nos cousins, tant l'afflux des passants, des troupeaux, des pèlerins nous avait retardés. J'eus un moment de faiblesse et ne me sentis pas assez vaillante pour continuer. Lorsque nous atteignîmes les flancs de la colline percée de grottes où s'abritent les bergers et parfois les brigands, ton père décida de choisir l'une d'elles, la plus aérée, la plus sèche pour y faire halte. C'est là que, fière, lasse et craintive, j'éprouvai les premières douleurs de l'enfantement.

Combien de fois t'ai-je raconté l'épisode de ta naissance ? Il te plaisait d'être né dans le roc, sous le dais royal d'une étoile donneuse de vigueur et d'éclat. Il ne te déplaisait pas non plus qu'une botte de foin eût été ton nid comme celui des oiseaux. La lampe creusait des fonds inquiétants dans la voûte. Ton père avait alerté bergers et passants pour qu'on m'apporte une bassine avec de l'eau, une couverture, des sarments pour allumer le feu. Il y a toujours à proximité une matrone habile en accouchement. Elle vint. Dans la grotte voisine, j'entendais le bêlement des brebis répondant à l'appel du bélier. Je dis à ton père :

— Écoute, nous aurons du lait.

Quand le chœur se taisait, le tout petit du troupeau lançait un solo candide, vite interrompu. Je voulais qu'il bêlât ainsi lorsque mon agneau pousserait son premier cri.

Enfin tu vis le jour. J'avais dans mes bras un lambeau de ma chair blessée qui souffrait de la même déchirure. Autour de ma couche s'exprimait, presque insupportable, la dure admiration des femmes accourues avec la matrone. Ton père avait allumé le feu. Était-ce la fumée stagnante qui me faisait pleurer, ou le regret que mes parents qui avaient pressenti ta naissance n'en fussent pas les témoins ? Non, c'était plutôt le poids de ta nuque enfantine épousant le creux de mon bras, la bulle de salive au coin de tes lèvres qui mouillait mes yeux.

Jésus ! Je répète ton nom. Tu viens de sucer mon sein et tu es repu. Tu es créature, œuvre de l'Éternel qui s'est servi de moi, pendant quatre fois soixante-dix jours. Tu prends ta place, ta petite place parmi le peuple du Livre. On vient de me dire que tu avais mes yeux, puis on a ajouté mon nez et ma bouche. Si cela est vrai, le Seigneur me fait présent d'un second visage, une bouche comme la mienne qui dira ce que je ne dirai pas, des yeux comme les miens qui verront ce que je ne verrai pas, car tu iras au-delà de moi mon fils ! Nous

nous quitterons, je le sais. Que les années traînent lentement jusque-là ! En attendant tu es mien.

Tu étais mien en ce temps-là.

Les bergers et les femmes se sont endormis. La clarté de la nuit et sa fraîcheur pénètrent dans la grotte. Je ne dors pas. Ton père non plus. J'aperçois sa silhouette accroupie contre le rocher. Il t'a pris sur ses genoux en signe de reconnaissance. Sans doute pense-t-il aux mêmes choses que moi, bien qu'à sa manière. Il te regarde et murmure :

— Jésus, Jésus !

Hors de mes bras, tout me fait peur pour toi, mon premier né.

Le jour des jours, celui qui t'introduisit officiellement dans la Communauté, nous trouva à Béthléem, mais chez nos cousins, Hefer et Deborah. Prévenus des circonstances et du lieu de l'accouchement, ils nous avaient fait apporter de quoi remédier à l'insuffisance de notre campement : du linge, un lit pour le bébé qui couchait dans la crèche, du bois de chauffage, une bassine, des cruches. Au jour dit, ils nous dépêchèrent un serviteur menant un chariot à quatre roues. Dès le matin et en prévision de ce départ, je t'avais emmailloté dans la fine lingerie qu'ils nous avaient prêtée et t'avais enroulé dans la houppelande d'un berger, veillant à ce que le poil rugueux n'irrite pas ta peau. Un char à litière et une cohorte d'esclaves se seraient arrêtés devant ma demeure pour me conduire au palais d'un roi que je n'aurais pas été plus éblouie.

J'étais pourtant consciente de la gêne que j'allais imposer à nos hôtes. Non que je fusse difficile à vivre, me semble-t-il, mais j'étais tenue par les règles qu'au surplus ton père n'aurait jamais voulu enfreindre : dans les huit jours suivant ta naissance, tu devrais être marqué par le sceau de l'Alliance, tandis que je resterais à la maison sans rien toucher de consacré avant ma purification. Il avait fallu notre arrêt dans une grotte où il était impossible de séjourner longtemps avec un nouveau-né pour que, de l'avis de ton père, et après consultation d'Hefer et de Deborah, je pusse me transporter chez eux et m'y installer.

J'en avais d'autant plus de scrupules et de gratitude, que nos hôtes suivaient les strictes prescriptions du pharisaïsme. La pureté rituelle était absolue chez eux, les bénédictions récitées solennellement à heures fixes depuis l'aube. Une cloche de bronze verdi du même type mais bien plus grande que celles pendues au cou des dromadaires scandait les heures, invitant à la prière ou au travail. Au centre de la cour, un bassin contenait l'eau lustrale destinée aux ablutions. Le conformisme religieux s'alliait intimement aux commodités domestiques. Qu'aurait dit Samuel, pharisien lui aussi, devant le rigorisme douillet de cette famille ?

Car nos cousins, s'ils n'offraient pas l'image éclatante de l'opulence, étaient, comparés à nous, très riches. Au commerce des grains, ils joignaient celui, plus modeste mais lucratif, des bibelots à bon marché que les pèlerins s'arrachent en souvenir de leur voyage. Leur maison était vaste, bâtie sur deux étages en pierres taillées. Elle s'entourait d'un jardin clos, planté de cyprès et d'acacias. Sur le chapiteau de la grande porte, était gravé un motif en tout point semblable à ceux qui ornent les demeures patriciennes de Jérusalem. Tu as certainement eu l'occasion de le remarquer et de t'en souvenir. Ils avaient mis à notre disposition une salle de l'étage ouvrant sur une terrasse orientée au couchant. Ton père me dit que le mobilier, coffres et sièges, venait de Grèce et d'Égypte. Je notai les dimensions du lit, si large qu'une famille entière y aurait aisément dormi. Il était réservé à ton père qui ne devait le partager avec moi qu'après mes relevailles. En attendant, un épais matelas par terre m'était destiné et un berceau avait été monté pour toi.

Bien qu'empêchée de sortir, j'apercevais ou devinais assez de choses pour mesurer la différence entre les habitudes des gens de Judée et celles de chez nous. Rassemblé dans la main du Seigneur, notre peuple est divers et chacune de ses tribus possède en propre ses modes, ses ambitions, ses lubies, ses usages. A vrai dire, les habitants de Bethléem vivaient au rythme du Temple, maître de leurs activités, de leurs ressources, et finalement de leur caractère. Pour le reste, ils fixaient les yeux sur la Cour d'où parvenaient des rumeurs toujours alarmantes. À cette époque, l'on disait Hérode de plus en plus fou, de plus en plus féroce. Antipater, héritier présumé et auteur de la conspiration des poisons, avait fini par quitter Rome. À peine était-il arrivé à Jérusalem, que son père avait réuni un tribunal pour l'accuser de parricide et le mettre aux fers. On avait prévenu César. Les abords du palais étaient interdits, tout passant qui s'en approchait était puni de mort.

— Que peut-on attendre d'un père qui assassine ses enfants ? disait-on chez nos cousins.

Je constatais mon changement. La principale nouveauté était que je m'examinais moi-même, alors que je n'avais jamais eu l'idée jusqu'à présent de parfaire ma propre connaissance. Je crois que l'on me disait raisonnable. Je ne cherchais pas à raisonner mais mon nouvel état de mère et ces heures glissant sans emploi dans la quiétude de la maison, m'inclinaient vers l'observation. Quelques mois auparavant, par exemple, j'aurais salué l'audace des deux jeunes docteurs de la Loi, Judas Ben Sarifaï et Mattitiah Ben Maargalo qui, se fiant à la rumeur de la mort d'Hérode, avaient décroché l'aigle d'or qui affirme, au fronton du portique royal, l'orgueil des Césars. Capturés et condamnés, ils venaient d'être brûlés vifs et leurs comparses décapités. Leur sacrifice m'eût jadis exaltée ; j'étais disponible, je ne tenais pas sur mes genoux cette créature unique, mon fils. À présent, je me sentais devenir ce que sont toutes les mères juives, dont l'orgueil, la crainte, l'ambition distillent une potion qui leur monte à la tête et les transforme tour à tour en tigresses et en biches. Je consultais notre histoire pour y calculer la durée des trêves qui ont interrompu nos souffrances : le règne de Salomon qui permit l'édification du premier Temple, le retour d'exil après que Zorobabel eut pris le pouvoir et Esdras rétabli la Loi (encore que cela ne se fît pas sans querelles intestines), les jours qui suivirent la victoire des Macchabées : quelques gouttes de lait dans un fût de vinaigre, un lait pauvre, celui des femmes d'Israël que le mauvais sang fait tourner. Voilà les gouttes de paix que nous avions bues. J'appelais une pluie de grâces réparatrices.

— Que le Saint, béni soit-Il, entende et nous prenne en pitié !

Je saisissais tes petites mains, Jésus !

— Prie, supplie le Ciel, toi qui en viens !

Quand Abraham eut quatre-vingt-dix-neuf ans, le Saint lui apparut et lui dit : « Je suis El Shaddaï, le Dieu tout-puissant. Marche en ma présence et sois parfait. Par un pacte éternel, j'établirai une Alliance entre Moi et toi de génération en génération afin que je sois ton Dieu et le Dieu de ta descendance. Mon Alliance sera marquée dans votre chair et par un signe de sang... »

Jésus, tu venais d'être circoncis, tu avais reçu ton nom, tu avais pénétré dans l'Alliance en présence de toute la famille et des serviteurs de la maison. La plaie avait été séchée avec la poudre de cumin et de bois de santal, le pansement enveloppé dans une toile fine avait été lié par un cordon écarlate. Tous les rites avaient été respectés. Je te soulevai, tu te redressas et me regardas en face sans pleurer. Et moi je voyais sur le linge la goutte de sang qui te consacrait.

Mais tu n'étais pas encore rédimé suivant la loi de Moïse. « Tout être qui ouvre le sein maternel est à moi, dit l'Éternel, un premier d'ânesse, tu le rachèteras par un mouton, le premier de tes fils, tu le rachèteras aussi. » Cinq sicles d'argent, plus deux tourterelles ou un agneau pour que tu m'appartiennes, j'aurais donné bien davantage. Avais-je cependant le droit de te reprendre ? Pas encore. J'étais tourmentée par l'impatience et ne m'en cachais pas : le Père sait lire dans le cœur de ses enfants. J'attendis trente-trois jours ma purification, jusqu'à ce qu'ensemble, toi et moi, nous puissions nous présenter devant le prêtre.

Nous étions nombreuses, femmes de toutes conditions et de toutes apparences, groupées sur le parvis devant la porte de

Nicanor. Nous nous tenions, ô surprise ! silencieuses et en ordre. Quel juif n'est pas imprégné par la dignité lorsqu'il gravit les degrés qui le rapprochent du Trône de l'Éternel ? À mon tour, je tendis le bouquet d'oiseaux : deux tourterelles, une pour l'holocauste, l'autre pour le sacrifice de péché. Le prêtre s'en saisit. Je rayonnais. En vérité, ce jour-là mon Jésus, je ne t'ai pas racheté, je t'ai partagé avec le Seigneur.

De retour à l'auberge pour une brève halte, je retrouvai nos cousins Hefer et Deborah et, quel surcroît de bonheur ! Élisabeth m'y attendait. Son fils Jean était déjà un gros bébé, Zacharie était délivré de son mal. Notre joie devait être contagieuse car la femme de l'aubergiste se pencha vers nos fils pour les caresser, puis au cou de Jean et sous tes langes, glissa deux amulettes.

— Pour les protéger du mauvais œil, ils sont si mignons tous les deux !

Nous entrions le lendemain dans le Shabbat, et ne voulions pas contrevenir à la règle qui interdit ce jour-là les longs déplacements. Nous prîmes donc sans tarder le chemin de Bethléem, et Élisabeth, invitée par Deborah, accepta de se joindre à nous avec son bébé. Zacharie retenu par sa fonction restait à Jérusalem, ton père et Hefer nous devançaient. Je revois ce retour comme une vision présente. Il était déjà tard, le soleil bas descendait dans sa retraite du mont Sion. Au-delà, la mer, la grande mer dont le psalmiste chante l'immensité. Là, errent les vaisseaux, là fourmillent les bêtes sans nombre, là glisse le Léviathan qui se joue des flots... Installée sur ma monture, endolorie par la fatigue, je te serrais très fort contre moi. Confiant, tu dormais et je te regardais, fragile, abandonné dans mes bras.

— Pourvu qu'il ne lui arrive rien, qu'il boive bien, qu'il avale bien, qu'il digère bien ! Saurai-je en faire un homme ?

Je revivais les instants de cette grave journée. Le vieux Siméon, te hissant à hauteur de son regard, avait eu des paroles troublantes :

— Mes yeux ont vu le Salut d'Israël !

Il avait dit aussi :

— Cet enfant sera un signe contesté.

Et à moi :

— Un glaive te transpercera l'âme !

Comment écarter les prophéties qui tourmentent ? À celle-ci je m'efforçais de ne pas penser. Les femmes sont nées pour souffrir.

Ainsi je luttais contre la fatigue et les démons de la nuit sur le chemin du retour. Derrière nous les parvis étaient encore noirs de monde. Au Temple, on sacrifiait, mais nous lui tournions le dos. À l'endroit où la route surplombe la vallée nous aperçûmes devant nous, lents, impassibles, des dromadaires qui débouchaient de la piste en une longue file. Jadis on m'interdisait d'approcher les caravaniers :

— Méfie-toi ! Ils volent les petites filles et les emmènent comme esclaves !

Heureusement, on n'en voyait pas à Nazareth, sinon de très loin. Là, tout près, je les examinais. Les bêtes étaient accoutrées de robes bariolées, richement bâtées, grossies de ballots et de coffres, de couffins cerclés d'argent d'où pendaient des cordons de laine tressée. Poussière et bave encroûtaient leur poil. Elles avaient dû marcher longtemps. Hefer, s'étant renseigné, s'empressa de nous rassurer. La caravane formait la suite et le bagage de princes arabes notamment du roi de Nabatée, convié par Hérode afin de traduire les phénomènes étranges observés dans le ciel. Ils arrivaient de Chaldée, d'Arménie, de Bactriane, de Quedar, de Téma, tous illustres astrologues, savants et devins. C'est ce que nous confirma la bouche des uns et des autres, passants et voyageurs aussi intrigués que nous.

Ton grand-père connaissait bien le parcours des astres qu'il nommait par leurs noms. Mais il n'y cherchait aucun présage, ne confondant pas la crainte de Dieu avec le désir de lui échapper. Je ne résiste pas à la tentation d'évoquer sa vertu. Il se pénétrait de la beauté du firmament, habitacle du Très-Haut :

— Regarde, Marie, comme l'éclat des étoiles blanchit la voûte céleste. C'est ainsi que nos bonnes actions, si elles sont nombreuses, clarifient notre âme.

Hérode impie, Hérode trônant sur ses forfaits ne pensait, à

l'approche de la mort, qu'à déchiffrer l'énigme trop évidente de son destin. Non content de posséder l'étendue de son royaume, il voulait aussi en posséder le temps. Sa fatalité me laissait froide. Mais si vraiment le ciel se couvrait de signes révélateurs, qu'annonçaient-ils pour toi, mon fils ? Favorables ou néfastes ? À peine rasséréné sur les mages et leurs cortèges, mon amour tremblait à nouveau.

— Tu es une vraie mère juive, plaisantait Josef.

Nous sommes le peuple de l'attente. Je ne connais pas d'attente qui ne soit anxieuse.

VIII

Mes craintes n'étaient pas vaines. De mauvais bruits, des ragots de voyageurs et de forains planaient sur Bethléem comme des oiseaux de malheur. Sur la place, un gaillard qui se vantait d'avoir ses entrées au palais déballait à l'heure d'Arbit son paquet de nouvelles. Hérode, encore Hérode et ses hantises !

Depuis que le bûcher avait dévoré le corps des jeunes pharisiens coupables d'avoir abattu l'aigle d'or, un vent de représailles soufflait sur les villes et les champs. Les laboureurs, laconiques par nature, ruminaient leur misère en aiguillonnant leurs bêtes, tandis que les bergers négligeaient de battre le lait et de presser le fromage. On disait que les grottes où nous avions trouvé refuge s'étaient soudain remplies de ces errants que la police d'Hérode appelait hors-la-loi et qui étaient en vérité des patriotes recherchés par elle. Josef et moi pensions qu'en Galilée ce devait être pire, parce qu'autour de Nazareth, les émules d'Ézéchias préparaient de longue date leur soulèvement et que, tapis dans les montagnes, armés jusqu'aux dents, ravitaillés par les gens de la plaine, ils se livraient, pour se faire la main, au pillage des bourgades. Hefer ne partageait pas à leur égard l'indulgence de ton père. Il est vrai que sa position de notable, ses ressources, faisaient de lui une proie tentante.

— Ces dévoyés s'en prennent non seulement aux Romains, mais aux bons juifs comme nous. Leurs bras réfutent ce que dit leur bouche. Ils parlent de restituer la pureté du culte mais fomentent partout et jusque sur les parvis des insurrections sacrilèges.

C'était généralement aux repas que naissaient ces discussions, lesquelles, je m'empresse de le dire, étaient toujours mesurées : n'étions-nous pas cousins ? Toi, Jésus, tu dormais après avoir pris mon sein, Deborah avait terminé la toilette des petits, nous faisions dans la salle une entrée discrète pour ne pas interrompre nos maris.

— Je préfère encore, continuait Hefer, l'inertie dédaigneuse du haut clergé.

À quoi Josef répliquait :

— Sois juste Hefer, les sadducéens ne cherchent qu'à pactiser avec les païens pour protéger leur caste, tandis que ces jeunes gens, quels que soient leurs excès, risquent leur vie pour notre foi.

Deborah me soufflait à l'oreille :

— Ils me font penser aux anges de l'Apocalypse.

Deborah, en ce temps-là, pétillait de verve et de vivacité. Elle m'intimidait, je n'étais pas toujours à mon aise avec elle, un peu parce qu'étant sa cadette, je lui devais des égards, un peu parce qu'habitant chez elle, j'étais son obligée, surtout parce qu'elle était beaucoup plus instruite que moi. Rares sont les femmes qui possèdent tant de connaissances et savent en user à si bon escient. Élevée en Égypte, elle parlait couramment le grec, aussi bien celui du Livre selon la traduction des soixante-dix Docteurs, que la langue usuelle des marchands et des pèlerins. A me remémorer sa sollicitude et sa sympathie envers moi, je pense qu'il ne lui déplaisait pas de m'inspirer cette estime éblouie que les femmes en pleine maturité provoquent souvent chez les plus jeunes. Moi, qui n'ai jamais prêté grande attention aux visages, soit qu'ils me fussent trop familiers, soit que passagers ou inconnus, ils me fussent indifférents, je revois avec précision les quelques cheveux blancs qui éclairaient ses boucles noires, l'ourlet de sa bouche, sa nuque longue et altière. Il fut un temps où j'essayais de copier ses façons. Dans la journée, elle se couvrait la tête d'un fichu clair qui mettait en valeur son regard, le soir, elle se libérait de toute parure, et, sans contrainte, s'abandonnait à ses enfants. Elle leur inventait des fables, disputait aux plus petits un bavardage sans suite, puis distribuait fessées ou caresses suivant l'humeur de chacun et surtout de la sienne. Un domestique nourrissait le feu de branches aux parfums de résine. Je me sentais bien dans ce nid. Les rapaces qui tournoyaient au-dessus du toit fortifiaient le sentiment d'un abri sûr, d'une paix qui demeure, en dépit de tout, l'envie insatisfaite des hommes.

Pas plus que moi, Deborah ne lésinait sur ses souvenirs et surtout sur ceux d'Égypte qu'elle nommait son pays. Elle chantait la fertilité du sol qui avait séduit nos Pères à la suite de Jacob, la douceur des berges du Grand Fleuve qui est au Jourdain ce qu'est la mer immense aux flaques de Bethléem.

— Dieu, disait-elle, qui a en propriété les extrémités de la terre, a comblé celle-ci de bienfaits.

Puis, elle concluait :

— Si la situation s'aggrave dans le royaume d'Hérode, nous partirons et vous viendrez avec nous.

Je m'entendais lui opposer cette même observation que je faisais à ma mère.

— Pourquoi regardons-nous l'Égypte où nous avons été esclaves comme si c'était là l'Éden perdu ?

J'en profitais pour évoquer un autre lieu d'exil. Babylone, rappelant que mon amie Rachel y habitait depuis son mariage, cela à seule fin de montrer que je n'étais pas entièrement tributaire de la famille de mon mari. Mais Deborah enchérissait sur la beauté d'Alexandrie, ajoutant que la colonie juive y était prospère, et comptait beaucoup de savants, par exemple un certain Philon, controversé mais célèbre dans le monde entier. Alexandre le jeune et fougueux conquérant, avait doté la ville de monuments qui faisaient sa gloire. Il y avait même un temple à Léontopolis. Elle précisait qu'il était toutefois moins grand et beaucoup moins admirable que celui de Jérusalem et qu'aux croyants orthodoxes, sa fréquentation était interdite. En somme, pensais-je, ces juifs ressemblent à nos samaritains : ils sacrifient à Léontopolis comme les autres sur le mont Garitzin. Mais l'idée que je pourrais me trouver dans un lieu considéré comme le temple de l'Éternel et qu'il ne serait pas celui de Jérusalem me laissait pantoise. Qu'était donc ce pays où les non-retranchés de notre peuple étaient supposés vivre heureux, s'affublaient de patronymes grecs, lisaient la Torah dans la langue des goyim sur des parchemins étrangers ? J'en étais si obsédée que dans notre petit cercle il fut dorénavant établi que je ne jugeais des gens et des choses que par rapport à ceux et à celles de la Ville sainte.

— Qu'en penses-tu, Marie, demandait-on pour se moquer, est-ce mieux ou moins bien qu'à Jérusalem ?

Grâce aux évocations persuasives de Deborah, le royaume de Pharaon finissait par exercer sur moi une fascination. Ma cousine revenait sans cesse sur l'idée d'y chercher refuge avant que les malheurs fondent sur nous. Elle ajoutait que là-bas, nous serions hébergés « dans la famille », expression vague mais rassurante dont elle connaissait l'effet sur nos âmes craintives. Elle concluait que, mis à part les chaleurs du désert et la fatigue inévitable du déplacement, nous n'affronterions en cours de route aucun désagrément, et encore moins de danger. Le long de la piste qui suit la mer, un peu en arrière de la côte, et relie Canaan à Péluse, les réserves d'eau sont nombreuses, l'approvisionnement assuré, la sécurité garantie par vingt et un postes ou forteresses. À l'entendre, le voyage devenait une promenade qu'elle nous invitait à faire ensemble.

J'avoue que je l'écoutais avec complaisance. Pour la jeune femme que j'étais, prendre un beau jour la route qui traverse l'horizon, c'était non seulement satisfaire le goût du mouvement que l'on éprouve au petit matin de la vie mais aussi multiplier les émotions délicieuses : palpiter d'inquiétude en partant, d'attente en cheminant, d'allégresse en arrivant. C'était surtout se laisser attirer par l'inconnu qui se cache derrière l'invisible. Déjà, à Nazareth, lorsque je poussais en tremblant la porte qui mène au cellier où les démons se dissimulent, j'étais heureuse de dominer ma peur ; à cet âge, il est grisant de se défier soi-même. Le monde est un lieu sacré. Son immensité est pleine de mystères. Que font les oiseaux lorsqu'on ne les aperçoit plus dans le ciel ? Et les fouines qui se tapissent sous les pierres ? Puisque notre Dieu est Souverain de l'Univers, n'est-il pas permis de quitter son Trône de Jérusalem et d'aller à la rencontre de ses autres créatures afin de voir comment elles subsistent ? Le projet de partir en caravane avec la famille réveillait mes ardeurs d'enfant.

Il est clair que je ne me rendais pas compte de la situation, d'autant plus que l'insistance de Deborah me donnait le change. Josef, cependant, demeurait sceptique et s'efforçait de me faire partager sa réserve lorsque, retirés dans notre chambre, nous pesions en ménage le pour et le contre d'un départ immédiat. Les motifs de ne rien brusquer, d'attendre que les événements nous imposent un choix l'emportaient sur les autres. Certes, si la démence d'Hérode répandait davantage de feu et de sang, la fuite en Égypte serait une sage précaution. Chez nos cousins, de toute évidence, nous étions mieux placés que partout ailleurs pour déguerpir. Mais les fléaux dont nous éprouvions la menace n'étaient pas encore sur nos têtes. Alors, était-il raisonnable d'imposer à un nourrisson une épreuve plus longue et, quoi qu'en dît Deborah, plus dure que celle qu'il avait subie dans mon ventre sur le chemin de Bethléem ? Ici, nous pouvions nous tenir informés de ce qui se passait à Nazareth. Partir vers le Nil, c'était s'éloigner encore de notre gagne-pain : l'atelier neuf, la clientèle, le petit champ d'oliviers et la vigne. Nous avions confié nos intérêts à Mardochaï qui s'était fait recenser avant nous et nous avions toutes raisons de lui faire confiance. Mais, à la longue, il s'étonnerait de ne plus recevoir les messages que jusqu'à présent nous avions réussi à lui adresser. Durant l'exil, les biens abandonnés par les déportés n'étaient pas restés sans maîtres. Leur redistribution n'avait pas effacé, un demi-millénaire plus tard, l'amertume de ceux qui avaient été dépossédés.

Le premier résultat de nos tergiversations fut de prolonger notre séjour à Bethléem. Me trompais-je ? Je n'apercevais chez nos cousins aucune hâte à se séparer de nous. Je crois au contraire qu'ils nous savaient gré de leur apporter la tiédeur d'une amitié nouvelle. Deborah avait besoin d'une compagnie, je lui offrais la mienne. Quant à Hefer, il avait trouvé en Josef un collaborateur, presque un associé. Ils avaient entrepris ensemble l'agrandissement de l'entrepôt où étaient serrées les marchandises, principales ressources de la famille.

Tandis qu'autour de nous l'air se chargeait d'orages, nous étions à l'abri. Jésus, tu étais si petit. Tu avais tant besoin qu'on te protège. Ici, on ne te refusait rien. Ton gazouillis emplissait la maison. Je guettais tes mouvements, je voyais ton intelligence s'éveiller. Comme tu progressais vite ! Déjà tu t'exprimais à ta manière, t'échappais de mes mains pour risquer tes premiers pas. Quand tu tombais assis sur le pavé, tu avais une façon irrésistible de te moquer de ta maladresse, et tout le monde t'admirait.

Ainsi passèrent quelques semaines — comment les oublier ? Jusqu'à ce jour tragique qui interrompit tout à coup nos atermoiements. Chacun savait que la maladie du roi avait gagné son corps tout entier, qu'il éprouvait des démangeaisons épouvantables sur toute l'étendue de la peau et des douleurs intestinales sans rémission. Ses pieds étaient gonflés, son bas-ventre enflammé par des vers. Il ne pouvait respirer que redressé. Il se sentait mourir et s'accrochait furieusement à la vie, lançant des défis à la mort elle-même. Or, voici qu'un employé du palais, cousin du majordome d'Hefer, vint nous prévenir que le roi, pris d'un accès d'hypocondrie, avait conçu un projet incroyable : se voyant près de sa fin, et sachant que les juifs célébreraient sa mort par une explosion de joie, il avait décidé de procéder à des rafles de notables qui seraient égorgés à l'instant même de son dernier soupir, afin que l'ensemble du pays et toutes les familles pleurent de force son trépas. Et comme les astrologues venus de l'Orient avaient affirmé que le Messie, le futur roi des juifs était né depuis peu à Béthléem, il envisageait de tuer les enfants venus au monde depuis deux ans.

Ces rumeurs dûment vérifiées, Hefer et mon époux tinrent

aussitôt conseil. C'était à la quatrième veille d'une nuit au cours de laquelle Josef avait été lui-même alerté par un songe. La réflexion des deux chefs de famille fut brève.

— Je demeure ici, décida Hefer, pour protéger la maison, nos biens, nos serviteurs. Si les mercenaires d'Hérode me recherchent, je sais où me cacher. Mais il faut songer aux enfants. Toi, Josef, tu vas les emmener en Égypte avec Marie et Deborah. Je te donne ce qu'il faut : une escorte, des animaux de bât, des provisions, un bagage. Cours te préparer. Le temps presse.

Ce que fut cette aube lugubre dans le ciel de Bethléem, je n'ose l'évoquer. Nous n'avions pas dormi. Le voyage étant décidé, nous devions tout prévoir sans aucune expérience. Les serviteurs nous mettaient en garde contre le chaud, le froid, la faim, la soif, les bandits, avec ce goût qu'ont les gens simples de multiplier les alarmes. On nous avait recommandé d'éviter le bruit pour ne pas éveiller l'attention des voisins ou celle de la police toujours aux aguets ; la maison était traversée d'ombres muettes. Pourquoi le Qadim, ce vent détestable, tient-il tellement à gêner les hommes au lieu de se contenter de déranger le ciel ? La tempête de poussière qu'il souleva dans la campagne s'abattit sur la ville, et notre départ s'accomplit dans les suffoquements. Hefer nous conduisit jusqu'à la maison de son majordome, aux limites des murs. Là, nous attendait dans le creux d'un large fossé le convoi qui devait nous mener, par la route de la mer, vers la lointaine Égypte. Élevant la lampe, Hefer vérifia les chargements, leur équilibre, leur arrimage, inspecta les animaux de bât, passa la main sous les sangles, le doigt sous les licols, s'adressa aux valets pour leur dire qu'il leur confiait son bien le plus précieux, ses enfants, sa famille, et, avant que l'émotion nous gagne, donna l'ordre du départ en s'adressant à Josef.

— C'est toi qui es maintenant le maître. Que Dieu t'accompagne et t'inspire.

Je vis ses épaules se voûter. Deborah étouffa un sanglot.

Plus qu'à aucun autre moment, je me sentis non seulement appartenir à mon époux, mais me fondre dans sa famille. Nos sorts étaient liés, notre subsistance, nos efforts étaient partagés, nous marchions dans les pas les uns des autres, la fuite nous transformait en Araméens vagabonds, la nuit froide nous vidait la tête, Deborah et moi ne songions qu'à protéger nos petits et nous veillions sur eux avec des gestes instinctifs de femelles. Quant à Josef, il se révélait le maître et le chef, dur envers lui-même, compatissant envers les autres, juste envers tous, distribuant la nourriture et la boisson, décidant de l'étape, organisant le campement, premier levé, dernier couché : Moïse traversant le désert.

Une fois à bonne distance de Bethléem, il renvoya l'escorte et, seul, assuma toutes les charges. Nous traversions une région florissante, tirant ses ressources du lin et des céréales, de l'élevage, du ravitaillement des armées et des caravanes. Josef m'expliqua que là s'étaient croisés, tout au long de l'histoire, les conquérants d'Égypte montant vers Canaan et les armées des Assyriens, des Perses, des Séleucides descendant vers le couchant. En l'honneur des Pharaons, cet ensemble de pistes s'appelait « les voies d'Horus ». De tout temps, qu'ils fussent poussés par le danger ou attirés par le commerce, les juifs les avaient empruntées.

La mémoire injuste tue certains souvenirs et préserve les autres. Je n'ai rien oublié de notre étape de Rhinocolura, dont le nom se grava dans mon esprit dès que je l'entendis. Selon Deborah, il signifiait en grec « nez tranché » parce que ce centre important abritait un bagne où l'on coupait le nez des condamnés afin qu'on pût les reconnaître s'ils tentaient de s'enfuir. Heureusement je n'en rencontrai aucun. Elle me raconta aussi qu'en automne, des cailles s'abattaient sur le rivage, terrassées de fatigue après un long parcours et qu'on pouvait les ramasser par sacs entiers. Grâce à Dieu, ce n'était pas la saison. Pour la halte du Shabbat, nous avions établi notre campement en bordure de mer, adossé à un fortin fâcheusement fréquenté par les mouches. Ellcs bourdonnaient dès le milieu du matin autour des bêtes et des bagages et je passais mon temps à les chasser. Les insectes sont le désagrément de ces sables baignés d'une eau verte et tranquille. Les palmiers y apportent un plaisant ombrage. On aimerait y trouver le repos. Hélas, les mouches sont là !

Tandis que les enfants de Deborah lui échappaient pour aller barboter sur la grève, Jésus, en les suivant, tu glissas dans l'eau et une petite vague te recouvrit. J'accourus. Ta répugnance ultérieure pour les immersions, sauf celle du baptême, est peut-être née ce jour-là. Je te frottai vigoureusement pour te sécher et passai autour de tes épaules le harnais que j'avais fabriqué avec une corde. Ainsi attelé, je te faisais trotter devant moi. J'étais fière de mon invention qui me permettait de te retenir si tu trébuchais. Mais, tel un agneau rétif, tu me forçais toujours dans le sens opposé. Au lieu de te diriger, c'est moi qui devais te suivre.

Le lendemain, nous fûmes en ville. elle était propre et bien tracée. Le port était actif, les Nabatéens y étaient nombreux et prospères. Sachant que leur monnaie avait cours dans la région, le prévoyant Hefer nous avait munis d'une bourse pleine de pièces d'argent frappées à l'effigie de leur dieu. Nous étions donc à l'abri du besoin. Ton père se crut même assez riche pour nous offrir, à Deborah et à moi, une fiole de parfum dont ces gens font le commerce. Il avait l'intention de saluer le chef de la colonie juive que l'on ne considère pas là-bas comme étrangère, et qui bénéficie de nombreux privilèges puisque ses membres s'organisent et s'administrent eux-mêmes. L'accueil que nous reçûmes fut courtois, sans plus. Je ne m'étonnai pas, devinant que, dans ces cités fréquentées par tant de voyageurs, la visite d'un compatriote est un événement banal. Mais les propos de notre hôte nous donnèrent vite à penser qu'il se sentait plus égyptien que juif. Il ne parlait que de ses amis goyim dont il partageait les usages. J'étais abasourdie. Josef que j'observais du coin de l'œil l'était encore plus que moi. Il n'osait faire reproche à celui qui le recevait sous son toit, mais je voyais combien l'offusquait un relâchement si contraire à sa nature.

Ce manquement au respect de nos traditions constitua pour nous une découverte pénible qui se renouvela. Dans les villes que nous traversions, cités commerçantes ouvertes, qu'il s'agît d'Ostracine où s'extrait le sel propre aux conserveries, de Cassion sur le lac Sirbonite où se construisent les meilleurs navires de la contrée, de Migdol où les pharaons entretinrent longtemps une garnison juive, nous constations la même mécréance. Deborah, elle, ne s'en choquait pas. Non qu'elle fût disposée à excuser l'inexcusable mais elle expliquait que, loin de nos Lieux saints, la fidélité devient moins solide et se laisse entamer. Des pratiques païennes la pénètrent.

— N'empêche, soupirait Josef, voici des juifs qui préfèrent vivre en paix avec l'impie qu'avec le Seigneur.

— C'est pourquoi Hefer, en bon pharisien, réagit contre ces mœurs par une plus grande rigueur, dit Deborah l'Égyptienne.

Je me demandais si le Ciel, en faisant pleuvoir sur nous tant d'insultes et de calamités, ne portait pas remède à l'abandon où la sécurité nous aurait fait sombrer. N'était-ce pas la réponse aux questions de mon enfance, lorsque j'interrogeais ma mère sur la sévérité divine ?

— Cependant, ajoutait Deborah, ne vous hâtez pas de juger. Ailleurs vous rencontrerez des circoncis intransigeants, plus intransigeants que nous et qui vivent entre eux pour se préserver de tout mélange.

Ainsi, le cœur partagé, allions-nous au rythme de la caravane le long d'une mer assoupie.

— Le Messie rassemblera les dispersés d'Israël, murmurait Josef.

Josef mon époux, c'est après chaque mot que je devrais m'arrêter sur toi. De quel esprit de justice tu faisais preuve ! Quelle intelligence était la tienne ! Le Seigneur sait combien je t'appréciais, mais toi, l'as-tu deviné ? La pudeur est fille du respect. J'avais la pudeur des mots, le respect des sentiments. Toi aussi. Tu aimais ces versets de Job et je les ai appris par cœur pour honorer ta mémoire : ils te vont si bien.

« La sagesse, où est-elle, et quel est-il le lieu de l'intelligence ? Elle ne se trouve pas au pays de la vie. L'abîme dit : Elle n'est pas en moi, et l'Océan dit aussi : Avec moi, elle n'est pas. Point d'or que l'on puisse donner pour elle, ni d'argent ni de topaze d'Éthiopie... L'intelligence, d'où vient-elle ? Et la sagesse, quel est son lieu ? Elle est cachée des yeux de tout vivant, même de l'oiseau du ciel. Dieu seul sait son emplacement, car aux confins de la terre, Il regarde.

Lorsqu'au vent, Il fit sa loi et à l'eau sa mesure, et à la pluie sa limite, alors Il l'a placée. La crainte du Seigneur, voilà la Sagesse, et l'éloignement du mal, voilà l'Intelligence. »

Le but de notre voyage se rapprochait. Ce n'était pas l'Alexandrie chère à Deborah mais, ainsi qu'Hefer l'avait décidé, la ville de Péluse, au débouché du fameux canal du delta, où habitaient des cousins de notre famille. Un retard imprévu nous contraignit à une étape supplémentaire, dans le caravansérail situé à l'entrée du faubourg : les enfants de Deborah furent brusquement atteints d'une fièvre si forte que Josef recommanda qu'on s'y arrête. L'endroit était bondé : quelques pièces d'argent nous ouvrirent le dortoir où nous pûmes coucher les petits malades. Josef toujours avisé s'était muni d'un gourdin pour nous défendre en cas de besoin, les occupants des paillasses voisines ne lui disaient rien qui vaille, ce pouvait être des voleurs de grands chemins qui en voulaient à nos bagages. Nous avions soudoyé un petit bonhomme à la peau foncée pour faire boire nos ânes, aider à les décharger et veiller sur eux dans la cour, mais nous n'étions pas tranquilles. À vrai dire, aucun de nous ne ferma l'œil cette nuit-là. L'odeur nauséabonde nous incommodait. Et quel souci pour les enfants ! Ils s'étaient endormis blottis l'un contre l'autre, la bouche ouverte. Deborah et moi nous nous levions à chaque instant pour tâter leurs fronts. Partants et arrivants nous enjambaient sans crier gare, les porteurs de seaux pleins à ras bord dont je n'osais deviner le contenu nous arrosaient en passant. Tout à coup, j'éclatai de rire, un rire plus crispé que réjoui dont je ne pus avouer la raison : essuyant la goutte qui m'avait éclaboussée, je pensai tout à coup à ces récits merveilleux que Deborah nous avait faits sur l'idyllique Égypte, ses parfums et ses luxes.

Cependant nous étions privilégiés : tant d'autres voyageurs avaient dû s'étendre à l'extérieur, à même la boue et le pavé. Au matin, nous nous assemblâmes entre juifs, trois ou quatre familles comme la nôtre parquées dans le même coin, afin de réciter ensemble le Shéma :

— Écoute, Israël, l'Éternel est un...

Paroles d'éternité. Après quoi, une voix demanda :

— Quel jour sommes-nous ?

Personne ne lui répondit, la date était sans importance dans le train de l'exil qui nous emportait.

Exil, le mot est trop fort. Car les parents de Deborah qui étaient aussi, de façon lointaine, les nôtres, s'efforcèrent de nous accueillir comme frères et sœurs. Mieux, ils nous adoptèrent : lit, nourriture, vêtements, tous nos besoins furent satisfaits et c'est en compagnie d'adorables marmots du même âge que tu fis, Jésus, tes premiers pas ; non sur la Terre promise mais sur celle que nos ancêtres avaient foulée comme esclaves. Fallait-il y voir un sens ?

— Celui qui a donné à l'ibis la sagesse et au coq l'intelligence n'a pas permis que nous devinions ses desseins, disait Josef prodigue en citations.

Deborah, rassurée sur ses enfants, se laissait aller à la joie, et moi, à la reconnaissance.

Dépaysée, je l'étais moins par le quotidien domestique — les habitudes sont vite prises et nous étions entre juifs — que par le spectacle de la rue. Je n'avais jamais séjourné dans une ville païenne et c'était pour moi un événement. Josef se croyait obligé de me rasséréner : peut-être voulait-il se donner une assurance qu'il ne ressentait pas.

— Tu sais que les Égyptiens choisissent l'emplacement de leurs cités avec grand soin, veillant à la salubrité du climat, au souffle des vents, aux ressources de l'eau, et qu'ils construisent avec une application plus grande encore. Péluse à certains égards est un modèle...

Le vent... l'eau... Nous avions tout cela à Nazareth et nous étions chez nous. Je faisais semblant d'approuver.

— Ici, nos coreligionnaires sont nombreux et bien organisés. Ils forment ce qu'on appelle une politeuma avec un chef et un conseil pour l'administrer. Ils vivent dans l'aisance et sont traités avec considération... surtout ils pratiquent le culte sans entraves.

Il faut le reconnaître, dans le sein de cette communauté, nous fûmes aussi heureux que possible, étant donné les circonstances. Nos bienfaiteurs pratiquaient la vraie charité : ils ne s'imposaient pas dans leurs bienfaits. Nous récitions ensemble les bénédictions du jour, et Sharit, Minha, Arbit, les trois instants sacrés qui nous mettent en intimité avec le Seigneur nous trouvaient réunis. Deux fois par semaine, nous prenions le chemin de la synagogue. Retour des choses ! L'Égypte dont le Seigneur nous avait sortis à main forte nous offrait maintenant une douce hospitalité.

— Ce pays, me disait Josef, dépend d'un bienfait de Dieu : le Nil. Son flot inévitable porte la richesse, écarte la soif et la faim, son limon fertilise la terre. Ici, les vignes, les cultures sont renommées, la pêche est florissante. On y pratique la salaison comme à Bethsaïda, on y tisse comme à Nazareth. La tunique de notre grand prêtre est en lin de Péluse. Si tu rencontres tant de Grecs et de Nabatéens, c'est que le commerce y est prospère. Regarde les rues, le port, ils grouillent de gens de toutes nations et de toutes couleurs.

Dès les premiers jours, Josef prêta son aide à un charpentier, façon de dédommager nos hôtes et, pour lui, de s'occuper. Deborah, entourée de ses enfants, allait de visite en visite mais surtout s'inquiétait du sort de son mari. Le soir, à l'affût des nouvelles, nous suivions les hommes qui se rassemblaient sur les quais. Là mouillaient les bateaux venus de Césarée, de Yoppe ou d'Ashkelon. À voix basse, Josef interrogeait les marins, non que les espions d'Hérode pussent l'entendre mais parce qu'il appréhendait le pire : du roi maudit on ne pouvait attendre que le malheur. Un soir, nous apprîmes, affolés, l'arrestation d'Hefer. Que s'était-il passé ? Recherché par la police, peut-être n'avait-il pas eu le temps de gagner sa cachette ? Ou celle-ci avait-elle été découverte ? Deborah, rongée par le tourment, faisait peine à voir. La pensée de son mari détenu parmi les otages voués au supplice dans la minute même où Hérode cesserait de vivre était horrible. Mais il lui était insupportable d'avoir à espérer qu'Hérode prolonge sa vie, pour que son mari puisse échapper à la mort. Des années durant, elle avait désiré, comme tout le peuple juif, le trépas du tyran. Et voilà qu'elle se réjouissait d'entendre dans la bouche d'un marin à peine débarqué :

— Oui, il vit encore. Il a fait égorger Antipater et désigné Archeloüs pour lui succéder.

Elle pleurait de honte. Nous étions, elle et moi, assises sur un parapet qui bordait le quai. Des milliers d'étourneaux venus des jardins où ils nichaient emplissaient le ciel. Mais trois corbeaux croassaient au-dessus de nos têtes, lugubres oiseaux noirs qui colportent les paroles des hommes.

— N'écoute pas tes craintes, Deborah, et crois-moi, le Seigneur épargnera Hefer comme il épargna Daniel dans la fosse aux lions. Je sais que nous sommes sous son aile. En nous pressant de quitter Bethléem il a sauvé nos enfants.

J'étais inspirée. Nous apprîmes en même temps la mort d'Hérode et la libération des otages détenus dans l'hippodrome. Salomé, sœur du roi, avait donné l'ordre d'en ouvrir les portes dès que son frère avait expiré. La nouvelle se répandit dans Péluse comme le flot du Nil. Dans tout le quartier juif, les jeunes, les vieux, les femmes, les hommes se mirent à danser au son des flûtes, des cithares et des tambourins. Josef, Josef si réservé, pleurait de joie. Tous ensemble nous nous rendîmes à la synagogue débordante d'une foule plus excitée que recueillie, la même qui, après l'office, se déchaîna au-dehors jusque tard dans la nuit, portant partout sa joie et ses cris.

Car la mort d'Hérode bouleversait le monde.

IX

Dans la hâte de regagner nos foyers, nous fîmes à Péluse des adieux d'autant plus volubiles qu'ils furent prompts. Nos hôtes auraient mérité une gratitude moins brusquée. Josef qui ne tenait pas à faire un détour hasardeux par Bethléem avait profité d'un bateau partant vers Askelon pour adresser un message à Hefer, lui demandant de nous y rejoindre. Tout se passa comme prévu. Après dix jours de marche, nous l'aperçûmes qui nous attendait au caravansérail.

Jamais je n'oublierai cette rencontre. Hefer se jeta dans nos bras en sanglotant. Amaigri, le poil hirsute, l'œil fiévreux, il avait pris dix ans d'âge. Il interrompit ses effusions pour tourner le front vers Jérusalem et rendre grâce à Dieu. Nous étions — j'en eus la soudaine vision — un morceau de notre peuple, rassasié d'épreuves, submergé de joie, exaltant le Seigneur au bord d'une piste comme au temps de Moïse. Je sus que désormais à chaque Seder, je revivrais l'Exode puisque j'avais, moi aussi, traversé le désert pour gagner la Terre promise.

Nous atteignîmes Nazareth. Nous pouvions enfin tirer le verrou de notre maison, saluer nos voisins et nos parents. J'avais tant rêvé de ce moment-là ! Certes les attendrissements, les mots de bienvenue ne manquèrent pas, mais aux douceurs de nos proches, je découvrais un goût acide. Ils ne pouvaient admettre les motifs de notre longue absence. Pourquoi avions-nous décidé de partir pour Bethléem peu de jours avant mon accouchement ? Pourquoi avions-nous séjourné tant de mois chez Hefer ? Et à Péluse, cité païenne, comment avions-nous vécu ? Rares étaient ceux pour lesquels notre fuite nous avait été inspirée afin de sauver Jésus du massacre ordonné par Hérode. La plupart qualifiaient notre voyage d'abandon, murmuraient que nous avions préféré notre sauvegarde à la solidarité de règle entre frères et, qu'ayant déserté la place, il était naturel que Josef ne pût récupérer aussitôt ses biens. Sans pour autant discuter nos droits, les membres de la famille — y compris Mardochaï mené par sa femme — avaient chaque jour un motif nouveau pour retarder le moment de nous rendre le champ et l'atelier que nous leur avions confiés. Josef déploya des trésors d'indulgence. Il voulut aussi pour regagner la considération compromise, montrer que nous revenions au pays aussi bons juifs, et peut-être meilleurs, qu'auparavant : il manifesta donc une observance accrue de la Loi. Jamais nous ne parlions des hommes de peu de foi que nous avions rencontrés dans certaines communautés d'Égypte. Je me conformai en tout point à son comportement et dans les bavardages de la fontaine ou du marché, j'évitai le moindre propos qui pût déplaire. Jésus, ta santé, tes joues roses, tes malices, servaient de prétexte pour réduire la conversation à un enfantillage.

Il me fallait aussi ruser pour maintenir, comme je le souhaitais, mes relations avec Ruth, mon amie d'enfance. Car ses origines interdisaient que je l'invite à la maison. Au surplus, ses parents lui avaient choisi un époux, Lévi, fils d'Alphée, collecteur d'impôts, métier trop lucratif pour être estimé. Lévi et son supérieur Zachée avaient beau taxer les habitants avec équité, lever les octrois avec modération, ils ne pouvaient faire oublier l'impopularité de leur charge. Ruth en souffrait d'autant plus qu'elle exerçait sans réserve une charité qui lui était naturelle.

J'aurais éprouvé de la honte à abandonner son amitié et il eût été maladroit de la proclamer : j'en fus réduite à proposer de lui rendre, à Bethsaïda où elle demeurait, une visite discrète. Parce que Josef ne tenait pas à ce que je voyage seule et qu'il était lui-même retenu à Nazareth par la remise en train de l'atelier, je demandai à ma cousine Myriam de faire route avec moi. De toutes nos parentes de Nazareth, c'est celle que j'avais retrouvée avec le plus de joie. Elle avait assisté à mes fiançailles, à mes deuils, à mon mariage, et bien mieux encore, à cette suite d'événements petits ou négligeables que le ciel nous envoie pour composer notre vie. Elle avait toujours su comprendre mes humeurs. Je n'eus aucune peine à la convaincre de m'accompagner. En cours de route, elle m'annonça le début de sa grossesse.

Ce sentier qui contourne le Thabor m'était familier, j'en connaissais par cœur les courbes et les grimpées. Il n'avait pas changé depuis que, petite fille, je le suivais, la main blottie dans celle de mon père. Rien n'est immuable comme les chemins où l'on passe beaucoup. J'expliquai à Myriam :

— Mon désir de revoir Ruth n'est pas simplement dû à l'attrait de raviver des images d'enfance, je songe également à Jésus. Je voudrais que tout ce que j'ai aimé lui soit connu et que, plus tard, devenu grand, il dise : « Celui-là est un ami de longue date puisque ses parents étaient les amis des miens. »

Je rêvais que nos fréquentations puissent s'étendre bien au-delà de Nazareth, au-delà des falaises du Jourdain et des frontières que les disparités ou les distances élèvent entre gens qui, pourtant, craignent Dieu pareillement. Voilà les pensées nouvelles que j'avais rapportées de mon voyage en Égypte. Je songeais avec une sorte d'angoisse à ce qui sépare les fils des hommes que seule la venue du Messie réunirait enfin : ils sont comme le sable du désert. Les grains demeurent l'un près de l'autre mais ne s'unissent pas.

Après la longue descente sur un sentier fleuri, nous abordâmes aux plages de Kinnereth. « Tu as imposé aux flots une limite à ne pas franchir, ils ne viendront plus couvrir la terre », dit le Psaume. En effet, les eaux du lac, nourries par le fleuve, sont parfois coléreuses mais néanmoins domptées. Couchées dans le creux des collines, elles abreuvent les troupeaux, irriguent les champs, rafraîchissent les alentours, donnent à l'air la légèreté des anges. Myriam et moi avions ôté nos sandales pour fouler l'herbe humide. L'âne qui portait nos bagages trottait devant nous, et il me semblait qu'il partageait notre allégresse. Nous fîmes halte. Sur la berge, dans l'eau jusqu'à mi-corps, un homme progressait lentement vers le large, soulevant un filet au-dessus de la tête. Il nous tournait le dos.

— Je le reconnais, c'est Zébédée, souffla Myriam.

C'était Zébédée en personne, celui qui chantait si bien à la table de mes fiançailles et m'invitait à venir pêcher avec lui « comme avant ». Cachées derrière une touffe de joncs, nous le guettions sans broncher, car les poissons ont vite fait de déguerpir s'ils perçoivent un bruit. Zébédée fit tournoyer son filet, un filet en forme de cône que l'on nomme « épervier » et le lança devant lui. Les poissons prisonniers dans la nasse seraient bientôt cueillis un à un. Jésus, toi, que tout intriguait, le geste du pêcheur, notre mutisme, tu lâchas ma main pour bondir vers le rivage. Je courus et te rattrapai en criant si fort que Zébédée se retourna, me reconnut et nous fit signe de l'attendre. Un autre pêcheur ramait péniblement vers lui dans une barque chargée à ras bord. Les deux hommes mélangèrent leurs prises, les versèrent dans de grandes corbeilles et, trempés, heureux, nous rejoignirent sur la berge où tu trépignais.

À me voir revenue après tant d'événements, tenant un fils par la main, Zébédée ne manifesta aucune surprise. Il te hissa sur ses épaules, te fit faire une cabriole et te reposa à terre.

— Tu vois les beaux poissons ? J'en ferai griller ce soir avec des herbes si vous restez chez nous.

Puis il te montra la barque :

— C'est avec elle que l'on fait les meilleures pêches. On jette les filets un peu loin là-bas, aux endroits poissonneux que l'on connaît lorsqu'on est du métier. Le filet, c'est une grande poche. Mais il faut que la poche reste ouverte quand on la tire pour que le poisson s'y loge. Alors, au-dessus, on a cousu des lièges qui flottent et, au-dessous, des cailloux qui pèsent. Tu me suis ? Quand le filet est rempli, on l'amène sur la plage, on trie ce qui est bon, et ce qui est mauvais, on le jette.

Attentif, tu écoutais. Zébédée te demanda :

— Quand tu seras grand, veux-tu être pêcheur comme moi ?

Tout m'émut à Kephar-Nahum : les pavés polis par les pieds nus des pêcheurs, la vieille synagogue, les murs en pisé rapiécé, la plage où l'on hisse les barques. Pourquoi ne pas faire étape ici ? Ainsi fut-il décidé. Zébédée et Iona se disputèrent l'honneur de nous héberger. Un jugement digne de Salomon déclara que je dormirais chez Iona, en face de la synagogue car son fils Simon était du même âge que toi tandis que Myriam habiterait chez Zébédée, Salomé, son épouse, préparerait le repas.

Quiétude du village, accueil de la maison. La table était dressée sous la treille. L'odeur du poisson grillé faisait affluer en moi une marée de souvenirs. Zébédée fouilla dans un couffin et en sortit une coquille irisée qu'il te tendit.

— C'est pour toi. Si tu la mets à ton oreille, tu entends le bruit de l'eau. Si tu la regardes en transparence, tu y vois la couleur du ciel.

Zébédée en faisait collection, les assemblait avec des pierres du Sinaï et en composait des objets d'ornement qu'il vendait aux rares visiteurs ou qu'il donnait par amitié. Parfois, il constatait que ses inventions simulaient des formes humaines ou animales : David et sa couronne, Abraham ou Jacob avec leurs troupeaux.

— Mais, disait-il, cela dépend dans quel sens on les place.

Il ne lui déplaisait pas, Galiléen frondeur, de laisser croire qu'il s'arrangeait avec les interdits. Je me disais que, pour le reste, l'hameçon et la nasse étaient ses seules armes — en quoi je me trompais — et la pêche son unique cruauté.

Le repas fut abondant et gai. Salomé s'était mise en frais et avait servi un gâteau fourré de miel. Les enfants avaient eu la permission de se mettre à table avec nous, et j'avoue que je t'admirais, droit et sérieux sur ton banc, entre tes voisins Jacob et Simon. Myriam regrettait de ne pas avoir amené ses petits.

Chez Iona la nuit fut paisible, si paisible que je ne cherchai pas le sommeil. J'étais toutefois intriguée par le désordre de la chambre. Sarah négligeait-elle sa maison ? Elle était enceinte et, depuis une semaine, se trouvait au chevet d'une nièce à Magdala. L'amoncellement des jarres, des baquets, des filets, des outils que Iona laissait traîner témoignait de cette absence et Simon, sous la garde de sa sœur aînée, en profitait pour ajouter son propre fouillis. J'aperçus un hameçon fiché entre les pavés et le retirai de peur que les enfants se blessent en gambadant. Vous dormiez, côte à côte, le ventre offert et je pris mon voile pour vous couvrir. Au travers du plafond fait de torchis et de branches, de larges fentes montraient le ciel luisant de la pleine lune. Mon hôte allait-il les colmater avant la prochaine pluie ? En attendant, j'y glissai une prière.

Le chant du coq et les pas de Iona, dès l'aube, nous réveillèrent. Après le repas des enfants, je rejoignis Myriam et nous fîmes route vers Bethsaïda. Tu traînais la jambe. Tu aurais préféré rester avec les pêcheurs.

On sait toujours où habite le collecteur d'impôts. Lévi qui exerçait ses fonctions à l'octroi de Kephar-Nahum avait choisi de résider à Bethsaïda. Adossée au rempart, sa maison était sur les trois autres côtés protégée de murs solides. Ruth, dès qu'elle me vit, tomba dans mes bras. Mais nous avions tant de choses à nous dire qu'une sorte de timidité nous encombrait. Par quoi commencer ?

— Je vois que ton petit se porte bien, me dit-elle. Et toi ?

— Je vais bien aussi.

— Ton mari ?

— Grâce à Dieu, il est prospère, quoique son métier lui déplaise. Soutirer l'argent des riches est une chose mais harceler le pauvre en est une autre. Est-ce que Josef est en bonne santé ?

— Il l'est. Que devient Rachel ?

— Elle est installée à Babylone. Elle a eu deux grossesses qui n'ont pas abouti. Elle a consulté une voyante et depuis s'est persuadée que le sort la poursuit. Je lui ai proposé de séjourner chez nous quelque temps, mais la distance est longue et elle a peur des brigands de Trachonitide.

— Je pensais que la garnison de Zamaris protégeait les voyageurs ?

— Les bandits pullulent comme les mouches. La dernière caravane de pèlerinage a rebroussé chemin, délestée de ses bagages. Tout est désordre et désarroi. La Pessah a été compromise et reportée. Les Samaritains ont profané les parvis en les souillant d'ossements humains. Tu l'as sans doute su à Péluse.

— Oui. Les juifs d'Égypte n'ont pas compris que les malfaiteurs aient pu s'introduire dans l'enceinte sacrée. Les lévites chargés de la garde font-ils la grève comme les boulangers et les parfumeurs ?

— Les immondices étaient lancées par-dessus les murs. On se demande si la tour Antonia n'a pas laissé faire. Chaque juif a ressenti le scandale comme une malédiction.

Ruth nous entraîna dans l'enclos planté de tamaris qui prolongeait la cour et mit ta main dans celle de son fils :

— Ils auront besoin l'un de l'autre.

Au pied des remparts et sur les quais des myriades de poissons salés dont la ville fait commerce s'étalaient au soleil.

— Au moins, vous êtes à l'abri de la disette. La pêche ne connaît ni la sécheresse ni les années shabbatiques.

— La prospérité nous vaut des razzias incessantes. À tel point qu'Hérode avait posté des miliciens le long du lac. C'était l'année de la famine quand il vendit sa vaisselle d'or pour nourrir le peuple. Quelquefois, oui, il avait un geste, un beau geste.

Je me fis raconter ses funérailles. Elles avaient été grandioses et ruineuses. Tous les ornements royaux figuraient dans le cortège. Le cercueil était d'or massif, orné de pierreries et recouvert d'une étoffe pourpre. Le roi reposait dessus, couronne en tête, sceptre en main. Ses fils et parents faisaient escorte, ceux du moins qu'il n'avait pas eu le temps d'assassiner. Puis venait en tenue de guerre, la garde personnelle composée de Gaulois, de Germains, de Thraces, sous la conduite de leurs généraux. Cinq cents domestiques portaient les aromates. Après sept jours de deuil rituel, Archeloüs, promis au trône de Judée mais dont l'autorité était loin d'être assurée, multiplia les mesures dispendieuses et les promesses pour se concilier le peuple.

— Tu sais ce qu'on a obtenu de lui ? Le renvoi du grand prêtre, celui qu'avait nommé son père. C'en est fini de la maison des Boéthos. Et pour régner en Galilée, on nous promet Hérode Antipas, son frère, avec le titre de tétrarque. Le Seigneur a établi cette famille sur nous à cause de nos péchés.

— Le nouveau grand prêtre, Hanna, sera-t-il l'homme pieux et ferme qui tient tête au mal ? demanda Myriam.

— Nos enfants allumeront sur Sion une lumière nouvelle, dit Ruth. Je prie pour que mon fils fasse ce que ni son père ni moi n'avons fait.

L'ardeur de Ruth ne s'était pas éteinte. Contre la faute, elle ne désarmait pas et je pensais que la fin des temps la verrait debout, avec ce « Reste » qui accueillera le Sauveur. Pour changer de ton, je racontai notre soirée à Kephar-Nahum, l'hospitalité de Zébédée, le bien-être que l'on ressentait chez ces hommes robustes, pacifiques.

— Ne te trompe pas, me dit Ruth. Je connais Zébédée et ses compagnons puisque nous sommes voisins. Robustes, ils le sont. Pacifiques, je n'en suis pas sûre. Comme bien d'autres, leur foi est sans borne, mais leur patience a des limites. L'autre jour, devant Lévi, Iona a sorti son épée. Lévi a demandé ce qu'il voulait en faire. Il a répondu : « Avec mes filets, je prends des petits poissons, mais avec cela, j'en prendrai de plus gros. »

À la maison, je faisais tout pour que tu ressentes l'emprise du foyer. Notre famille était unie, et somme toute à l'abri du besoin. Les critiques qui nous avaient accueillis à notre retour d'Égypte s'étaient dissipées. On nous citait même en exemple. Nous avions hébergé ma belle-mère qui ne se déplaçait plus qu'avec difficulté bien qu'elle gardât toute sa tête. C'est d'elle que ton père tenait sa sagesse. Je ne l'entendais jamais se plaindre de l'infirmité qui, de semaine en semaine, l'immobilisait davantage. Arche d'alliance vénérée de tous, aimée des petits, elle arbitrait leurs querelles avec la sagacité de Jacob et la malice de Rebecca. Un matin de Shevat, un peu avant que le jour ne dessinât le profil de l'Hermon, elle leva les yeux au ciel, se couvrit les pieds et nous quitta par le chemin qui est celui de toutes les créatures.

Ce deuil, naturellement, frappa ton père plus durement que moi. Bien que contenu en apparence, son chagrin était si profond qu'il me sembla hors du commun. Je me surpris à envier cette femme : une longue vie, des enfants qui pleurent son départ... Je songeai : « Que le Seigneur me rassasie de jours et permette que je m'endorme entre les bras de mon fils ! »

La semaine suivante, Josef se couvrit de son talith, pour célébrer le Shabbat. L'étoffe paraissait peser sur sa tête. Était-ce le fardeau des années, la charge de sa famille, l'accablement du temps présent ? Tout ensemble, sans doute. Il observait les enfants d'un œil nouveau, et toi en particulier comme s'il était soudainement pressé de vous voir à l'âge d'homme. Je devinais son inquiétude et la question qu'il se posait : « Parviendrai-je jusque-là ? » Il se ressaisissait et proclamait à voix ferme :

— Il faut vivre dans le roc de l'espérance et de la foi.

C'est là qu'il m'entraîna tant que nous fûmes ensemble. C'est là que je m'efforce de me maintenir.

Jamais cet abri ne nous fut plus nécessaire. Depuis que la succession d'Hérode était ouverte, des bandes armées écumaient villes et villages sous prétexte de s'en prendre à l'occupant. En conséquence, les patrouilles romaines étaient sur les dents et arrêtaient les plus innocents voyageurs. Chacun hésitait à quitter son foyer. Seul Samuel, l'ami de mon père, continuait à nous rendre régulièrement visite.

— À mon âge, expliquait-il, on ne change pas ses habitudes.

Les hommes de sa génération écourtent volontiers leur sommeil : très tôt, le matin, il verrouillait sa maison de Séphoris et se mettait en route avec un serviteur dévoué. Dès qu'ils l'apercevaient, soufflant dans la montée, son bâton à la main, Cléophas, Josef et Mardochaï partaient à sa rencontre. On allait me chercher à la vigne et j'accourais avec les enfants qui sautaient à son cou. Je préparais plus allègrement que d'habitude, le repas familial. J'aimais Samuel, il me rappelait mon père, et sa vigilance tutélaire de vieux pharisien m'était un réconfort.

Quand il fut attablé, sa barbe effleurant son bol, il déballa ce jour-là un paquet de nouvelles :

— La garnison de Séphoris est consignée. On a doublé la garde de l'arsenal. Varus, le gouverneur de Syrie, a envoyé trois légions à Jérusalem pour prêter main forte aux mercenaires et le commandement a été confié à un certain Sabinus, militaire borné qui n'inspire que la crainte. Le peuple est la proie de tous les charlatans. Rappelez-vous les Simon, les Arthrongès, ces faux Messie qui ont ceint le diadème et ont fait croire qu'ils allaient libérer le pays : un trône vide appelle les calamités.

Si cette visite de Samuel hante ma mémoire, celle-là et non les autres, c'est que, dès le lendemain, elle nous amena le tourbillon de feu qu'il prévoyait. À Nazareth, l'alerte fut donnée à la troisième veille. Il n'y avait pas de lune. Quand le guetteur aperçut les lueurs de l'incendie qui ravageait Séphoris, tous les habitants montèrent sur les terrasses et je ne pus empêcher les enfants d'en faire autant. Terrorisés, ils criaient :

— Samuel, maman, est-ce qu'il va brûler aussi ?

Ils marmonnaient des bénédictions, suppliant le Seigneur d'épargner leur ami.

Séphoris brûla toute la nuit. Chez nous, les hommes priaient à voix haute. Il ne faisait pas froid, pourtant, je grelottais. L'odeur de roussi séchait le nez, du brasier le vent rapportait des cendres et des débris carbonisés. Quand le jour eut éclairci le ciel, Cléophas courut s'enquérir du sort de Samuel qu'il ramena grâce à Dieu sain et sauf. Le vieil homme avait échappé à l'incendie par miracle. Je préparai sa couche : il demeurerait avec nous.

Aussitôt après ces terribles événements, Zébédée nous apprit que les notables de Jérusalem avaient dépêché à Rome une ambassade afin de demander la destitution du fils d'Hérode, responsable de tant de malheurs. L'empereur décida que la Judée retournerait sous la férule d'un procurateur lui-même assujetti au gouverneur de Syrie. À peine désigné, ce procurateur, Copponius, ordonna un nouveau recensement. Je me trouvais chez Issachar lorsque Josef vint nous l'apprendre.

— Un recensement ? Pourquoi ?

— Pour lever un impôt capitatif au profit de Rome.

Issachar blêmit et cacha son visage dans ses mains. Il demeura prostré un instant et nous découvrit ensuite les traits d'un vieux père bouleversé. Nous savions certes que ses fils avaient rallié les chefs rebelles, Juda de Gamala et Sadoc le pharisien, mais nous ne comprenions pas pourquoi il se montrait soudain si angoissé. Il nous révéla que de jeunes fanatiques profitant de l'incendie de Séphoris avaient pillé l'arsenal, qu'ils s'étaient organisés en colonnes mobiles et n'attendaient qu'un prétexte pour provoquer le soulèvement.

— Cet impôt est le brandon qui enflammera la Galilée, dit Issachar.

Il ajouta :

— Comment supporter la honte de payer un tribut à l'empereur ? Mes fils ont raison. Nous n'avons qu'un Maître, l'Unique, le Dieu d'Israël.

Rien n'est juste quand sévissent la fureur et le chaos. Dans notre camp ce ne fut pas une seule force qui affronta les garnisons romaines, mais cent factions qui ensanglantèrent le pays. La confusion fut extrême, la bataille sans pitié. Dénoncés comme de mauvais juifs, les parents de Ruth disparurent.

Restait à subir la vengeance de Rome. Elle fut atroce. On s'en prit aux innocents tout autant qu'aux meneurs. Les gibets dressés aux carrefours témoignaient de la cruauté romaine. On entendait le hurlement des suppliciés jusqu'à l'intérieur des synagogues. Je priai tant pour les fils d'Issachar qu'ils purent s'enfuir et se cacher. Un condamné traversa notre rue, la poutre sur l'épaule, ruisselant, fouetté par ses bourreaux. Je couvris tes yeux, Jésus, pour qu'ils ne rencontrent pas les siens.

La terreur était si grande et à ce point voulue par les Romains que le blé mûrissait sans que l'on ose le moissonner. Pas un soir où quelque fuyard ou quelque rescapé ne vînt implorer refuge, raconter son enfer et nous jeter dans les transes. Josef s'était fait une règle d'accueillir tous ceux qui demandaient secours. Prostrés dans la peur et le deuil, nous récitions les bénédictions à voix basse pour ne pas provoquer la soldatesque qui bivouaquait. Je regardais les œuvres de l'Éternel qui s'épanouissaient dans la campagne, au grand jour. Bêtes et plantes respiraient tandis que nous étouffions entre nos murs. Descendre à la fontaine était un risque. Un jour pourtant, je t'y emmenai, Jésus : tu en avais tant envie que je cédai. Nous étions cinq femmes ensemble surprises par le silence de la rivière dont les abords étaient jadis bruyants et joyeux. Myriam prit sa jarre, la remplit et l'éleva vers le ciel :

— Tant qu'il y aura de l'eau, dit-elle...

Ces mots et le sourire qui les accompagnaient, je ne les oublierai jamais. L'eau est le don de Dieu que sa bonté renouvelle. Myriam, ayant ainsi parlé, glissa vers toi un regard de tendresse qui était le reflet du mien.

X

À Nazareth, l'ordre revenu peu à peu demeurait précaire. Il me semble que les années suivantes s'alignèrent, toutes semblables et contemporaines, répétant leur cycle de tourments. Les familles ne changeaient guère, les naissances remplaçant les morts de telle sorte que le compte demeurait à peu près le même. Les épreuves se succédaient en nombre égal, bien que leur nature variât : l'épidémie, la disette, la guerre intestine surtout, le sacrilège, la tyrannie sanglante des Grands. En moi renaissaient les angoisses de ma mère qui avaient été celles de ses propres parents, longue chaîne qui s'enroulait dans la durée du temps.

Jésus, te souviens-tu de ces jours où tu grandissais comme un arbre planté près du ruisseau ? En force et en sagesse, dirait le Livre. J'ajouterais, en malice. Bien campé sur tes jambes, volontiers bagarreur, tu organisais avec tes voisins et tes frères des jeux qui avaient rarement ma faveur. L'un d'eux se nommait : le combat des Fils des Lumières contre les Fils des Ténèbres. Deux équipes, composées la veille, s'affrontaient dès l'aube. À la première étaient promis le salut et la gloire, à l'autre la honte et le châtiment. Évidemment, personne ne voulait faire partie de celle-ci et il fallait la tirer au sort. Il me semble que tu étais toujours bien placé dans la première. Et je revois mon Jésus, revenant pour le repas, affamé comme Esaü, déchiré comme Tobie, mais clamant sa victoire. Tu te laissais laver des pieds à la tête.

Comment aviez-vous inventé ce jeu ? Par quels moyens

vous étaient parvenus, à vous les petits garnements de Nazareth, ces mots : « Fils des Ténèbres et Fils des Lumières » ? Ils appartiennent aux esséniens et n'avaient pas cours chez nous. Peut-être, une fois ou deux, avions-nous évoqué devant toi les moines de Qumran qui, en plein désert, vivent dans l'abstinence. Mais c'est tout. Je me suis toujours étonnée du parti que tirent les enfants des propos ou des images qu'ils recueillent sans avoir l'air de s'y arrêter. Il suffit d'un éclair pour qu'ils bâtissent un monde. Ou bien, n'avais-tu pas approché, à notre insu, l'ermite vêtu de blanc dans son rocher de Nazareth ? Il était membre de la secte. Lui avais-tu parlé, comme je l'ai fait moi-même, quand j'étais petite fille ? Je sais que pour les jeunes, et qui plus est, par les temps qui courent, l'abandon des biens, la pureté des rites, la fraternité, le combat contre le mal, la rudesse de la discipline exercent une séduction puissante. Je ne reproche pas, au contraire, je comprends.

En tout cas, tu étais parfaitement intégré dans la troupe des gamins du village. Moi qui craignais que tu aies souffert d'avoir été si tôt transplanté hors du pays, et que tu n'en portes une cicatrice tenace, je pouvais être rassurée. Quand tu n'étais pas à l'atelier pour aider ton père, ou à la synagogue, je t'apercevais parcourant la campagne en quête, me semblait-il, de rencontres ou d'aventures. Il me fallait te chercher à deux mille pas de la maison et tirer vigoureusement par l'oreille le Fils des Lumières. Tu me tendais un bouquet d'anémones cueillies pour moi. Les fruits que tu m'offrais étaient plus savoureux que les autres. Tu me nommais les plantes et jusqu'aux herbes les plus modestes : les merveilles du Créateur te confiaient leurs secrets parce que tu te penchais vers elles. Parfois, tu préférais rejoindre le berger sur la colline. Il plaçait entre tes bras un agneau que tu ne lâchais pas de la journée, déclarant qu'il était à toi. Hélas, nous n'avions pas assez d'économies pour te l'offrir. Alors, comme toutes les mères, je rêvais que, plus tard, tu serais à l'abri du besoin.

— Il a l'œil ouvert et l'oreille intelligente, disait Josef. Il fera un bon artisan.

Les ouvriers de la terre aimaient te convier chez eux, après le travail ; ils appréciaient ta compagnie comme tu goûtais la leur. Pour s'excuser de t'avoir retenu hors de la maison alors que la nuit tombait, ils vantaient tes mérites.

— On dirait David, disait l'un.

— Vous verrez que le Seigneur le tirera de derrière le troupeau, renchérissait l'autre.

J'écoutais, me berçant d'espérance et conservant ces présages en mon cœur.

À l'école de la synagogue, le hazan qui t'enseignait t'avait pris en affection. Il caressait tes boucles. « Celui qui ménage la verge hait son fils », disent les Proverbes. Je n'ai jamais entendu que tu aies mérité le fouet. Dès ton cinquième anniversaire ton père t'avait amené au maître.

— Prends soin de lui et fais-lui passer dans le sang les maximes du Livre.

Tu étais assis à terre au milieu des autres garçons et vous repreniez en chœur les versets que chantait le hazan pour donner vie à la Parole.

— Il aime ce qu'il récite, disait-il de toi.

La Torah t'était devenue familière. Je crois même que, parfois, tes questions ou tes remarques le surprenaient par leur pertinence. Ton père répétait le soir :

— Si tu possèdes le savoir, tu as tout, si tu n'as pas le savoir, tu ne possèdes rien.

Ainsi, d'un pas de petit paysan, marchais-tu allégrement vers ta majorité religieuse, suivi par les fils de Mardochaï et ceux de Cléophas qui habitaient sous notre toit : Jacques, ton cadet de deux ans, Shimon, José et Jude qui, à ce moment-là, devait atteindre sa sixième année. Ils étaient pour nous des fils, pour toi des frères. La grande question était de savoir si tu allais célébrer ta Bar Mitswa au sein de la famille à Nazareth, ou bien à Jérusalem, comme tu l'espérais, dans la splendeur du Temple. Ce n'était pas une question de commodité ou de dépense. Mais le départ en convoi, avec femmes et enfants, sur les routes de Judée, était un risque. Entre la prudence et le respect des traditions, Josef hésitait. Il fallait bien se décider.

Un soir, après avoir consulté Samuel et un docteur de la Loi également réfugié de Séphoris il t'appela :

— Nous t'emmènerons à Jérusalem. Que le Saint, béni soit-Il, nous protège encore une fois. Tu seras Bar Mitswa au Temple dans la semaine de la Pâque.

Le voyage décidé, il ne fut plus question que des préparatifs. J'étais accoutumée à ce souci que les événements rendaient, cependant, plus aigu. Josef se mit d'accord avec des cousins, gaillards solides et valeureux, pour qu'ils fassent équipe avec nous. Je serais la seule femme du convoi et toi, le seul enfant. Il était prescrit d'alléger le bagage afin d'être capable, selon le cas, de se cacher ou de fuir.

Une semaine bouleversée précéda notre départ et faillit le compromettre. Jacques et Shimon furent frappés de fièvre, Issachar, notre vieil ami, fut enlevé de ce monde et comme ses fils n'avaient pas été vus à ses funérailles la rumeur se répandit qu'une nouvelle sédition était imminente. Ce qui était faux. Quant aux enfants, leur mal ne dura pas. Tu passas deux nuits à les veiller et ils furent sur pied le troisième jour. À peine remis, voilà qu'ils nous reprochèrent de ne pas les emmener avec nous et assaillirent Josef de questions sur Jérusalem.

— Dans la ville, combien y a-t-il d'habitants ? demandait Jacques.

— Il y a toute la terre, coupait Shimon sans attendre la réponse.

— En dehors de nous autres juifs, qui sont les habitants de toute la terre ? renchérissait Jacques.

Josef ne plaisantait pas avec les interrogations des enfants. Il aimait instruire. Cléophas et Mardochaï lui abandonnaient volontiers ce rôle qui convenait à l'éducation qu'il avait reçue comme fils premier né.

— Il y a les Romains, les Grecs, les Gaulois, les Syriens, les Iduméens, les Élamites, les Égyptiens, les Moabites... On ne peut tous les nommer...

— Cela fait plus que les doigts des deux mains ?

— Beaucoup plus.

— Est-ce qu'ils prient avec nous ?

— Ils le peuvent, à condition de ne pas dépasser le parvis réservé aux Gentils.

— Et Jésus, quelle place aura-t-il ?

— Il entrera par le portique royal. Sa mère lâchera sa main devant la porte de Bronze, dite de Nicanor, car elle-même ne pourra la franchir. C'est donc moi qui le conduirai. Il sera Bar Onesch c'est-à-dire, qu'il accédera à la cour des Israélites et aura le droit de lire la Parasha et la Haphtara, à la synagogue. Il sera dorénavant et, comme chaque juif, prêtre d'Israël.

Jacques leva la main :

— Jésus devra payer l'impôt ?

— Il payera le didrachme obligatoire au profit du Temple.

En l'honneur du futur Bar Onesch, parents et amis se cotisèrent pour lui faire présent d'un talith qui n'avait jamais servi. C'était un cadeau superbe, les franges blanches étaient mélangées de fils bleus, comme l'avait voulu Moïse. La teinture provenait d'un coquillage que le commerce ne fournissait plus depuis que les routes étaient hasardeuses.

— Pourquoi cette couleur rare et chère ? demanda Esther.

— Parce qu'elle ressemble à celle de la mer, que la mer ressemble au siège de gloire divin dont il est dit : « Sous ses pieds, Dieu a mis une pierre de saphir. »

Les enfants ne se lassaient pas de t'envier.

— Votre tour viendra, leur disait ton père.

Au petit matin, il récita le psaume qui accompagne les pèlerins.

— Éternel, notre Dieu ! daigne nous assister dans ce voyage, diriger nos pas et nous conduire à bon port. Fais-nous arriver au terme de nos désirs et qu'ils aient pour résultat la vie, la joie et la prospérité. Écoute nos supplications car Tu es le Dieu qui entend la prière avec bienveillance.

Cléophas répondit :

— La calamité ne t'atteindra pas, aucun fléau n'approchera de ta tente, car il te recommandera à ses anges, afin que partout ils veillent sur toi.

Puis, se penchant vers toi : « C'est dans la Demeure que tu prendras conscience d'être marqué du signe d'Abraham. Fils d'Israël, tu ne l'oublieras jamais... »

Si l'Éden se trouve en Palestine, la porte en est à Beith Shean que l'on nomme en grec Scytopolis. Les sources y abondent, la fraîcheur y est constante, si bien que les récoltes y sont aisées et fréquentes. De hauts cyprès s'alignent en bordure des champs où prolifèrent toutes sortes de plantes utiles. Heureux sont les habitants d'une telle cité !

Alors que tout au long de la route, nous avions vu la trace des récents combats, bâtiments incendiés, animaux abattus, nous n'en apercevions, en approchant de Beith Shean, plus aucun vestige. Au contraire, dans la nuit claire, nous parvenaient des chants joyeux et la lueur des illuminations.

— Les païens sont en fête, expliqua notre guide.

Il est ainsi des lieux que le malheur épargne. En vérité, les occupants y tenaient des positions si fortes que les rebelles juifs ne cherchaient pas à s'y frotter.

— Beith Shean, déclara Josef, est une des plus importantes villes de la Décapole, cités privilégiées par Pompée lorsqu'il conquit le pays. Grecs et Romains se partagent les beaux quartiers ceints de murs, tandis que nos coreligionnaires se groupent dans un faubourg en contrebas demeuré sans défense. Puisque nous parlons de murs, ayons une pensée pieuse pour le roi Shaul dont le corps transpercé par les Philistins fut cloué sur ces remparts.

— Mais les habitants de Galaad l'enlevèrent, le brûlèrent et ensevelirent ses ossements sous le tamaris de Yavesh. Puis ils jeûnèrent sept jours.

— C'est bien, mon fils, je vois que tu connais notre histoire.

Nous fûmes hébergés par un ami de nos voisins de Nazareth, homme pieux et accueillant aux pèlerins. Les Shalom furent échangés avec sincérité et je dois avouer que la douceur de l'étape en desserrant nos cœurs nous ouvrit l'appétit. Notre hôte nous gratifia d'un copieux repas de chevreau rôti auquel tu fis honneur : tu bénéficias des meilleurs morceaux car ta promotion imminente te conférait une sorte de prestige.

Après une bonne nuit, Josef ragaillardi prétexta la nécessité du ravitaillement pour nous mener au marché juif. Il comptait aussi faire un tour dans la ville païenne car, malgré les pérégrinations de ton bas âge, tu ne connaissais que la Galilée et plus précisément Nazareth, le mont Thabor et le lac de Kinereth. On avait, à Beith Shean, dans la cité haute, la possibilité de voir comment les Grecs et les Romains construisaient leurs édifices, notamment leurs lieux de culte, et de comparer leur pratique à celle de nos bâtisseurs. Les voies rectilignes et dallées, les péristyles, les monuments rappelaient Péluse. Tout en suivant Josef, je m'étonnais qu'au cours d'un pèlerinage de Pessah, quand le recueillement s'imposait autour de la Torah, il te divertît par un spectacle aussi choquant qu'un panthéon d'idoles, de déesses nues ou d'athlètes statufiés. Comme s'il avait deviné ma pensée, il attira ton attention sur la qualité du matériau, cette pierre blonde et dure aux éclats lisses, extraites des carrières de Judée. Il fit remarquer la luxuriance des jardins et la variété des essences.

— Tout cela est nôtre, cela nous a été donné par Dieu et ne nous est que temporairement confisqué. Un jour, il nous le restituera, comme il l'a promis par la bouche des Prophètes.

Tu écoutais, tu regardais. En vrai fils de la campagne, tu appréciais tout : les tamaris, les lauriers, les acacias, les jujubiers, les micocouliers porteurs de baies, les cyprès en vigiles, les palmiers en ombrelles, richesses et beautés que l'Éternel a offertes à nos ancêtres par la grâce de l'élection. Le Livre le rapporte : « Je t'ai donné, dit Élohim, des champs que tu n'as pas cultivés, des vignes que tu n'as pas travaillées. » Moi, je ramassais mon voile pour y enfermer non pas l'odeur des roses et des lis mais les senteurs musquées des herbes grasses qui appartiennent aux riches comme aux pauvres. Parvenus au marché juif, nous remplîmes nos paniers de fruits et de grains dîmés. Un petit groupe de femmes, des Romaines assurément, me dévisagèrent. Elles avaient la tête serrée par des bandeaux ornés de pendeloques et riaient sans pudeur. Je les trouvai si différentes de moi par le costume, la démarche que j'en fus gênée, comme si la modestie de ma mise, par rapport à la leur, avait pour objet de me singulariser. Je fus contente de laisser derrière moi un Éden que les païens avaient travesti.

Villes et villages se préparaient pour la fête. À Ménola, on balayait les rues, on blanchissait les murs, le linge s'égouttait dans les cours, les ouvriers rangeaient leurs outils en prévision d'un long Shabbat, les fontaines étaient prises d'assaut par des filles enjouées qui disaient de nous :

— Ce sont les pèlerins en route pour Jérusalem. Ils viennent de Galilée, cela s'entend à leur accent.

Des femmes nous présentaient des mazzots à emporter, des herbes ou même des œufs pour le repas du Séder. L'une d'elles remplit mon outre d'un lait aigre et rafraîchissant.

— Pour les enfants, me dit-elle.

— Quelques pèlerins, prêts à partir, demandèrent à se joindre à nous, mais nous devions respecter la consigne du chef de caravane : rester en petit nombre, afin de nous disperser plus aisément si un danger survenait.

Un danger ? Comment y croire en cette veille de Pessah, parmi nos frères qui s'activaient gaiement et nous tendaient des présents de paix ? Le Saint, béni soit-Il, nous accordait un réveil de santé et de concorde après la tourmente.

Le ciel se couvrit comme nous quittions l'oasis de Jéricho. Un orage éclata. Nous nous trouvions sur la crête qui surplombe les gorges. Ce fut une belle débandade. Je te tenais par le bras de peur que tu ne veuilles t'approcher du bord pour voir au fond du ravin se gonfler le torrent. L'ondée ne découragea pas le soleil mais accentua le relief du sol. Lorsque la pluie eut cessé, survint le prodige ; je criai :

— Regarde en haut et non en bas.

Un arc-en-ciel impeccable, tel qu'il apparut à Noé, arracha à tout le groupe des cris d'émerveillement. Je montrai du doigt ce signe qui, après le déluge, relia le ciel à la terre, celui qui, du fond des âges réunit toute créature au créateur.

— Toute créature ? Même les oiseaux ?

— Bien sûr, rappelle-toi la colombe qui sortit de l'arche et y revint portant dans son bec un rameau d'olivier.

— Et les goyim aussi ?

— Les goyim, ce sera pour plus tard.

Au terme de cette randonnée de quatre jours, ton père, fatigué, dut s'arrêter à plusieurs reprises. La route qui monte vers Jérusalem annonce la partie la plus éprouvante mais aussi la plus exaltante du voyage. La proximité de la Ville sainte incite à méditer et l'effort à se surpasser. Bénis soient les monts de Juda, étape de pénitence et de purification ! Après quoi nous atteignîmes les terres dont les cultures sont réservées à l'usage du Temple.

— Courage, dit Josef, nous approchons. Vois-tu mon fils, quand tu mesures entre les plants un espace de trois sillons, il s'agit d'un champ appartenant à un disciple de Shammaï. Hillel, plus libéral, autorise un intervalle plus étroit, la largeur d'un joug. Ces arbres fruitiers, entourés d'un cordon rouge sont affectés à la dîme des prêtres.

Béthanie, dernière halte, tourne le dos à Jérusalem et subit les inconvénients de ce voisinage. La foule y est toujours dense au moment des fêtes : gens harassés, irritables, impatients d'arriver, nous étions de ceux-là. La nuit fut courte. Dès l'aube, la caravane était prête. Tu n'avais d'yeux que pour le spectacle qui serait la récompense de ta longue attente, aussi trébuchais-tu souvent sur le chemin pierreux. Malgré mon envie, je n'osais t'inviter à partager mes souvenirs. Tu avais droit à amasser ceux qui, plus tard, formeraient ton lot. Moi je songeais à l'auberge de Bethesda où mes parents avaient leurs habitudes, à la piscine toute proche où s'employait mon père, à la venelle où je jouais entre les marchands de friandises, au goût de sucre que je conservais dans la bouche tout au long des cérémonies. Je me tournai vers Josef. Il réservait pour plus tard ses leçons. Son silence était celui du serviteur qui approche du Maître. J'étais attentive à ne perdre ni mon époux ni mon fils.

XI

Nous allions comparaître devant le Roi de l'Univers. Je murmurai une prière timide : « Qu'Il ait la bonté de nous accueillir dans la Demeure de son Nom. » Notre visite renouvelait après douze années l'appel de grâces en faveur de mon nouveau-né, j'en espérais un soutien pour continuer cc que Josef et moi avions assumé : il s'agissait d'une vie, celle de mon fils ! On ne triche pas en face du Saint. Si chaque juif se regarde dans la Torah comme dans un miroir, il se révèle bien davantage devant Celui qui sonde les reins et les cœurs. Purifiée par les ablutions, étonnée de mon audace, je réclamai du Père une réponse à ma requête.

Je nous revois, ce printemps-là, petit rameau de David, fendant la foule, une foule agacée par les multiples contrôles militaires et le risque de nouvelles tragédies que le moindre incident pouvait provoquer. Josef qui s'efforçait de garder son calme voulait faire les honneurs du Sanctuaire. Mieux que personne, il en connaissait les secrets puisqu'il en avait autrefois réparé les charpentes.

— Le Temple, expliquait-il, s'élève vers le ciel en étages successifs. Il est l'image du monde suivant l'ordre divin. Au sommet, se trouve le Saint des Saints, Trône visible de l'Éternel. Au-dessous, tu aperçois le Saint où évoluent ses ministres, dignitaires du sacerdoce. Plus bas, voici le parvis des Israélites, le nôtre. Enfin, l'espace réservé aux païens auquel ont droit tous les hommes appelés au Salut.

Puis il dénombrait les piliers.

— Ils ont vingt coudées de haut et sont taillés chacun dans un seul bloc de marbre. Les galeries extérieures mesurent trente coudées de large et six stades de long. On compte huit portes, pas moins d'une douzaine de lévites sont nécessaires pour manœuvrer la plus belle, offerte par Nicanor, faite de bronze massif. De bronze est également la coupe des ablutions dite mer d'airain, soutenue par douze taureaux grandeur nature, faisant face par groupes de trois aux quatre points cardinaux. Le Saint est séparé de notre parvis par un rideau de pourpre violette sur lequel est brodée la carte du monde. Au-delà, cachés aux yeux du public, se dressent l'autel d'or où est brûlé l'encens, et à côté, le chandelier à sept branches ainsi que la table des pains de propositions que l'on renouvelle chaque Shabbat.

Intarissable, Josef insistait sur la signification des attributs du culte : les sept lampes du chandelier représentant les sept planètes, les douze pains figurant les douze signes du zodiaque, les treize sortes de parfums destinés à l'autel signifiant que de Dieu seul procède l'ensemble des choses... Josef citait alors le Midrash concernant la décision que prit David de construire une Maison pour l'Éternel : « Les rois des nations possèdent des palais où l'on trouve une table, des chandeliers, toutes sortes d'insignes de royauté, et Toi, notre Libérateur et Sauveur, tu n'aurais rien qui montre aux habitants de la terre que Tu es notre Roi ? » Puis, après avoir approuvé ces remarques, il se référait aux doutes de Salomon lorsqu'il eut placé l'Arche d'Alliance dans le Saint des Saints. « Dieu résiderait-il avec les hommes sur la terre alors que les cieux ne sauraient le contenir ? »

Les leçons de ton père continuèrent à m'instruire après qu'il eut quitté le peuple des vivants. Je n'ai cessé de me remémorer l'étendue de sa science et la force de ses jugements. Tu en faisais toi aussi ton profit. En parvenant sur l'esplanade je m'aperçus que ton visage s'était rembruni, car nous venions de passer sous l'aigle impérial que les Romains avaient replacé au faîte de la porte principale, à laquelle ils avaient donné le nom de Copponius. Des sentinelles en gardaient l'entrée, la forteresse Antonia la dominait comme elle domine encore les parvis. Ce n'était pas le seul motif de ta tristesse.

D'emblée, tu avais remarqué le nombre des changeurs et des marchands d'animaux, leur cupidité, leur insolence, bref le mercantilisme inséparable des fêtes. Pas plus que Josef, je n'osais souffler mot : nous n'avions le cœur ni à justifier ni à déplorer et j'espérais que, toujours discret sur ton sentiment profond, tu t'accommoderais de l'inévitable. Comme tout le monde.

Dans le vestibule encombré, nous prîmes le temps de déposer nos sandales, nos sacs et nos bâtons, conformément à la règle. Je serrai ta main en traversant le parvis des Gentils puis celui des Femmes et la tendis à ton père pour qu'il la saisisse. Je vous vis franchir tous deux, sans moi, le rempart des circoncis...

Voici que l'heure était venue, ton heure, mon petit, celle où pour la première fois de ta vie d'homme tu prendrais part au sacrifice. Les agneaux étaient parqués, chaque offrant gardant l'œil sur le sien. Nous avions partagé l'achat du nôtre entre nos compagnons, Mardochaï et Cléophas. Je me souvenais qu'à ton âge je m'attendrissais sur les victimes, et que mon fiancé invoquait l'Écriture :

— C'est le Seigneur lui-même qui a inspiré cette liturgie à Moïse.

Je ne m'étais jamais libérée de mon trouble et, encore à ce moment, je me félicitais que ce fût Mardochaï et non Josef qui planterait le couteau. Je songeais aussi que nous aurions dû te familiariser plus tôt avec ces aspects du culte si différents des pieuses lectures de la synagogue : le remous et le vacarme de la foule, l'odeur fade du sang refroidi, les déjections des bêtes, le vol des rapaces qu'attire cette viande réservée sur laquelle, dit-on, les mouches ne se posent pas... Tout est acceptable à l'enfant que l'on instruit lorsqu'il ouvre sur le monde ses yeux neufs, tandis que l'adolescent, rétif ou vulnérable, s'indigne et se blesse. Lentement, mais tardivement, ton père t'avait expliqué :

— Dieu qui refuse les victimes humaines accepte l'immolation des animaux, mais il n'agrée ces offrandes que si on les présente avec un cœur capable de sacrifier ce qu'on a de plus cher, à l'exemple d'Abraham. Sans les dispositions du cœur le sacrifice est un geste vain.

Debout, sur le pavé, au milieu des femmes, je me hissai sur la pointe des pieds pour t'apercevoir parmi les hommes. À mes côtés, se tenait une juive d'Alexandrie ; elle avait perdu la trace de son mari et se mouchait bruyamment. Derrière elle, deux Galiléennes discutaient du prix des agneaux qu'elles ne se consolaient pas d'avoir payés trop cher... Dans le tumulte et le vacarme, la procession des prêtres revêtus de leurs ornements déboucha sur la droite, sacrificateur en tête.

Jésus, mon fils, mon grand garçon, qu'as-tu ressenti à ce moment-là ? Les souvenirs que je ressasse, que je retourne, se transforment en questions qui cherchent à étouffer mes scrupules. Avons-nous été les guides que tu méritais ? T'avons-nous expliqué comme il le fallait la Loi du Seigneur ? Je sais que ma tête s'égare souvent en des voies qui ne mènent à rien et cachent beaucoup de pièges, mais comment ne pas tirer ma conscience au clair, l'explorer de fond en comble alors que la tienne a tant exigé d'elle-même ?

Je reviens à ce premier pèlerinage que nous avons fait ensemble. Je n'aime pas rappeler ce qui suivit et pourtant... Alors que nous avions bouclé notre bagage et pris le chemin du retour, je m'aperçus que tu n'étais pas dans la caravane. J'appelai Josef qui m'avoua ne pas t'avoir vu depuis le matin. Ni lui ni moi n'avions remarqué ton absence dans le brouhaha du départ ; d'ailleurs nous te pensions en tête du convoi avec les guides et les jeunes gens. Tout à coup j'étais vidée de mon sang. Ton père heureusement gardait ses esprits.

— Rassure-toi, nous allons le trouver.

En effet, nous avons fini par te trouver après une longue recherche et des larmes d'attente. Tu n'avais pas quitté Jérusalem et tu étais installé au milieu des Docteurs sous le portique de Salomon... Sans que Josef ait pu me retenir, je bondis et criai :

— Pourquoi nous avoir fait cela ?

On s'était retourné vers nous.

— Et vous, pourquoi me cherchiez-vous ? Vous ne saviez pas que je me dois au service de mon Père ?

Nous en restâmes tous les deux interdits. Face à ta conviction triomphante nous étions deux vieillards pris en faute, incapables de comprendre ton langage, ta conduite.

— Tu as raison, dis-je enfin.

Josef s'excusa de t'arracher au cercle des Docteurs, le vieux Shammaï acquiesça. Tu pris congé de chacun pour nous suivre à regret.

En cours de route, je repris mon calme. Tu nous expliquas que les Docteurs t'avaient interrogé, que tu leur avais donné réponse en posant une autre question et ainsi de suite. Shammaï t'avait approuvé.

— C'est la bonne méthode pour avancer dans l'intelligence de la Loi.

Ce miracle de ton savoir, tu ne le tenais pas des leçons de la Yeshiva. Je l'attribuais aux dons de ton esprit qui te distinguaient des autres enfants. Chacune de tes répliques avait une vertu. Qu'avais-je en tête pour toi ? Je n'avais pas à choisir ta vocation, elle s'était décidée sans moi. Parlant de ton discours j'avais dit à Josef :

— Puisse-t-il convaincre, toujours convaincre.

Il m'avait répondu :

— Tant d'hommes ont peur de la Vérité.

Puis il avait ajouté :

— Accueilli et traité en fils par l'Éternel, Jésus est en droit de l'appeler Père.

Josef n'est plus là pour me dévoiler le fond de sa pensée et je ne puis que la deviner. Mais, pour ma part, comment expliquer ma folle inquiétude, moi qui avais reçu tant de signes ? Pouvais-je redouter qu'après t'avoir sauvé du massacre d'Hérode l'Éternel se déjuge et t'abandonne ?

Maintenant que tout est accompli, il m'est facile de revoir mon passé et de hausser les épaules. Mais l'épouse, la mère que j'ai été mérite plus d'égards. Aujourd'hui comme hier, la foi qui me parle et me guide n'a pas le privilège d'aplanir le temps et d'anéantir ses surprises. Parce que l'ombre où j'ai progressé n'a jamais été déserte je n'ai pas connu l'effroi.

Mais personne ne s'approprie la certitude, même s'il en a perçu l'éclat et en a gardé pieusement le reflet.

Les nuits du Séder, chez mes parents, quand nous avions bu et mangé dans la joie de l'Exode et que les plus âgés s'étaient assoupis, je m'endormais en union avec les miens, avec la terre et l'univers : « L'Éternel s'est levé au-dessus des peuples, sa gloire dépasse les cieux ». M'as-tu entendu chanter le Hallel à la Pâque de tes douze ans? Moi, j'ai encore à l'oreille le timbre de ta voix en pleine mue posant les questions rituelles :

— Pourquoi cette nuit est-elle différente des autres nuits ?

Et le ton plus grave de ton cousin Jean :

— Pourquoi cette nuit mangeons-nous du pain non levé ?

J'entends l'Ancien répondre :

— C'est la Pessah du Seigneur. Vous observerez la fête des pains sans levain car en ce jour l'Éternel nous a fait sortir d'Égypte de sa main forte et de son bras tendu.

Où sommes-nous ? À Jérusalem ? Au Sinaï ? Les générations venues depuis l'Exode ont enfanté une seule famille qui, chaque année, quitte en mémoire la terre du Pharaon. Tout est unité dans la nuit du Séder, hier fait aujourd'hui et aujourd'hui fait demain. L'Éternel interroge l'enfant et répond par la bouche du vieillard. Après que l'officiant a béni le vin de la quatrième coupe, il réitère la Promesse : « Je vous prendrai pour mon peuple, alléluia ! »

Je suis fière d'appartenir à cette nation de séparés choisis par Dieu pour garder sa Parole. Quand le célébrant se couvre du talith pour signifier la présence de l'hôte suprême du repas, je sens mon sein se gonfler. Les Gentils qui nous dominent ont beau étaler leur puissance, ils n'ont pas à leur table le Roi de l'Univers. Leurs idoles sont sans vie, sans bouche, sans yeux, sans oreilles, elles sont d'or ou d'argent, fabriquées de main d'hommes, tandis que l'Éternel, notre Dieu, est esprit qui voit, entend, parle et siège parmi nous. Quand nous sommes heureux, ce n'est pas notre bonheur qui nous réjouit, mais le sien. Quand nous sommes désolés, c'est le savoir bafoué qui est notre souffrance. Oui, il est à notre table et nous lui disons : « Non, pas à nous mais à Ton Nom, daigne attribuer la gloire. »

En cette veille de la Pâque, mon petit David, tu étais toi aussi enveloppé de Dieu. Tu mangeais le pain partagé par le célébrant, portais la coupe à ta bouche, goûtais le cerfeuil et le persil trempés dans le vin aigre en disant :

— Béni soit celui qui a créé les fruits de la terre.

Tu étais plein de révérence et de ferveur, comme ton cousin Jean, ton aîné, qui avait pris place à côté de toi. Mais voici que le fils de l'aubergiste, un petit garçon de quatre ans, s'était emparé de la chaise inoccupée que l'on réserve au prophète Élie qui viendra proclamer l'avènement du Messie. Jean, le premier, s'en aperçut et s'écria :

— Voyez Élie, voyez le Prophète, comme il est jeune ! Va-t-il nous annoncer le Sauveur ?

Puis à l'enfant il dit :

— Va voir dehors s'il arrive.

La mère du petit, rougissante, emmena son fils qui gardait les yeux fixés sur la porte, persuadé qu'un invité allait apparaître : sinon, pourquoi l'aurait-on retiré de sa chaise ?

Se remémorer un événement, c'est le revivre. Quand nous fêtions le Séder à Nazareth, le décompte des convives était un casse-tête, d'autant que, le jour étant chômé, tout devait être prévu la veille : or, à la dernière minute, se présentait toujours un étranger de passage que l'hospitalité commandait d'accueillir. Par contre, à l'auberge de Jérusalem, nous n'avions que des soucis légers : courir au marché pour acheter des œufs supplémentaires ou des amandes grillées. Ah ! Qu'il était bon d'ôter ses sandales en famille, de s'alléger de son sac, et de s'écrier :

— Marthe, as-tu oublié l'Haroset, y a-t-il assez de bois pour le feu, dans quel plat mettra-t-on l'agneau, qui s'est chargé du vin ? Cléophas, comme d'habitude...

Cette fois-ci, nous étions venus nombreux de Galilée pour le pèlerinage, si nombreux que nous avions dû nous répartir jusqu'à Bethphagé qui avait été inclus dans le périmètre sacré de Jérusalem. Nos cousins d'Ein Kerim étaient montés de leur côté, moins Zacharie qui nous avait été enlevé un an plus tôt. Plus encore qu'autrefois, je me sentais près d'Élisabeth, sans savoir que bientôt je serais veuve comme elle. Nous parlions de son mari défunt. Il ne s'était jamais bien remis de son épreuve, mais puisqu'il menait une vie tranquille, et qu'il avait allégé son service à Jérusalem, on avait espéré qu'il prolongerait ses jours. En vain. Devenue maîtresse des biens familiaux, Élisabeth craignait d'achever sa vie avant que Jean fût en mesure de gagner la sienne. Elle envisageait de se retirer au Temple où certaines veuves de prêtres vivaient en communauté. Mais il y avait Jean :

— Ce fils est un présent de Dieu, une faveur dont, chaque jour, je remercie l'Éternel. Zacharie l'a élevé comme Josef élève Jésus. Quand je m'inquiétais de son avenir, il me fermait la bouche : « Notre fils gardera les Commandements et respectera les coutumes. Le Saint fera le reste. » La foi de Zacharie n'a fléchi qu'un seul jour et il a été puni.

Si je m'attarde sur ce Séder, c'est qu'il fut un sommet dans la montée de vos adolescences, la tienne, mon fils, et celle de Jean, ton cousin. Mes yeux se posaient sur vous, sur Josef, sur Élisabeth, vous unissant dans un regard d'amour et d'inquiétude, car je pressentais que le bonheur de semblables réunions nous serait retiré bientôt. À l'étape de Béthanie, tu t'étais lié d'amitié avec Lazare, une amitié soudaine et franche. Lazare était plus jeune que toi et te couvait des yeux. Bien qu'il n'y eût pas matière à être flatté par l'admiration d'un benjamin, tu en paraissais fier. Tu lui témoignais des attentions touchantes, t'interrompais quand il parlait. Envers Jean, tu n'avais pas les mêmes prévenances. S'il te fascinait, c'est d'une autre façon. À vrai dire, son esprit ombrageux compliquait vos rapports. Jean blâmait les résignés et les tièdes. Lorsqu'il parlait du prêtre qui, chaque jour, offrait un sacrifice en l'honneur de César, il s'écriait :

— Comment le couteau ne tremble-t-il pas entre ses doigts ?

Puis il soupirait :

— Le Temple est semblable à un homme déshonoré...

Ce Temple qui avait été l'univers de Zacharie, son père ! Fils de prêtre, tout naturellement, il s'insurgeait. Parfois tu approuvais, parfois tu te taisais. Devant toi, Jean était à la fois l'aîné et le second. Le fait qu'il fût orphelin et donc chef de famille t'en imposait. Cependant tu gardais ta réserve. Entre vous deux, je n'apercevais aucune de ces familiarités qui unissent les frères ou les cousins. Mais un bras puissant vous maintenait côte à côte.

XII

Je ne peux pas évoquer ces années de ton adolescence et de ta maturité sans que m'apparaisse l'image de ton père. Comme il t'aimait ! Je le revois, guettant ton retour de l'école quand lui-même arrivait de l'atelier. La salle s'éclairait, se réchauffait. J'ai toujours aimé que la maison soit pleine. La nôtre était un rendez-vous de tous les âges. Les jeunes, cependant, y dominaient. La table famililale, je l'ai dit, s'était peuplée. Des cousins avaient pris place, des neveux que l'on nous envoyait de la campagne, petite troupe dont tu étais un peu le maître. Malgré leurs railleries ou leurs chicanes, ils t'écoutaient. Ton père, sans broncher, s'en émerveillait. Je connaissais le coin de sa bouche et le plissement de ses yeux lorsqu'il s'attendrissait. De sa journée, il ramenait une anecdote, un incident dont il tirait une leçon, citant toujours à propos un verset de notre Bible car il aimait signifier qu'il n'y a rien de plus proche du Livre éternel que celui de notre vie, inscrit jour après jour sur le sable du temps.

Savait-il que ses jours étaient au complet ? Il s'efforçait d'agrandir la place que tu tenais à la maison. Tu étais le premier né comme lui-même l'avait été. Ce serait à toi de prendre la charge de la famille ; il avait fait de-même en son temps et t'y préparait. Pendant le repas, il imposait silence aux enfants pour te laisser la parole, c'est toi que je servais après lui et lorsqu'un problème se posait il demandait d'abord ton conseil. Il était sensible au cérémonial et ne voulait pas que, même dans l'intimité, tu aies à céder ton rang. À vrai dire toi-même tu changeais. Nous ne reconnaissions plus le Fils des Lumières aux vêtements déchirés parce qu'il avait terrassé les Fils des Ténèbres. Le petit querelleur du village était devenu le jeune homme qui disait à son frère :

— Ce que tu n'aimes pas qu'on te fasse, ne le fais pas aux autres.

La tendresse que ton père te donna, tu la lui rendis en respect. Tu avais compris que sa modestie était une bienséance devant les hommes et une pudeur devant Dieu. Il ne la surmontait que dans les graves moments, lorsqu'il fallait que le chef de famille se prononce, comme ce fut le cas sur la route d'Égypte où j'ai, tout à coup, senti sa maîtrise. Dans son atelier, il était patient et scrupuleux. Il aimait le métier que son père lui avait légué. Il expliquait que jadis, au temps de David et de Salomon, on ne trouvait pas de charpentiers en Israël. On avait recours aux Tyriens. C'est après l'Exil que les juifs apprirent non seulement à monter un toit, à fabriquer des coffres, des portes et des fenêtres, à dresser un escalier, mais à choisir l'arbre dans la forêt, à l'abattre et à le débiter. Lui-même avait perfectionné son art. Il fut un moment où la maison ne désemplissait pas de clients venus commander un pétrin, un timon de charrue, un boisseau, un cadre pour le lit. Ton père préférait utiliser le sycomore, bois dur qui résiste au ver, ou le cèdre de la montagne, ou le chêne du Bachan. Mais ces arbres venaient de loin, ils étaient chers et rares. On devait attendre pour se les procurer. Il se contentait donc, le plus souvent, de cyprès ou d'oliviers qui poussaient aux alentours. Servir un ami sans désobliger l'autre, voilà ce qu'il savait faire, tout naturellement. « N'avantage pas le faible et ne favorise pas le grand. » Ce précepte lui permettait de n'entrer en conflit avec personne, ni avec le scribe, ni avec le paysan, ni surtout avec leurs femmes.

Je parle, comme si je l'avais connu en entier. Cela m'est agréable à croire, mais je mesure ma prétention. Le recul manque pour juger un proche : mon fils, j'en sais quelque chose avec toi. Comment oserais-je me pencher sur le corps inerte de mon époux pour dessiner les contours de son âme ?

Je t'ai raconté que ma mère, parlant de son mari, avait dit :

— Il a cru et pourtant, je suis sûre qu'un jour, il n'a pas évité le doute.

Cette confidence avait choqué Josef. Je me garderai de la répéter en ce qui le concerne, mais je l'ai vu souffrir du trouble des esprits, de l'incertitude des conduites, du vacillement de la foi, de l'égarement des cœurs. Il n'a échappé ni à l'angoisse, ni à la pitié pour son peuple Cela, oui, je l'affirme.

C'était un juste. Telles furent les paroles de Samuel, le pharisien de Séphoris et celles des Nazaréens lorsqu'ils accoururent pour pleurer sur la dépouille de leur ami et frère. Juste, il l'était par nature, mes parents avaient bien agi en me confiant à lui. Je crois l'avoir aimé dès les premiers jours, dès nos premiers mots sur la terrasse, si dévotion et dévouement sont les signes de l'amour. Lui ai-je assez donné ? Ce que j'ai voué à mon premier né, ne fut-il soustrait à ce que je lui devais ? Ces interrogations, elles surgissent à présent que le temps se vide en moi. Mais à cette époque, dans notre maison de Nazareth, il n'y avait pas de relâche au cours des journées pleines. Josef, moi-même, les enfants, tous ceux que le toit abritait, nous nous levions dès l'aube et nous couchions avant les ténèbres pour économiser l'huile des lampes. Tout le jour, nous avions nos besognes. Après la prière et les ablutions, Josef, sur le pas de la porte jetait au ciel un regard : pour le prendre à témoin, pour le saluer, lui rendre grâce, l'implorer ou simplement voir s'effacer la lune. Il ne revenait que le soir et j'ai dit avec quelle joie.

— À la prochaine Néoménie, j'arrêterai le travail.

Personne n'était dupe. L'était-il lui-même ? C'était plutôt sa manière d'affirmer son indépendance d'artisan, d'avouer son vieillissement, de montrer sa confiance envers les jeunes, qui prendraient sa relève. Lorsqu'on me demanda :

— Quel fut son mal ?

Je ne sus que répondre. Il ne se plaignait de rien. Comme sa mère, ce fut par les yeux qu'il rendit l'esprit. Je les lui fermai moi-même. Je ne crois pas que ses membres aient souffert de l'ultime affrontement. Quand Mardochaï couvrit son corps du linceul et entoura ses bras et ses jambes de bandelettes, il le trouva souple comme un vivant.

Jésus, je te revois parmi nous en ce shabbat endeuillé, une barbe neuve au menton, ou plutôt l'ombre d'une barbe, presque un homme. La soudaineté de l'événement n'avait pas permis qu'on te prévînt : tu étais parti depuis une semaine et nous ne savions où te trouver. C'était la première de tes disparitions. Il y en eut beaucop depuis lors. Tout le monde était présent, sauf toi, autour de la couche du défunt. Tu ne fermas pas les yeux de celui qui t'avait tant regardé. Ce n'est pas toi qui procédas à sa dernière toilette, tu ne l'ensevelis pas de tes mains. Au retour des funérailles, je t'aperçus debout dans la salle vide et je lus le déchirement sur ton visage. Tu demeuras avec nous plusieurs jours. Dans la maison ébranlée par la chute de la poutre maîtresse, à la place disponible offerte au fils premier-né, tu t'assis en silence. Il me semble que tes pensées pesaient lourd. J'avais envie de te serrer entre mes bras. Autour de la table, les autres se taisaient. Qu'attendaient-ils ? Un mot rassurant, une promesse ? Non, ils continuaient par habitude à se tourner vers la place du chef de famille. Alors, n'écoutant que mon cœur, je m'élançai vers mon garçon et lui prenant les mains, les baisai.

Il me fallut réorganiser la maison autour de l'absent, en supportant mon état de veuve. J'en vécus les premiers jours dans la détresse, je me couchais en larmes et brisée. La fatigue aidant, mes tâches m'apparaissaient insurmontables : des enfants à guider, un lopin de terre à cultiver pour en tirer le grain, deux plants d'oliviers à gauler, une vigne, sans oublier le ménage et les repas. Je renonçais à filer et à coudre. Je me sentais débordée par tant de devoirs. Je t'appelais, Jésus, et tu n'étais pas là pour m'entendre. Il est coupable de s'attribuer un mérite. Pourtant, je pense que si un jour l'Éternel m'accorde sa bienveillance, ce sera parce qu'à force de prières, j'ai fini par accepter ton départ. Depuis toujours, depuis ton enfance, j'avais eu envie que tu m'accordes ce que j'espérais de toi. Ma piété a fini, non sans douleur, par te remettre cette dette. J'ai cessé de vouloir comme récompense l'équivalent de ce que j'avais donné. Je me suis dit que tu n'avais pas fait sans raison ce choix de quitter la maison en abandonnant ta charge et tes droits d'aîné. Tu y avais réfléchi et placé notre amour dans un amour plus grand. Le Saint, béni soit-Il, l'avait ainsi voulu. Quand ? Peu importe, je ne suis qu'une femme, je ne peux pas tout comprendre. J'étais veuve et mère d'un fils absent.

Par commodité, le frère de Josef, Mardochaï, s'installa à la maison avec son épouse Esther. Beaucoup plus jeune que Josef, alerte et ardent, il prit des dispositions pour les enfants, mit Jacques à l'atelier comme apprenti, plaça Jude chez le successeur d'Issachar qui avait rouvert son échoppe de potier, prêta Shimon au voisin pour travailler son champ, et envoya José à l'école de la synagogue. Ces décisions étaient bonnes et je les approuvais. J'avais plus de peine à me trouver d'accord avec Esther dans toutes les petites circonstances de la vie. Mais je lui abandonnais chaque jour davantage une autorité que je n'étais plus à même d'exercer et dont le goût se dissipait en moi.

Mon sort, aux yeux des autres, n'était pas lamentable. La maison de Cléophas contiguë à la nôtre nous permettait d'échanger les enfants aussi bien qu'un demi-seah de grain contre une mesure d'huile d'olive. Mardochaï gagnait bien sa vie, organisait comme il le fallait les semaines et les mois. Son épouse Esther était dévouée et pieuse. La nourriture ne manquait pas et je crois même que le grain en réserve était plus abondant que du vivant de Josef. Nous avions de quoi payer le tribut sans nous endetter.

C'est ton départ, Jésus, qui me faisait mal : il m'obligeait à regagner chaque jour la certitude épuisante que tu avais bien fait, que la chair, même celle d'une mère, est indiscrète quand elle aime, que la pensée de ton absence était une manière de ne pas te quitter. Dans la nuit de ma chambre, je sentais cette passion des choses du Ciel, cette allégresse pour entreprendre, cet entêtement pour persévérer que nous avions en partage. Tant de similitudes, et toutes les autres que je détaillais à plaisir, avaient pour but de me rapprocher de toi. Mon imagination te plaçait partout où il m'aurait plu de t'accompagner, quand bien même cela était impossible : dans la grande synagogue de Jérusalem, discourant devant les Docteurs ; au Temple, méditant et priant. De tout cela, je ne disais rien. Personne ne parlait de toi. Toute attaque, tout désaveu de ta conduite m'eût déchirée. Mais dans les regards, les soupirs, je devinais les jugements. J'étais seule à prendre ton parti, mais trop faible pour le faire ailleurs que dans le secret de mon silence. Le groupe familial qui m'avait jusqu'ici dispensé du soin de ma propre pensée me la rendait, alors que j'étais si seule, triste et harassée.

La visite d'Élisabeth fut aussi bienvenue que celle d'un envoyé du Seigneur. Hefer et Deborah avaient eu l'idée de lui faire signe et de l'emmener à Nazareth sachant qu'à son âge et dans son état de santé, elle n'aurait pu se déplacer sans aide et sans escorte. Je la priai de demeurer avec nous quelque temps, et lui témoignai toute l'affection qui se peut donner.

— Tu es ma grande sœur bénie de Dieu.

Elle souriait, se souvenant des mots par lesquels elle m'avait accueillie à Ein Kerim. J'ai déjà trop dit ce qui nous rapprochait pour y insister encore. Ce devait être aussi évident pour la famille que pour nous-mêmes car Mardochaï, Esther, Myriam et son mari s'efforçaient de nous laisser ensemble, et multipliaient les occasions de nous éviter les servitudes domestiques. Même les enfants s'en allaient discrètement jouer ailleurs. Il est vrai que les plus grands, les fils de Myriam, apprenaient un métier, puisqu'ils avaient franchi l'étape de leur majorité religieuse. Seule sa dernière fille se blottissait sur nos genoux.

— Elle est notre rosée du matin.

C'est ainsi que je la présentai à Élisabeth. L'enfant s'étonna de cette vieille parente qu'elle ne connaissait pas.

— Son mari, lui dis-je, était prêtre, il officiait au Temple. C'est lui qui faisait brûler l'encens sur l'autel des parfums. Il offrait aussi les pains, les gâteaux frits dans l'huile...

— Et il les mangeait ?

— Bien sûr. Ensuite il est devenu vieux et n'avait plus

besoin de se nourrir. Alors Dieu l'a enlevé avec les anges.

Elle examinait Élisabeth, sa robe de laine usagée, ses tresses grises, ébahie qu'elle fût mariée avec un homme qui vivait parmi les anges.

Émue, l'épouse de Zacharie songeait que le Seigneur aurait dû lui envoyer une fille, après Jean, pour l'assister dans son veuvage et ses vieux jours.

Dès que nous étions seules, nous parlions de nos fils.

— Je n'ai pas retenu Jean à Ein Kerim, aimer, c'est consentir à une distance...

Les yeux d'Élisabeth s'embuaient et je rapprochais mon siège du sien.

— Il vient de partir pour Qumran, chez les esséniens. Nous avons tenu un conseil de famille, on ne lui a rien caché de la confrérie, on lui a expliqué le dénuement, l'abstinence, le partage des biens, la fraternité, ce qui est le propre de la vie monastique ; à tout, il a répondu : « Je sais ». Élisabeth, un instant silencieuse, ajoutait :

— La vie en commun est peut-être ce qui le tentait. Fils unique, hélas, il a souffert de ne pas être entouré d'une grande famille. Les jeunes apprennent beaucoup les uns des autres, ils discutent, ils échangent leurs idées. En cela, Jean était moins bien partagé que Jésus. Vous êtes nombreux à Nazareth, à Ein Kerim nous étions isolés. Enfin il se peut que je raisonne mal. Je me console en me disant qu'il est jeune encore. Les moines qui se chargent des novices sont prudents, ils les initient lentement, et plus tard les laissent libres de prononcer des vœux ou de s'en aller.

Je répondais :

— De nos jours, il est bon d'appartenir à un groupe d'hommes qui vous tiennent la main. Mais Jean est indépendant. Vous l'avez gâté. S'accommodera-t-il de la discipline d'un monastère ? À moins qu'il ne rejoigne les petites confréries qui sont disséminées dans le pays et sont plus accueillantes ?

— La chose qui me trouble dans la décision de Jean, c'est la crainte que Zacharie en eût été contrarié. Il était si fier d'avoir un fils qui pût le continuer. Marie, je m'excuse de parler de moi. Te voilà veuve toi aussi. Josef était un homme que l'on n'a pas assez de jours pour regretter.

— Mes parents avaient bien choisi. Te souviens-tu de mes fiançailles ? Tu me souhaitais des myriades de fils... J'étais touchée de ta générosité car je savais que tu étais stérile. Le Seigneur a fait pour nous de grandes choses, Saint est son Nom.

Élisabeth reprenait les louanges qui nous étaient habituelles et que nos bouches prononçaient toutes seules :

— L'Éternel réveille ceux qui dorment et ranime ceux qui sont assoupis. Il rend la parole aux muets, soutient ceux qui chancellent. Que nos cœurs exaltent son Nom sacré.

Réciter les bénédictions d'une même voix en compagnie de ma cousine était mon remède. Que ne puis-je y recourir à présent ! C'est après une semblable prière qu'elle me posa la question qui lui brûlait les lèvres et qu'une sorte de pudeur l'empêchait de formuler :

— Ton fils ?

Avant de lui répondre, je laissai passer un temps qui me parut d'éternité. Sans doute m'attardais-je sur Jean pour éviter de prononcer le nom de Jésus. Mon fils, oui... Élisabeth parcourut la pièce du regard comme si elle allait le découvrir dans un coin, puis elle lança un coup d'œil vers la porte. Moi je copiais ses mouvements, tournais la tête, avalais ma salive. Elle voyait bien, Jésus, que tu n'étais pas là et sans doute avait-elle su que tu m'avais quittée, toi aussi. Je fis un geste significatif, mais aucun mot ne sortit de moi.

Élisabeth, ma sœur, n'aurais-je pas dû te sauter au cou ? Toutes deux délaissées par nos fils, proches par le sang, nous restions immobiles. Mais notre instinct maternel nous avait révélé ce que nous ne disions pas.

— Qu'ils respirent tous deux l'haleine du Seigneur.

XIII

Jésus, des années passèrent en ton absence et cette absence était une solitude qui ne me rendait pas à moi-même. Au contraire, elle m'éloignait de tout, des travaux domestiques qu'à cause d'elle je négligeais, de l'entourage familial dont je m'écartais. Mon grand fils avait quitté la maison : à chaque heure disponible je partais le rencontrer, ma pensée s'enfuyait vers lui, l'attente devenait mon emploi.

Combien de saisons dura-t-elle ? Je ne saurais en faire le compte. Le temps n'est jamais sincère : lent quand il s'écoule, bref quand on le ramasse derrière soi, on ne sait jamais quelle mesure lui donner. À cette époque il me parut interminable et aujourd'hui, quand je le regarde, il a l'épaisseur d'un souffle.

Parfois, il s'arrêtait. Mon cœur aussi. J'entendais grincer la porte : tu arrivais de Jérusalem. La poussière, l'état de ta tunique, le cerne de tes yeux me renseignaient avant que tu aies parlé. Tu étais vaillant, ou triste, ou las. Là-bas, non seulement tu écoutais les leçons d'un Maître qui exposait rigoureusement la Loi, mais tu te pénétrais de l'ardeur des Prophètes, des chants de David, de la suavité et de la fureur des Psaumes qui confessent l'espérance et l'effroi, l'abattement et la consolation de l'homme saisi par l'omnipotence de Dieu. Dans l'assiduité bourdonnante de l'école, tu consultais le Livre. Dans le silence du regard intérieur, tu t'examinais toi-même. Le soir tu prenais le chemin de Béthanie où tu avais décidé de résider. Je reconnaissais dans ce choix mon petit Galiléen épris de plein air, gourmand des fruits du sol, mon jeune pâtre poursuivant ses brebis, qui étouffait dans l'aride Jérusalem, peuplée de murs. Comme je te comprenais ! À Béthanie, ton ami Lazare t'accueillait dans son jardin, ses sœurs avaient préparé le repas, alors dans la nuit tombante, tu parlais à voix basse. J'enviais les intimes qui avaient le privilège de t'entendre avant la famille et les foules. Tu commentais la leçon du jour et dévoilais ta pensée ; j'imagine que tu n'étais jamais à court de méditations. Ils m'ont dérobé ces instants, les innocents amis qui t'entouraient. Je ne leur en veux pas, je les remercie au contraire d'avoir su t'écouter et te donner en échange la douceur d'une hospitalité qui se révéla par la suite sans défaillance.

De quoi me plaindrais-je ? Quand tu revenais à la maison, tu reprenais aussitôt ton métier de charpentier et Mardochaï s'étonnait de voir que tu n'avais rien oublié de ses pratiques. Ta tête en remontrait à tes mains et l'on accourait des environs pour te prier de vérifier un bâti ou de cheviller un montant. Le Livre de la Sagesse enseigne qu'un faîtage bien assemblé résiste aux tremblements de terre. En ces jours-là, Jacques, un peu jaloux de ton succès, te laissait la place à l'atelier et s'en allait couper l'olivier ou le pin qui manquait dans le hangar. Il revenait tard derrière la mule qui ployait sous sa charge, une mule qui se louait à Nazareth pour les gros transports et que son propriétaire, un ami, nous laissait à bon compte.

Je crois que tu étais content de ces séjours parmi nous. Ton esprit et ton expérience agissaient ensemble comme la terre et la semence. Un jour, le grain germerait, ce serait un bel arbre que Jacques n'abattrait pas. Ici, tu ne cherchais pas à évoquer tes études ni à traduire tes réflexions, comme si tu avais compris que le moment n'était pas venu de te découvrir. Je te savais gré de ta réserve. J'ai toujours redouté les sujets qui divisent les familles, je tiens cela de mon père, bien plus conciliant que ma mère qui, elle, ne transigeait pas et parfois même provoquait la dispute. Mardochaï, de son côté, ménageait ton temps. Il évitait de te confier des travaux trop longs à exécuter de peur que tu n'aies à disparaître avant de les achever. C'était sa manière à lui de respecter la liberté et la science d'un futur Docteur « qui serait l'honneur de la famille ». Notre voisin, Salomon, ancien résident de Séphoris où il s'était enrichi dans le commerce des grains, se faisait bâtir, non loin de chez nous, une maison opulente comportant une salle commune destinée à servir d'auberge, car il n'y en avait pas à Nazareth. Salomon était un de ces hommes qui aiment poursuivre et exhiber leur réussite. Il avait confié à l'atelier l'agencement des combles, du balcon, et surtout d'un escalier en bois de châtaignier permettant d'accéder à l'étage. C'était un événement dans la ville, une œuvre de longue haleine à laquelle il eût été normal que tu fusses associé. Josef me disait :

— Dans ce métier, il faut avoir un compagnon qui vous aide de sa tête et pas seulement de son bras.

Mardochaï, malgré l'envie qu'il avait de te prendre comme partenaire, garda la commande pour lui seul : tu pouvais ainsi monter à tout instant à Jérusalem, sans te sentir retenu.

En apparence, au moins, la paix régnait donc parmi nous et le silence la confortait. Un soir tu le rompis, au cours d'une veillée de Shabbat où Mardochaï parlant de la composition du sanhédrin vantait l'âge et l'expérience de ses membres, surtout depuis qu'on y comptait tant de pharisiens. Tu protestas en citant Job :

— La sagesse n'est plus chez les vieillards.

Heureusement on ne t'entendit pas car tu avais parlé dans l'ombre et comme pour toi-même. Je mis un doigt sur ma bouche, me permettant ce geste pour te signifier de tenir ta langue. Tu me fis un signe d'accord et te tus.

Au fur et à mesure de tes passages à la maison je te voyais mûrir : une lueur dans ton œil, même aux jours gris de l'hiver, une barbe plus épaisse, un pli à ta bouche soulignant ton sourire et le rendant nouveau, plus de nonchalance dans les épaules... peut-être même avais-tu ajouté un pouce à ta taille. Ta conversation gagnait en fermeté : c'est vrai, la sagesse n'est pas forcément chez les vieillards. Combien de fois me suis-je souvenue de ta fugue à Jérusalem et de tes paroles quand nous t'avons retrouvé au milieu des Docteurs.

— Je me dois au service de mon Père.

Tu éprouvais déjà, avec une conviction que je voyais grandir, la paternité protectrice du Saint. Cet état d'intimité avec Lui n'était pas une doctrine que tu exposais, mais une assurance dont tu donnais le sentiment. Le charme de ta personne, qui te gagna par la suite tant de fidèles, s'en trouvait renforcé et comme illuminé. La résistance que ce charme provoquait à l'époque dans la famille apportait la preuve supplémentaire de son attraction. Quant à moi, une lumière pénétrait mon ignorance, celle qui avait éclairé la petite fiancée de Josef. Vierge, puis mère et veuve, toujours affairée au ménage et à la cuisine, je n'avais pas assez nourri ma lampe. Mais te voir, t'entendre, me donnait maintenant la certitude que l'Éternel qui trône sur les hauteurs inaccessibles peut aussi bien se cacher en nous et qu'Il aime y être accueilli. Grâce à toi, mon fils, une merveilleuse confusion s'établissait entre l'au-delà du monde et l'au-dedans de moi.

Alors, j'entrevoyais ce dont ton cœur avait besoin et que les scribes de Jérusalem ne pouvaient t'offrir. Leurs prescriptions tatillonnes sur l'observance de la Loi ne te faisaient pas l'effet d'une savante rigueur, mais d'un détournement de la règle d'or qui est d'aimer Dieu dans son for intérieur. Les disputes des Docteurs sur ce qui est permis ou interdit — peut-on manger un œuf pondu le jour du Shabbat ? — leurs mésententes passionnées sur les sujets les plus vains — ce qu'il advient à l'eau pure restant dans une bassine lorsque des gouttes qui en débordent la relient à un vase souillé — ne te contentaient plus. Ta joie d'obéir au Père coulait d'une autre source qui ne tarissait pas.

Au cours de ces longs hivers, ton absence attristait mon amour et l'attisait aussi, comme le vent froid rougit la braise. Souvent, quand le temps le permettait, je gravissais la colline derrière la maison. La brise fouettait le plateau. Au couchant, se dessinait le profil du Carmel, au levant les lignes rondes du Thabor. L'herbe rase se ponctuait de pierres blanches, des oliviers noueux se tenaient frileusement compagnie. Nazareth ressemblait à l'image que j'en gardais lorsque je fuyais sur les routes d'Égypte : un cercle fendu par la carrière du maçon à l'entrée du village, avec, à peine moins haut que les jeunes cyprès, quelques constructions de pierres, habitations de goyim dont le nombre, heureusement, se comptait sur les doigts d'une main. Quelque chose d'enclos et de rassurant. Je me disais que c'est ainsi que tu voyais notre petite ville et que nous avions ensemble, toi dans la tête et moi devant les yeux, le même spectacle.

Tu me connais, je change peu. Je ne puis abandonner ce penchant qui me pousse à considérer ce qui m'arrive, fût-ce une épreuve, comme le fruit bienfaisant d'une volonté supérieure qu'il ne m'appartient pas de contester. Devant moi, les garçons des alentours s'essoufflaient sur les champs de leurs pères, se fiançaient, se mariaient ; ainsi feraient Jacques, Shimon, Jude, José, et beaucoup s'étonnaient de ne pas me voir apparemment souffrir du choix qui te portait vers une autre existence. Certes, j'aurais été heureuse qu'à dix-huit ans, suivant la coutume, tu prennes une épouse et avec elle fondes un foyer. Je me souviens d'avoir, durant cette période, assisté plusieurs jeunes mères dans leurs couches. On faisait appel à moi que l'on croyait plus experte que les matrones. Apportant dans la chambre la bassine d'eau et les langes, je songeais qu'il eût été infiniment doux de guetter le premier cri d'un enfant de toi. À vrai dire, doté d'une telle récompense, quel bonheur aurait été le mien ! Mais si tel n'était pas mon sort, c'est qu'un autre m'attendait : meilleur ou pire, il m'était réservé. Voilà ce que j'éprouvais d'une âme docile, moi que certains croient fière.

Tant que je te sus à Jérusalem, je m'accommodai à peu près de ton absence. Il ne m'était pas trop difficile de te situer dans la ville, au Temple ou chez Lazare, et toi-même tu m'envoyais des nouvelles sur l'aile de l'oiseau. D'ailleurs, tu revenais de temps à autre. C'est plus tard, quand tes visites s'espacèrent et que tu abandonnas l'école que je me tourmentai pour de bon. N'est-ce pas le propre de toutes les mères dans les temps incertains que nous vivons ? Le sceau d'Abraham, c'est nous qu'il fait saigner.

Plusieurs années s'étaient écoulées depuis la mort de ton père et ton premier départ. Des maîtres que tu avais écoutés, tu avais tout pris : leur savoir et leur système. Tu avais mesuré ce qu'ils t'apportaient et ce qui leur manquait. Quelque chose de plus t'attirait, qui n'habite pas à l'ombre du Temple. On me demandait où tu étais. Il y avait immanquablement à la fontaine, au marché, une voix naïve ou sans gêne pour m'interpeller. On voulait que je sois instruite du moindre de tes itinéraires, de chacune de tes étapes ou de tes rencontres.

— Elle prétend qu'elle ignore. Mais non, elle ne veut rien dire.

C'est ainsi le plus souvent qu'on appréciait mon mutisme. Ah, vertu ignorée du silence ! On me qualifiait sûrement d'hypocrite ou de sotte. J'avais épuisé toutes les expressions possibles, celles de la parole et celles du visage, pour répondre évasivement aux questions toujours semblables :

— Quelles nouvelles de Jésus, quand revient-il ? Qu'a-t-il dit en partant ?

Et pour finir :

— Il ne lui est pas arrivé malheur au moins ?

C'est le seul point sur lequel j'étais catégorique, ma réplique était immédiate comme un haussement d'épaules. De sorte qu'on ne me plaignait plus, on préférait me plaisanter.

— Somme toute, Marie est contente. Son fils est parti, elle est veuve. Personne ne la fait souffrir.

Si, je souffrais souvent. Mais la souffrance n'est pas le malheur, et j'étais convaincue que celui-ci me serait épargné.

La curiosité que tes allées et venues suscitaient à Nazareth, était cause, à la maison, d'agacements et de querelles. Si les commérages ne m'atteignaient pas, ils indisposaient la famille qui nous en voulait, à toi de la mettre dans l'embarras, et à moi de prendre ta défense. Le plus ombrageux était Shimon qui cultivait le champ dont nous avions hérité. J'ai peu parlé de ce garçon dont la brusquerie cachait la tendresse. Il libérait au contact de la terre la violence qu'il maîtrisait tant bien que mal sous le toit. Je le savais tenté par les zélotes et il me parlait souvent de les rejoindre, l'affranchissement d'Israël lui paraissant le plus conforme à sa propre nature et aux devoirs de la religion. J'allais parfois le surprendre dans l'herbage, lui apportant une galette pour son repas et m'asseyant près de lui au soleil. Il bougonnait quelques mots et je lisais sur son visage carré qu'il était content... Je rêvais qu'un jour nous serions assez riches pour lui acheter un joug et une paire de bœufs, alors qu'il lorgnait sur l'enclos voisin avec le regard cupide du paysan qui convoite d'agrandir son lot. J'en discutais avec lui, il se prenait au jeu. Nous arriverions peut-être à le garder près de nous, le mariage l'assagirait et il oublierait ses tentations combatives. Alors ce à quoi j'avais renoncé pour toi, Jésus, je le reportais sur tes frères, j'énumérais les partis avantageux qui conviendraient à celui-ci ou à celui-là, sachant que, le moment venu, c'est Mardochaï, chef de famille, qui déciderait.

La bonne humeur communicative de Jude lui gagnait des amis qu'il invitait à la maison. Ces joyeuses réunions me faisaient du bien. J'ai dit qu'il travaillait chez Issachar le potier. Chaque jour, il suivait donc le chemin dont petite fille j'avais compté les trous et les bosses. J'aimais l'accompagner sous un prétexte quelconque, en vérité pour retrouver dans ce parcours les étapes de ma jeunesse.

— Attention, me prévenait Josef en ce temps-là, l'égorgeur est venu pour la fête, tu risques de glisser sur le sang frais.

Le mendiant aveugle a quitté sa place, l'âne du porteur d'eau est mort, mais nous sommes en Adar et le niveau a monté dans le puits. Les corbeilles suspendues dans la boutique du marchand d'osier m'émerveillent d'être si bien tressées. J'en aurais volontiers encombré la maison : comme beaucoup de femmes, j'aime acheter, non pour accumuler, mais pour le plaisir de croire que les choses qui m'attirent sont également utiles. La dernière masure de la rue abrite notre cousin, un de plus, le forgeron. Métier dur que le sien. Il faut frapper fort et droit, se brûler les yeux et les mains, été comme hiver. Brave homme, le forgeron laisse entrer à la mauvaise saison les quelques sans-abri qui savent que chez lui on peut se sécher ou se chauffer, passer un petit moment. Il fabrique toutes sortes d'outils, faucilles, pelles, pointes, mais aussi des objets délicats, couteaux de ménage, plats, écuelles, et même anneaux de mariage ; c'est dire son habileté. Enfin, à courte distance, voici le potier. Jude me montre ses chefs-d'œuvre : une marmite à couvercle, une cruche à deux anses. Des potiers, il y en a depuis le commencement, on en connaîtra jusqu'au terme des lunaisons. Pour Jude encore imberbe, ce n'est pas chose à considérer.

Ce l'était, au contraire, pour toi, Jésus. Les fins dernières de l'homme hantaient ton esprit. Pardonne-moi cette expression prétentieuse que j'ai trouvée dans la bouche du maître d'école. Comme toi, je n'aime pas beaucoup les Docteurs dont l'affectation me fait sourire. Mais je veux dire que tu avais choisi le dur chemin de la connaissance où l'on ne progresse que lentement : chemin inégal plein d'embûches, de détours, peut-être de dangers. D'après ce que m'en avait dit un jour Josef, il ne pouvait mener, tôt ou tard, qu'au désert. Beaucoup de garçons de ton âge s'y retrouvaient, délaissant le monde qu'ils contestaient, pour se réunir au sein de confréries silencieuses dont Élisabeth m'avait entretenu à propos de son fils. Jean fréquentait les esséniens de Qumram. T'avait-il entraîné parmi eux ?

J'aurais aimé savoir. Et pourtant, je ne m'attendais pas à ce que tu m'en instruises, tu étais libre de tes secrets. C'était donc par dépit, lorsque les questions devenaient trop pressantes à ton sujet, que je faisais front. Je sortais mes griffes.

— Vous voudriez que je vous dise ce qu'il en est de Jésus aujourd'hui ? Maintenant ? Je ne suis pas chargée de vous renseigner sur le lieu où il habite, le grain qui le nourrit, l'état de sa tunique, s'il dort ou s'il veille. Des enfants qui quittent leur famille de nos jours, il y en a d'autres, non ?

Je me dressais pour défendre mon droit, le tien, pour décourager les racontars, pour que soit respecté le quant-à-soi de la famille.

Oui, mais ce que j'exprimais si bien aux autres, je ne réussissais pas à m'en convaincre. Quand je me couchais, je t'apercevais grelottant dans la nuit, quand je m'éveillais, tes membres endoloris me paralysaient, quand je mangeais, tes privations m'empêchaient d'avaler. Tu étais sur la route et j'étais à l'abri. Parfois, les rires des jeunes gens me faisaient pleurer. Ou bien l'insouciance de tes frères me portait sur les nerfs.

Il n'y avait pas que cela. Je m'interrogeais sur ta pensée. Les dispositions d'esprit que je te prêtais étaient-elles véritablement les tiennes ? Je regrettais le défaut d'instruction où nous sommes tenues, nous les femmes, puisque cette privation appauvrit nos échanges et limite nos élans. L'intuition ne comble qu'en partie nos lacunes. Des idées neuves t'inspiraient. Mon amour de mère leur faisait confiance. Mais je n'étais pas aussi sûre que les leçons de nos Pères y trouveraient leur compte. Ma vieille âme juive s'inquiétait. Une part de moi-même soupçonnait l'autre. Je ne parvenais pas à me départager. Comme tu me manquais...

À peine construite, l'auberge de notre voisin ne désemplissait pas. Les anciens du village, menés par le chef de la synagogue, criaient au scandale. Ces sortes d'établissement sont le rendez-vous d'étrangers de passage, de militaires en service commandé ou en permission, de colporteurs sans bagages, de désœuvrés sournois, tous gens qui favorisent la débauche, répandent l'impiété, annoncent les catastrophes, déforment les nouvelles et sont à juste titre indésirables. Certains soirs on entendait jusqu'au milieu de la ville leur remue-ménage et leurs braillements. Mardochaï se faisait un scrupule d'avoir été le charpentier du bâtiment.

— D'un autre côté, remarquait-il, j'ai été payé en bon argent. Qui, à Nazareth, m'aurait versé une somme si ronde sans rechigner ? Grâce à quoi nous avons réglé nos dettes, engagé à Jérusalem les études de José, agrandi le champ de Shimon et renouvelé nos outils.

Ce mauvais lieu, comme l'appelaient nos pieuses familles, n'était pas seulement le théâtre de séances bruyantes où l'ivresse dominait. Là se rassemblaient et s'échangeaient les informations les plus variées en provenance de tous les coins du pays. Rumeurs folles ou fondées, bavardages ou témoignages, il n'était pas facile de s'y repérer. Bien qu'aucun juif digne de ce nom ne se fût risqué à fréquenter une auberge de cet acabit, chacun en savait plus long que l'autre sur ce qui s'y disait. Les enfants en recueillaient les échos, s'en divertissaient, confrontaient leurs sources. Mardochaï les gourmandait.

— De mon temps, on n'avait que faire des nouvelles d'ailleurs. La vie de famille, celle du village, suffisaient sans aller chercher plus loin.

En conséquence, il redoublait d'exigences pour l'observation des jeûnes, les règles du Shabbat, et veillait à réciter tout haut le Shmone Ezre, comme s'il voulait rembourser Dieu de l'argent du mécréant et montrer à tous que sa famille ne se laissait pas corrompre par ce qui sortait des gorges de ces impies, eussent-ils contribué à le nourrir.

Cependant, j'étais à l'écoute. J'appris ainsi que l'empereur Auguste était mort et que le trône avait échu à Tibère, son fils adoptif. Jacques, en riant, citait l'inscription nouvellement gravée sur un monument de Césarée, port de la grande mer d'où partaient les bateaux vers Rome : « La Providence a suscité et orné excellemment la vie humaine en nous donnant Auguste qu'elle a comblé de vertus et dont elle a fait le bienfaiteur des hommes, notre sauveur, pour nous et ceux qui viendront après nous, afin d'arrêter la guerre et de faire partout régner l'ordre. »

— Est-il écrit « notre sauveur ? » Le Romain bienfaiteur des hommes !...

Jacques expliquait que Rome avait institué le principat par

lassitude des guerres civiles. Shimon se taisait. Mais Mardochaï annonçait les désordres qui ne manqueraient pas, tôt ou tard, de se produire. Dans la mémoire des Romains, la République ne se séparait pas des drames où elle avait sombré. L'Empire en susciterait bien d'autres.

— Nous avons connu le prix des persécutions, puis Hérode a rétabli une paix qu'il nous a fait payer plus cher encore. Qui l'a oublié ? Pas toi, Marie, qui as dû fuir en Égypte...

Fallait-il donc désespérer des hommes ? Quand verrions-nous s'instaurer un autre Royaume ?

Le soudain retour d'Éliahoud à Nazareth me causa une grande joie. Après des années d'absence, il retrouvait la maison de ses pères, proche de la nôtre. Avec sa femme, Schochana et ses trois fils, il avait décidé de revenir sur ses premiers pas pour cultiver l'enclos familial, réparer l'étable, y réunir un petit bétail, jouir du bonheur de donner des fruits à la terre.

— Ce cycle est juste et bon, disait-il.

Éliahoud, c'était pour moi le passé qui frappait à ma porte. Le Seigneur ouvrait une brèche dans mon réduit.

On avait oublié en ville le discrédit dont ses parents avaient souffert. Leur fin tragique, qui demeurait présente à tous les esprits, faisait dorénavant pitié et valait à leur fils un surcroît d'estime. Ainsi, la mémoire des morts se modifie dans les entrailles des vivants jusqu'à devenir méconnaissable. Il faut dire qu'Éliahoud, par sa dignité et sa conduite exemplaire, donnait des gages aux plus sévères. On savait qu'après avoir fréquenté les Docteurs et quitté la maison d'études, il avait lui aussi fait retraite au désert. Certains disaient même qu'on l'avait vu chez les esséniens mais nul n'osait l'interroger : les frères de cette secte imposent le silence, leur voix se consacre à l'Éternel ; s'il leur arrive de quitter la confrérie, ils sont avares de paroles et ne divulguent pas leurs secrets.

Cet hiver-là fut glacial. Il neigea. Les deux stades qui séparaient notre maison de celle d'Éliahoud étaient les seuls que je me permettais de franchir. Je poussais la porte comme autrefois, je m'asseyais au coin du feu en face de Schochana pour l'aider à moudre le grain, à trier les lentilles. Je choisissais l'heure qui précède la fin du jour dont je redoutais un sentiment accru de ma solitude. Chez Éliahoud je ne me distrayais pas de mes pensées, mais elles m'apparaissaient d'une autre couleur, tant était vif le reflet que portait sur elles la lumière du foyer qui avait connu nos jeux. Schochana n'était pas native de Nazareth, c'est en Judée qu'elle avait grandi. Je lui racontais les histoires de notre petite ville, les traditions de nos familles, et elle glanait ainsi des bribes de l'enfance de son mari. Elle s'amusait de m'entendre énumérer ses espiègleries, évoquer la peur qui me clouait quand il me parlait des démons. Schochana vivait le récit avec moi. Si familiers que fussent Mardochaï et Esther, aucun n'eût été capable de soutenir cette attention bienveillante où ma confidence pouvait s'épancher. Lorsque Éliahoud rentrait de son travail, il me jetait un regard complice : il aurait deviné le sujet de nos commérages, si le sourire de sa femme ne l'en avait instruit.

Il comprenait sans peine que mon souci était rivé à ce fils qui, le teint hâlé, les yeux rougis, revenait à la maison après des absences de plus en plus longues pour repartir un beau matin sans mot dire. Je sortais de ma chambre et trouvais les visages rembrunis.

— Que se passe-t-il ?

On me bougonnait une réponse qui me giflait en plein visage. À peine de retour, tu étais reparti. Où ? Personne ne savait.

— À l'atelier, Jésus a tout laissé en plan.

— Je m'y attendais, disait Jacques. Tu n'as pas remarqué son air absent ?

— Il a toujours l'air d'être ailleurs, ajoutait Shimon.

— Nous avons un prophète dans la famille, plaisantait Jude. Il habite le désert, il fréquente les ermites. À moins que ce ne soit un résistant, un zélote.

Tout ce qu'Éliahoud savait ou apprenait, il m'en faisait part.

— Jésus ne réside pas en permanence au désert. On l'a vu ailleurs un peu partout.

Sur la rive du Kinnereth ? À Kephar-Nahum chez Simon, fils de Iona ? Je me rassurais, te sachant bien nourri dans la famille. Certains prétendaient t'avoir rencontré sur les routes d'Égypte ; je me disais : « Il connaît. » Puis je retombais dans la pire inquiétude parce qu'on t'avait croisé dans les villes de Décapole, à Tyr, à Sidon, et même chez les Samaritains. Qui prenait soin de toi chez les mauvais Samaritains ?

— Ne crains rien, disait Eliahoud, il est protégé par le Très-Haut et il a partout des amis.

Jésus, j'aurais aimé partager tes épreuves, tandis que tes joies, il m'eût suffi de les connaître. J'essayais de suivre le fil de tes voyages, ce perpétuel exode qui te poussait loin de chez nous. Les malheurs de la nation, cherchais-tu à en faire le compte, recueillant ici et là les plaintes, les appels, les fureurs ? Ce peuple juif que le sénat de Rome écrase, qu'il maintient par la crainte, la force, la corruption, la division, cherchais-tu à le réveiller ? Tes marches et tes contre-marches, tes incursions dans les cités lointaines, tes retraites, avaient-elles pour motif une guerre secrète engagée contre le mal ?

Un jour, parlant à tes frères, je t'avais entendu dire :

— L'Éternel est notre seul Roi. Pour se consacrer à son service, Israël doit s'arracher à César qui nous domine suivant son bon plaisir.

Moi, je m'interrogeais : Comment est-il prescrit d'agir ? Par l'épée, l'astuce ou l'endurance ? De cette question déjà, ton père débattait devant toi. Mon père, pareillement, en discutait avec ses amis, à sa dernière heure, il s'interrogeait encore. Tout juif la tourne et la retourne dans sa bouche comme un noyau amer, elle nourrit ses cauchemars, il la retrouve sur sa couche au réveil, elle imprègne le sang qu'il transmet à son fils. Dans les montagnes et les maquis, la jeunesse y répondait fronde et couteau en main ; au fond des synagogues les clercs en disputaient derrière leur pupitre.

— Si notre frère veut nous débarrasser des goyim, criait Shimon, qu'il aille combattre avec les partisans.

— Jésus aime la paix, objectait Jude. Il m'a dit : « Si quelqu'un arrache ton manteau, offre-lui ta tunique, s'il te gifle la joue gauche, tends-lui la droite. »

— Ce n'est pas avec une main molle qu'on viendra à bout de l'occupant. L'Éternel n'a pas tergiversé quand il a voulu délivrer nos ancêtres : il a englouti l'armée de Pharaon. Où est-il écrit qu'il faille aimer son ennemi ?

— Dans le Lévitique. « N'aie aucune pensée de haine contre ton frère, ne te venge pas et ne sois pas rancunier envers les fils de ton peuple. Tu aimeras ton prochain comme toi-même. »

— Le Romain n'est pas mon frère.

— Celui qui fait le bien est plus fort que le méchant, puisqu'il est protégé par le bien. Quand la mansuétude triomphera chez nous, tous les hommes de la terre reconnaîtront qu'Elohim est l'Unique et se tourneront vers Lui. Il n'y aura plus qu'un seul peuple du Seigneur.

Jésus, que n'étais-tu là pour dire ce que toi tu pensais et ce qu'il fallait penser. Tes frères cherchaient à te comprendre et non à te blâmer. Si tu leur avais tendu la joue, ils ne t'auraient pas giflé.

Raisonner n'est pas le rôle des femmes, déclarait ma mère. Leur rôle est de servir. Elle disait aussi : il appartient aux femmes d'épouser l'ordre et non de le prescrire. Mais il s'agissait de mon fils...

Le printemps n'était pas loin. La nature allait fructifier, déjà les collines se paraient de troupeaux. Eliahoud récitait l'enseignement de Yoshua Ben Sirah, tel que son fils nous l'a transmis : « Pardonne à ton prochain l'injustice commise et quand tu prieras, tes péchés te seront remis. Un homme qui nourrit de la colère contre un autre, comment peut-il demander au Seigneur sa guérison ? Songe à la fin qui t'attend et cesse de haïr... »

— Que la paix soit avec vous, disait Samuel, notre vieil ami, en posant son manteau.

XIV

C'est à peu près à ce moment que dans toute la Judée et même en Galilée, on se mit à parler de Jean, le fils d'Élisabeth. On lui donnait le nom de Baptiste parce qu'il lavait la faute des pécheurs et annonçait le Messie. Il exerçait son ministère non loin de Jéricho, la première ville dont les enfants d'Israël s'étaient emparés, là où Moïse, avant de mourir, avait contemplé la Terre promise.

Il n'était pas un de ces prédicateurs dont la renommée tombe comme la feuille après la saison. Les foules qui accouraient pour l'entendre gardaient en mémoire ses paroles. Je ne m'en étonnais pas, me souvenant de la piété de son père, Zacharie, et du prodige qui avait accompagné sa naissance. Son nom évoquait ma jeunesse et son temps le plus merveilleux, lorsque sa mère et moi attendions nos fils. Toutes deux avions vécu proches l'une de l'autre, puis la vie nous avait séparées comme elle le fait parfois, sans donner de raisons. J'avais tardé à rendre la dernière visite qu'Élisabeth m'avait faite en Galilée, quand Jean était parti pour Qumram et que Jésus avait quitté Jérusalem ; je me le reprochais et m'y étais décidée trop tard. Dans la maison réservée aux veuves de prêtres dont elle avait fait sa retraite, je m'étais penchée sur un lit où gisait un corps amaigri, un visage sans couleurs. Élisabeth entrait dans la mort. Je crois qu'elle me reconnut car elle sourit un instant comme si elle se souvenait. Puis son regard, à nouveau, se voila. Son époux Zacharie avait rendu l'âme, son fils n'était pas auprès d'elle. Connaissait-elle sa solitude ? Une larmc coula sur sa joue. Je retenais les miennes. La dernière fois que nous avions pleuré ensemble, c'était à la mort de Josef. Je demeurai auprès de sa dépouille pour accomplir les rites, ce devoir m'appartenait.

Eliahoud avait rencontré Jean quand celui-ci était tout jeune, à Jérusalem. Je ne le savais pas, c'était pour moi une découverte. Eliahoud m'apprit que tous deux s'étaient liés d'amitié malgré la différence de l'âge, échangeant l'innocence de l'un contre l'expérience de l'autre. Avait-il dirigé Jean, comme le maître dirige l'élève ? Sa modestie, sa discrétion, le sentiment que celle-ci doit entourer les rapports de l'homme et de son Créateur ne lui permettaient pas d'avouer ce qu'au surplus je n'étais pas en droit de demander. Mais je me doutais qu'en posant la main sur l'épaule de Jean, Éliahoud avait pesé sur ses choix.

Je ne pouvais entendre parler de Jean sans songer à Jésus. Le fils d'Élisabeth et le mien : deux prédestinés :

— Celui qui abandonne son toit, qui lâche sa famille et dont la chasteté interdit d'en fonder une autre, celui-là se dégage plus qu'il ne se dépouille. Tout est donné à l'homme qui se confie au Tout-Puissant. Il n'y a rien de plus terrible et de plus grand que d'être seul avec Celui qui Est.

Ainsi parlait Éliahoud.

— Pourtant il t'a épousée, disais-je à Schochana.

— Plus tard, bien plus tard. Et mes parents ont été surpris qu'il me demande. Il avait quitté le désert sans prononcer de vœux.

Je questionnai Éliahoud :

— Pourquoi le désert ?

— Parce qu'il est un passage. Dieu a voulu qu'à l'origine son peuple traversât cette terre affreuse avant d'entrer dans celle où coulent le lait et le miel. C'est dans le désert qu'Il lui a donné sa Loi, qu'Il l'a soumis à la tentation, qu'Il a mesuré son infidélité et l'a pourtant nourri de la manne.

Éliahoud m'expliquait la raison des espaces que le sable conquiert sur les limons fertiles. Le Seigneur qui créa nos vallées où poussent l'olivier et la vigne a permis qu'ailleurs se dessèche la croûte de la terre afin que l'homme y constate son insignifiance, que la chaleur l'écrase, que le froid des nuits le raidisse. Devant lui, l'immobilité et le silence s'élèvent comme les deux colonnes d'un portique gigantesque sous lequel, anéanti, il se soumet à l'Esprit souverain. Le tapis de poussière qui s'étend au pied de Jérusalem en ouvre le chemin, le Désert est proche de la Demeure du Nom.

Au fur et à mesure qu'Éliahoud parlait, d'une voix qui m'entraînait hors de moi-même, je voyais Jésus à travers Jean, la face tournée vers le ciel, la bouche sèche, ignorant la faim, la soif, l'heure, épuisé et comblé : le regard de Dieu brûlant le sien.

Au pied du mont Nebo, Jean prêchait et baptisait dans le Jourdain. En quittant, lui aussi, le monastère avant que ses vœux l'aient contraint, il avait échappé à une discipline qui aurait fini par brider sa vocation véritable. Délaissant la férule du Maître de la confrérie, il avait trouvé une liberté qui lui offrait la multitude : de partout, elle accourait pour saisir sa parole, faire pénitence, se purifier dans le fleuve, prier.

— Comment l'immersion efface-t-elle les péchés ?

— L'eau lave le corps comme la contrition clarifie l'âme. Les deux œuvres vont de pair et sont inséparables.

Avec les pensées d'Éliahoud, ses récits, ses avis, je tissais de quoi fabriquer un oreiller où reposer ma tête. Dans mon rêve, je guettais le retour des deux cousins : Jésus guidant Jean sur la route de Nazareth. La porte s'ouvrait. Ô merveille, c'était mes deux grands garçons. Je les embrassais. Ils avaient soif. Je leur versais l'eau la plus fraîche et apportais la bassine pour laver leurs pieds. Ils venaient du désert, ils avaient marché beaucoup, ils avaient chanté les psaumes tout au long de la route, ils étaient fourbus et joyeux comme on l'est à leur âge. Dans les villages traversés, ils avaient appelé le peuple à la conversion, annoncé la fin des temps et la venue prochaine du Messie.

— Jean, disais-je, ta Mère serait fière de toi...

Éliahoud m'avait fait savoir qu'il se rendrait dans les prochains jours à Betharaba, le lieu où Jean prêchait. Il voulait montrer à son fils, David, les grottes où il s'était abrité. Ce n'était pas le seul motif de mon cher Éliahoud ; c'était aussi à cause de moi qu'il entreprenait ce voyage, afin de me rapporter ce qu'il avait entendu dire de Jean et peut-être de mon fils.

Je calculai le jour et l'heure de son retour et me postai, le moment venu, sur la terrasse d'où je pouvais surveiller la route. Mon cœur monta dans ma gorge quand je l'aperçus. Je lui donnai à peine le temps de débâter son âne et d'embrasser sa famille. Je voulais tout savoir pêle-mêle.

Il avait rencontré Jésus qui allait bien. Il avait également vu Jean. Il avait eu grand-peine à les approcher tant était dense la foule autour d'eux. Un va-et-vient incessant animait, comme une fourmilière, les rives du fleuve qui, à cet endroit, coule en abondance. Ceux qui avaient reçu le baptême se dispersaient et d'autres prenaient leur place. Jean les exhortait. Certains récitaient les versets de David : « Aie pitié de moi, Seigneur, suivant ta fidélité. Efface mes torts suivant ta miséricorde. Lave ma faute à grande eau et purifie-moi de mon péché. » D'autres imploraient : « Seigneur, prête l'oreille à mes supplications. L'ennemi m'a persécuté, il m'a fait habiter dans les ténèbres comme les morts. En moi le souffle s'éteint, vite, sors-moi de ma détresse, fais périr mes adversaires car je suis ton serviteur. »

Beaucoup d'entre les baptisés voulaient que Jean soit le Messie et le conjuraient de se déclarer, mais il les détrompait avec force, leur répétant qu'il n'était pas le Messie, qu'un autre lui succéderait dont il n'était que le précurseur.

— Moi, je vous baptise dans l'eau en vue de la conversion, mais celui qui vient après moi vous baptisera dans l'Esprit-Saint.. Il a la pelle à vanner dans la main, il va nettoyer son aire, il recueillera le blé pour le garder au grenier mais la balle, il la brûlera au feu qui ne s'éteint pas.

Quand Éliahoud était arrivé au bord du fleuve, Jésus venait d'être baptisé.

— On le sentait aspiré par l'Esprit, me dit Éliahoud.

— Que ce souffle soit sur lui la brise qui apaise et non l'ouragan qui déracine.

— Si tu l'avais vu, Marie ! La clarté qui baignait son visage était celle d'Adam avant le péché. Il n'était pas appelé, il était pris.

Je n'ai pas foulé ce jour-là les berges usées par les semelles des pénitents, je n'ai pas vu le ciel s'entrouvrir quand eut lieu son baptême mais mon sein a tressailli à l'instant même où il le reçut. Depuis, ce n'est pas pour Dieu mais par Dieu qu'il a vécu.

Le léger coude du Jourdain où l'eau glisse rapide et soyeuse entre les tamaris et les aulnes forme un gué, peut-être celui que franchit Josué pour entrer en Canaan. J'y suis allée en pèlerinage. Les disciples de Jean continuent de baptiser. Avec la nuit, les pèlerins s'écartent des berges. Les feux des bivouacs éclairent le fleuve de vie où s'est déversé l'espoir de notre peuple. Des femmes déambulent, par groupes, le regard baissé. Entre les roseaux géants, les fougères écrasées, elles ramassent les déchets, les souillures que toute multitude laisse sur le sol. À quoi bon ? Le soleil et l'eau auront bientôt tout nettoyé, le jour se lèvera sur un nouveau baptême... Que le Saint soit béni !

— Louange à Élisabeth dont le corps n'est plus mais qui a enfanté Jean.

Je parlais devant Éliahoud qui me répondait :

— Louange à toi, Marie qui as enfanté Jésus ! Le Baptiste est un nouveau prophète, il est à côté de ton fils et ton fils est à côté de lui.

Que disaient les prêtres et les scribes quand ils entendaient Jean annoncer la grande colère de Dieu pour des jours imminents ?

— La cognée est prête à attaquer l'arbre.

Que pensait le tétrarque de Galilée et de Pérée devant ces foules de baptisés chaque jour plus nombreuses ? Et Ponce Pilate tenant la vie de chaque juif entre ses mains ? Peut-il y avoir deux royaumes, le leur et celui de Dieu ? Le Bien et le Mal croissent ensemble comme le blé et l'ivraie, mais la moisson ne tardera pas et, suivant sa parole, le Maître brûlera l'ivraie.

J'interrogeais, je ne cessais d'interroger. Ce que les rumeurs me faisaient entendre, ce que disait le chef de la synagogue, ce que racontaient les vieilles du marché ou les jeunes de la fontaine, ce que ressassaient les buveurs de l'auberge, j'emmagasinais tout. Je questionnais le fils aîné d'Éliahoud. Il avait accompagné son père sur les bords du Jourdain. À peine plus âgé que Jésus, il voyageait pour le compte d'un maître orfèvre, il parlait grec, il était descendu jusqu'en Égypte et s'était baigné dans les eaux du Pont. Face aux jours à venir, ses yeux jeunes voyaient plus clair que les miens.

À la différence de son père qui craignait qu'une empreinte étrangère, rendue plus accessible par l'unité de l'Empire, ne menaçât la perfection immobile de la Torah, David prétendait que le meilleur moyen de protéger la Loi n'est pas d'ériger autour d'elle la haie que souhaitent les scribes, mais de redoubler de zèle pour le service du Saint, afin de hâter l'éclosion des Temps que le Seigneur tient en réserve. Il affirmait qu'au point de décadence où se trouvait Israël, on ne pouvait imaginer qu'il pût se redresser sans un miracle. Cette restauration de l'Éden serait précédée par de terribles tourments infligés aux corrupteurs. Après quoi, l'esprit de Dieu descendrait sur le peuple régénéré afin de conclure avec lui une nouvelle alliance.

Plus encore que Zébédée, le fils d'Éliahoud me subjuguait par ses talents de conteur. Il ne relatait pas les faits, il voyait au travers. Comme toute femme élevée dans l'ignorance des lettres, j'admirais ceux qui en étaient instruits. Lorsque David séjournait à Nazareth, tout prétexte m'était bon pour venir l'entendre. Éliahoud, qui devinait le motif de ma visite, m'ouvrait la porte en souriant et m'avançait un siège. J'écartais mon voile pour dégager mes oreilles et par un souci de bienséance qui me fait aujourd'hui sourire à mon tour, je cachais mes mains que trop souvent une besogne domestique avait maculées. Grand était le respect que David m'inspirait malgré sa jeunesse. Pour tout ce qui me frappe, ma mémoire ne m'a jamais fait défaut. Je peux encore répéter ce qu'il me disait.

— On croirait qu'une eau souterraine parcourt la terre. Partout les hommes appellent l'avènement d'un Sauveur capable d'abolir le Mal. Les circoncis dispersés autour de la grande mer y propagent la Foi en l'Unique. Ils annoncent son dessein sur la création, conformément à la révélation des Prophètes.

J'ai perdu David de vue et je le regrette. Ainsi selon lui, Jean, véhément justicier, Jésus doux et clément, étaient debout au premier rang dans l'antichambre du Royaume. La sagesse réclamait ma confiance et son projet ma joie.

J'étais dans la chambre et je filais quand Jude est entré. Je l'ai reconnu à contrejour dans l'encadrement de la porte.

— On vient d'arrêter Jean le Baptiste.

J'aperçus son jeune visage décomposé qui n'osait regarder le mien. Un temps s'écoula où toutes les présomptions nous traversèrent l'esprit avant qu'une seule devînt certitude. Déjà, nous savions ce qui s'ensuivrait.

— Hérode Antipas l'a condamné. Celui qui séduit le peuple effraye les Puissants.

— Comment sauver Jean ?

— Personne n'est sorti de la forteresse de Machéronte. Jamais Antipas n'a accordé sa grâce.

— J'ai peur pour Jésus.

Jude ne répondait pas.

— Penses-tu qu'il reprenne la mission du Baptiste ? Rien ne l'arrêtera s'il le décide.

— Rien.

Adonaï Élohim, j'ai prié pour que nos fils servent ta gloire. Cette ambition, Toi-même me l'as dictée. Jean est arrêté. Il avait la vie devant lui, il servait tes desseins. « Préparez les chemins du Seigneur, rendez droits ses sentiers. » Vêtu d'un pagne, nourri de sauterelles, il avait renoncé aux plaisirs, au repos, au mariage. Or, Jésus, comme Jean, prêche le repentir et l'amour. Comme lui, il annonce la délivrance du mal dont le Monde est frappé. Jean et Jésus, jumeaux bénis, dois-je encore vous associer ?... Seigneur, je Te supplie, non pour que Tu fasses ma volonté, mais pour que j'accepte la Tienne.

TROISIÈME PARTIE

XV

Les étapes de ma vie ! C'est maintenant que je marque des haltes, des tournants, des montées et des chutes dans un destin qui était sans déchirure lorsque je le vivais et dont la trame était solide. Elle n'a cessé d'envelopper mon fils. Même avant sa naissance, je me suis adressée à lui, dépositaire d'une joie que je ne pouvais démasquer : il m'était annoncé dans le secret. Ce regard intérieur que j'ai porté sur nous est plein de complaisance, je le sais. Elle provient de ce que j'imaginais Jésus sur mes genoux, m'écoutant et me regardant de ses yeux enchantés. J'ai trop souffert de ses absences lorsqu'il quitta la maison pour ne pas rattraper le temps perdu, pour ne pas combler le sillon qui parfois a semblé nous séparer mais que seuls traçaient d'implacables usages. J'ai aimé Jésus à toute heure comme il m'a aimée.

Dans ce regard sur les jours d'autrefois, j'ai donné une large part à la petite fille de Nazareth, à mes amies, à mon père et ma mère, à nos proches. Il m'a été doux de relever des hommes et des femmes de cette génération en montrant leurs vertus. Ils furent l'entourage de mon fils, ils aperçurent nos mystères heureux, nos joies silencieuses ou nos jeunes chagrins. Ma mémoire aborde aux rives dangereuses de son parcours terrestre qui sont baignées de mes larmes et de son sang.

Non que j'aie connu la désolation, puisque l'absence de Dieu m'a été épargnée. Mais l'anxiété a été ma dévorante compagne et parfois la détresse m'a poursuivie comme l'ombre. Mon mérite est d'avoir tout accepté. À vrai dire, puis-je m'en prévaloir ? Je ne suis pas allée vers le Seigneur. Il est venu vers moi.

Si, dans ma tendresse de mère, j'ai jusqu'ici évoqué mon fils, je l'invoque à présent devant la Communauté de ses disciples qui a pour mission d'exalter Sa parole. Moins que jamais je n'ai le droit d'altérer, par un caprice de sentiment ou une faille de mémoire, la figure du Messie. Le temps m'est compté. Tout s'écroule dans le monde autour de moi. J'aperçois les ruines qui précèdent l'avènement du Royaume.

Je le savais. Privé de la compagnie de Jean, Jésus poursuivait sa marche dans la voie où sa parole entraînait les foules. Ce n'était pas parmi les sables du désert, ni autour des eaux lourdes de la mer Salée. Son lieu de prédilection était le riant pays de Kephar-Nahum, ses auditeurs étaient des hommes simples et hardis, des pêcheurs qui jettent leurs filets par tous les temps, Galiléens de bonne souche dont les familles étaient proches de la nôtre. Le Seigneur sait ce qu'il fait.

Mes alarmes s'apaisaient puisque mon fils me revenait. Ou plutôt je pouvais suivre sa trace et me donner ainsi des motifs de me rassurer. Je m'interdisais de me signaler à lui : je ne voulais pas que les battements de mon cœur le fissent se retourner. De même, mais pour d'autres raisons, ni ses frères ni Mardochaï ne songeaient à reprendre avec lui un contact qui risquait de provoquer un malentendu. Ma discrétion demeurait cependant vigilante. La distance si faible qui nous séparait était aisément franchie par quelques marchands trop heureux d'apporter des nouvelles. Je savais, au Shabbat, ce que Jésus avait fait ou dit dans la semaine. Il parlait après l'office dans la synagogue, comme nos usages y invitent tout fidèle désireux de se faire entendre, et continuait dehors, à l'air libre, escorté par la foule qu'il entraînait sur les rives du lac : à la belle saison, sous le lait des étoiles, les soirées y sont propices aux épanchements du cœur. Chaque nuit, quand j'étais sur le bord du sommeil, je croyais écouter la voix de Jésus, son timbre qui savait être si doux à l'oreille mais dont les éclats pouvaient aussi faire trembler la maison. J'imaginais le cours de sa pensée, la ferveur de ses compagnons qu'on nommait déjà ses disciples. Je priais le Seigneur qui règne au-dedans comme au-dehors de nos cœurs de considérer notre foyer non pour lui accorder une faveur palpable mais pour que chacun de ses membres se sente uni à l'autre dans la fidélité.

Et voici que Mardochaï, en peignant sa barbe, avait souri.

— Si Jésus revient à l'atelier, il y sera le bienvenu.

Tiens, l'oncle pensait à son neveu, il ne l'avait chassé ni de sa mémoire ni de son toit. Quelques mots suffisent pour soulager une âme comme la mienne, toujours inquiète mais également prompte à espérer. Depuis plusieurs semaines, Esther m'épargnait les travaux qui fatiguent les reins, elle frottait le pavé et portait les bassines. Il est vrai qu'elle était née après moi. Jacques, Shimon, Jude, chacun à sa manière donnaient à croire qu'ils ne se plaignaient pas de la tournure des choses. Ils commentaient sans ironie ce qu'on disait de Jésus et s'émerveillaient, j'en suis certaine, de constater qu'il réunissait si aisément autour de lui tant d'amis.

À Nazareth, la pâte pétrie levait dans les huches, la rue s'emplissait de bruits familiers : appel des colporteurs, marteau du forgeron, passage des troupeaux descendant des herbages, joie des garçons revenant de l'école. La routine est sainte dans un pays malmené comme le nôtre. La paix qui entrait en moi par la prière ne s'offusquait pas : elle s'y trouvait bien. À Kephar-Nahum, chez Zébédée ou Iona, Jésus était presque chez lui. Probablement se souvenait-il de notre randonnée quand peu après notre retour d'Égypte je l'avais amené chez Ruth. Nous avions couché sous le toit de Iona et dîné sous la treille de Zébédée. Shimon et André, Jean et Jacob étaient aujourd'hui des hommes, Jésus en avait fait des compagnons sûrs et dévoués, que le Saint soit béni ! J'avais été bien inspirée : un ange m'avait alors soufflé que mon fils retrouverait un jour ce petit monde qui aurait grandi. Ce jour était venu.

Parmi les voyageurs chargés de nouvelles, je l'ai dit, David, fils d'Eliahoud, était celui que j'écoutais le plus volontiers.

À Tyr, d'où il revenait, il avait entendu parler de Jésus.

— Ton fils a reçu un pouvoir. Il parle bien, mais crois-tu qu'il séduirait tant de gens s'il n'accomplissait pas de signes ?

Des signes, oui. Je répétais le mot.

— Il délivre les possédés, il guérit les malades. Serais-tu, toi sa mère, la dernière à l'apprendre ? Tu n'échapperais pas à la règle.

Le Baptiste ne guérissait pas, il ne chassait pas l'Esprit malin. Jésus était donc plus fort que lui. Raison d'espérer ou de redouter davantage.

J'étais loin d'imaginer le drame qui se préparait. Nul présage n'avait troublé mon sommeil. Et voici qu'en pleine nuit, bravant les démons qui fréquentent les routes, Jésus arriva chez nous sans s'être annoncé. On entendit frapper à la porte que Mardochaï, comme chaque soir, avait verrouillée. C'était lui, mon fils, enfoui dans son manteau, la tête enturbannée : à Nazareth, il faisait frais en cette veille des jours saints. On alluma la lampe, j'amenai la bassine pour lui laver les pieds, je soufflai sur les braises pour chauffer le gruau. Le toucher, le nourrir, goûter la joie de le voir, ici, chez nous, de l'avoir à moi, mon grand garçon, mon Nabi, mon Prophète, mon Messie... La maison me parut petite, encombrée, en désordre, je bousculai la paillasse pour lui faire un lit. Je me suis montrée sans façons, mère extasiée, conquise depuis toujours, esclave de mon premier-né. Sur le moment, je ne me jugeai pas, c'est plus tard que je me frappai la poitrine. En une heure, je lui avais aliéné la bonne disposition de ses frères, j'en avais fait des rivaux. Dans mon excitation, je n'avais pas aperçu la moue de Jacques, je n'avais pas entendu les allusions blessées de José qui était descendu de Jérusalem sans avoir droit à un pareil accueil. Shimon avait disparu, l'avais-je remarqué ? Même pas. Mardochaï bougonnait, Esther s'était renfrognée, je n'avais d'yeux que pour lui... ô mon fils, est-il permis d'aimer ainsi ?

Comment en est-on arrivé là ? Nous étions, gens de la famille et du voisinage, rassemblés à la synagogue en ce matin de Shabbat. Le retour de Jésus avait fait sensation. Sa renommée avait atteint toutes les provinces : José disait en riant qu'elle avait couru par monts et vallées comme une torche attachée à la queue du renard. Des malveillants se formalisaient qu'il ne soit pas monté à Nazareth, prétendaient qu'il dédaignait sa ville depuis qu'on l'appelait Rabbi et que les synagogues de Galilée se disputaient l'honneur de l'entendre. Naturellement, en cours d'office, le hazan l'invita à lire la Parasha. Tandis qu'il gravissait la teba et déroulait le Livre, nombreux étaient ceux qui l'observaient en retenant leur souffle. La Haphtara du jour, tirée d'Isaïe, révélait si clairement la vision du Prophète que j'en frémissais.

— L'Esprit du Seigneur est sur moi car il m'a conféré l'onction pour annoncer la Bonne Nouvelle aux pauvres, aux captifs la libération et aux aveugles le recouvrement de la vue.

La vigueur de son accent fit murmurer l'assemblée. Mais, loin d'en tenir compte, il déposa le rouleau et d'un ton plus affermi encore, ajouta :

— Aujourd'hui, cette Écriture est accomplie pour vous qui m'entendez.

De la place réservée aux femmes je voyais tout. La stupeur figeait l'assistance. Puis l'indignation s'abattit comme la bourrasque sur le lac. Je tentais de me rassurer en pensant qu'un éclat était peu probable en ce lieu de prières. Je me trompais. À côté de moi, l'épouse du hazan s'écria :

— Il se prend pour le Messie.

Des huées fusèrent.

— Un Messie ? Où sont ses soldats et ses armes ?

Certains vociféraient :

— Que valent les prodiges dont il abuse les croyants ? Qu'attend-il pour en réussir devant nous ?

La perfidie se mêla bientôt à la protestation.

— Vous verrez, c'est sur nous que retombera l'imposture.

Et la moquerie s'y ajouta :

— N'est-il pas le fils de Josef le charpentier, le frère de Shimon, de Jude, de Jacques, de José et, sa famille n'est-elle pas parmi nous ?

Je connais mon fils, prompt à braver la menace.

— Aucun prophète, s'exclama-t-il, ne trouve accueil en sa patrie. Ses parents le méprisent. Il y avait beaucoup de veuves en Israël, aux jours d'Élie, quand le Ciel fut fermé trois ans et six mois et que survint une grande famine. Pourtant, ce ne fut à aucune d'elles qu'Élie fut envoyé mais à une veuve de Sarepta dans la contrée de Sidon.

Sans se soucier du tumulte qu'il déchaînait, il continua :

— Il y avait beaucoup de lépreux en Israël, au temps du prophète Élysée, pourtant aucun d'eux ne fut purifié mais bien Naïm, le Syrien.

Terrible fut alors l'emportement de la foule. Les gens qui se tenaient au-dehors faute de place se ruèrent à l'intérieur, bousculant les fidèles qui cherchaient à sortir. On criait au blasphémateur, à l'impie, au simulateur, au dément. Jésus, conspué, allait être piétiné. Je tentai de lui porter secours, mais les femmes qui m'entouraient me saisirent par la ceinture. J'eus le temps de voir qu'on le poussait à l'extérieur. On le poursuivit jusqu'à l'escarpement du rocher pour le précipiter en bas. Cela, c'est Jacques qui me l'a dit.

Sur le moment je me suis affolée.

— Ce n'est pas possible, Jésus ne provoque pas la haine, il prêche la mansuétude, il fortifie la foi en annonçant l'accomplissement de la Promesse.

Dès que je le sus sain et sauf, je réfléchis. Il avait irrité sans convaincre, il avait frappé trop fort, trop vite, des villageois qui n'étaient pas préparés à accueillir tout de go la bonne nouvelle.

Oui, mais ils avaient voulu tuer mon fils, ces gens qui mangeaient avec nous. J'avais passé une partie de la nuit à préparer des gâteaux. J'avais même imprudemment épuisé la réserve de miel. On aurait dit que j'avais pressenti son arrivée. Le voir revenir à la maison augurait le bonheur que l'on escompte toujours à l'approche d'une nouvelle année. Je me disais : il n'a pas oublié son village. Ici sont ses découvertes d'enfant, le lézard familier qui happe les miettes, les jouets taillés par son père. Pendant son absence, j'avais mis de côté son marteau préféré, soustrait la toupie des pattes du chat, rangé sa flûte. Personne n'y toucherait.

Assez vite, je m'étais aperçue de son changement. Les heures qui suivirent me le confirmèrent. J'espérais qu'il s'approcherait de moi, se livrerait un peu, ne serait-ce que pour me rassurer après l'arrestation de son cousin. Oh, je sais, sa réserve était juste et conforme aux usages. Je n'étais qu'une femme, je n'avais pas à l'interroger. L'aurais-je fait qu'il n'aurait pas été contraint de me répondre. Il existe dans les familles des silences indispensables. Et puis, l'amour doit être discret.

Non, je ne suis pas entièrement sincère. Pendant ces heures de cauchemar, mon dépit m'a inspiré le pire. « M'aimes-tu, mon fils ? » Voilà ce que je me suis demandé, voyant qu'il se comportait comme si je n'avais rien à savoir ni à comprendre, alors que moi, je brûlais pour lui. À plusieurs reprises j'ai voulu croire qu'il esquissait un geste... Il n'a même pas saisi l'occasion du réveil pour me glisser un mot. Après l'office, il était trop tard, les choses avaient pris leur tour, le malheur était consommé.

« Adonaï, j'ai pu jusqu'à ce jour écarter de mon fils les périls qui guettent l'agneau de l'année, afin qu'il grandisse en taille et en beauté. J'ai pensé qu'il avait reçu tous les dons et que, dûment racheté conformément à la Loi, il assumerait en son temps le rôle de fils aîné pour sa famille et pour son peuple. Si tu as décidé de faire de ton serviteur un Maître, si tu lui ouvres la Voie royale après David, notre aïeul, fais-lui un abri de tes ailes et de ta bienveillance un bouclier. Sauve celui qui sauvera. Qu'il ne redoute ni les flèches lancées le jour, ni les démons qui ravagent la nuit. »

Le lendemain matin qui était le jour du Grand Pardon, les Nazaréens s'étaient pressés vers la synagogue, par petits groupes mal éveillés. La famille s'y trouvait déjà. Pas moi. Il m'eût été impossible de me joindre à ceux qui avaient pourchassé mon fils. Enfermée dans la maison vide, je m'associais du bout des lèvres à des bénédictions qui ne me pénétraient pas. Je me souviens d'avoir ouvert toute grande la porte de l'entrée et aspiré désespérément l'air vif du dehors.

Dans la rue déserte, s'alignaient les sandales des fidèles qui les avaient abandonnées pour marcher pieds nus. Ce rite de mortification, même Esther s'y était soumise alors qu'elle venait de s'enfoncer une pointe dans le talon. À son retour je l'aidai à nettoyer la plaie avec le reste du broc. Je me promettais d'aller ensuite puiser l'eau à la fontaine puisque je m'étais dispensée de l'office. J'ai toujours veillé à compenser par un effort volontaire une négligence dont j'étais coupable. Après le Yom Kippour les ablutions seraient d'autant plus prisées qu'elles étaient interdites depuis le début de la pénitence.

Mais qu'avais-je à me préoccuper de fontaines et de cruches, ce jour d'entre les jours, où le temps s'arrête ? Notre destin se joue au tribunal du Juge suprême. Il toise chacun de nous et sa mesure est juste. S'il veut juger les hommes sans en prendre pitié, il les condamnera tous ; mais, pour les sauver, il mêle la miséricorde à la justice. Ce n'est pas après avoir jugé qu'il prend pitié, c'est après avoir eu pitié qu'il juge. Il relève la face du repentant. Il comptera les siens. Entre le boisseau et la huche, me sentant mal, j'éclatai en sanglots. J'étais secouée mais réchauffée par mes larmes. J'appelai à voix haute : « Adonaï, il n'est pas de mise aujourd'hui ni jamais d'implorer pour soi-même, mais souviens-toi de ta servante. Toi seul peux me relever dans le sable où je m'épuise. Prête-moi la vigueur des Patriarches dont je suis la fille. Leurs reins ont été plus solides que les colonnes du Temple. L'arbre des générations plonge loin ses racines, il a essuyé mille orages et leur a résisté. Qu'il nous soutienne, Jésus et moi, qui sommes ses rameaux. »

La vie allait reprendre dans Nazareth purifiée par la

pénitence. Bientôt se préparerait la fête des Tentes, les rameaux s'entasseraient dans la ville, j'aménagerai un coin pour entasser les lulabs et les cédrats.

Esther s'affairait. Mardochaï enfermé dans l'atelier n'en sortait que pour se mettre à table, et entre deux bouchées il maugréait.

— Cette idée de se proclamer le Messie, un beau matin, en pleine synagogue ! À Nazareth ! Est-ce de toi, Marie, qu'il la tient ? Tu es si différente de ton mari, tu n'as jamais ressemblé à ta mère, à ta grand-mère, des femmes tranquilles, sans histoires...

Il m'atteignait au plus vif de moi-même, dans mon fils, mon époux, mes aïeux. Il ébranlait ma foi.

— Au fond, continua-t-il, il n'y a pas de quoi s'inquiéter. Si ton fils est le Messie, qu'il soit grand prêtre ou roi, il sera protégé et fera la renommée de la famille. S'il ne l'est pas, ce ne sera qu'un nabi de plus, nous en avons l'habitude.

Mardochaï n'avait pas été instruit par les Docteurs mais il avait une prédilection pour les sentences qui commençaient par « de deux choses l'une ». Après m'avoir fait mal, il me guérissait. Tout à coup le ciel se dégageait, Jésus ne risquait plus rien... Satisfait de lui-même, il se rengorgea :

— Avoue, Marie, que ton fils ferait mieux de se contenter d'une position plus modeste. L'atelier a besoin de bras. L'ambition est une liqueur enivrante, quand on en boit trop, on voit double...

Le temps passant, j'avais cessé de ruminer mon tourment. Eliahoud m'avait fait savoir que Jésus, fuyant Nazareth, était allé se reposer chez son ami Lazare, où il se portait bien. Il m'était plus facile de pardonner. J'évitais cependant la rue et le marché, tous lieux où je risquais d'affronter la commisération ou le commentaire. Certains savent manier les mots comme des dagues qui ne manquent pas leur but.

Un de ces jours où je sortais de mon ombre prudente, je me heurtai sur le seuil de la maison aux hommes de la famille surgis je ne sais comment devant moi. Avant que Mardochaï n'ait parlé, je fus avertie par son visage. La mort de Jean-Baptiste, dont la nouvelle venait de parvenir à Nazareth, ne pouvait être une surprise. Tous étaient convaincus que sa captivité ne s'achèverait que par sa mort. Mais nul n'aurait songé à l'horreur du crime. Hérodiade, la femme incestueuse d'Hérode Antipas, avait obtenu que le Baptiste fût décapité. Salomé sa fille, à qui le tétrarque ne refusait rien, avait exigé que la tête du supplicié fût apportée en plein banquet, sur un plat d'argent. Le sang était mêlé au stupre.

— Hérodiade a entendu l'anathème du Baptiste, dit Eliahoud. Son cœur bloqué par la colère s'est vengé. Ce que le pécheur déteste, ce n'est pas le péché, mais le délateur.

— Qui a fermé les yeux de Jean ? s'inquiéta Schochana. A-t-il été enseveli ? A-t-on pris soin de laver son corps ?

— Heureusement Élisabeth n'est plus. On lui aurait interdit d'emporter les restes de son fils.

— Nous observerons un deuil de sept jours, dit Mardochaï.

Mardochaï, maintenant que tu es couché auprès de nos Pères, je veux te rendre hommage. Jean le Baptiste ne t'était apparenté ni par la nature ni par la vocation, mais tu as parlé de lui comme nos traditions et ton cœur l'exigeaient. Quant à toi, Jacques, qui es devenu depuis l'apôtre zélé de la Bonne Nouvelle, j'ai encore dans l'oreille la voix brisée dont tu récitas les versets du Psalmiste : « On l'a pourchassé sans répit parce qu'il dénonçait les péchés du Roi. Les courtisans, aux portes du palais, jasaient sur lui. Il était devenu la risée des buveurs au banquet des Grands. » Et toi, Shimon, tu lanças les invectives du Juste souffrant : « Que le courant des eaux engloutisse ses bourreaux, que leur table devienne un piège, que leurs maisons soient ravagées. » Mardochaï, la tête couverte, ployait le buste et nous répétions après lui : « Le Seigneur séchera les larmes sur tous les visages, il relèvera le front de son peuple. »

XVI

L'émotion provoquée par l'assassinat du Baptiste ne faiblissait pas. Tout le pays en était secoué, beaucoup lisant dans son message la vérité des prophéties. Chez nous, dès qu'on évoquait son martyre, les visages se fermaient car en nommant Jean chacun pensait Jésus. Il n'est pas vrai que la crainte ou la douleur unissent toujours les familles : il est des épreuves qui les divisent. Moi, je m'en voulais d'implorer pour un vivant alors que j'aurais dû pleurer sur un mort. La tempête mettait en péril le vaisseau solide que voulait être notre demeure. Mardochaï pressentait un naufrage, le gouvernail échappait de sa main.

J'avais pris le parti de ne plus me montrer à la synagogue. J'ai toujours aimé prier seule. Je ne recevais personne. Par ma faute la vie de la maison était d'ailleurs devenue intenable : je n'avais plus la tête à ce que je faisais. Me le rappelait sans cesse le regard réprobateur d'Esther à qui il incombait de réparer les dégâts. Les fils, quand ils revenaient de leur travail, me retrouvaient les traits tirés, les yeux absents. Eux-mêmes n'ouvraient pas la bouche. Mardochaï non plus. À ce point qu'Esther, par solidarité féminine, me faisait parfois l'aumône d'un sourire ou d'un mot. De maillon en maillon, une chaîne d'irritation et de mutisme ajoutait aux souffrances que nous éprouvions, étouffant la tolérance des humeurs et la solidarité du sang. Il y avait dans notre pauvre maison de torchis, comme jadis sous la tente des patriarches, le camp des hommes et celui des femmes, celui des jeunes et celui des anciens et, au sein de chacun, des affrontements qui s'exprimaient tour à tour par des silences ou des éclats. Depuis toujours, le grand oiseau de malheur qui planait sur nous comme au-dessus de tout foyer juif faisait partie de notre ciel. Nous réussissions parfois à l'oublier, à nous persuader que ce n'était pas sur nous qu'il s'abattait mais, à présent, il avait repéré notre toit et le guettait de son œil. De la terrasse quand j'y montais, je croyais sentir le souffle de ses ailes.

Il me fallait réagir, secouer la poussière de mes sandales et, ne serait-ce qu'un jour ou deux, m'éloigner de Nazareth. Par un sursaut de santé comme seule la jeunesse en a le don, Jacques suggéra de m'accompagner à Kephar-Nahum et Jude saisit ce prétexte pour s'octroyer deux jours de vacances. Attendrie par leur complaisance, j'acceptai.

Notre petite bande se mit en route derrière un âne chargé de galettes, d'une outre de vin, de raisins secs, de deux mesures de grains grillés et de gâteaux de figues, plus que n'en requiert un déplacement aussi court.

— Nous ne pouvons arriver les mains vides chez Zébédée ou Iona, dis-je à Jacques.

Il ne fut pas dupe : je pensais à Jésus qui, probablement, y séjournait. Être libérée de la maison et des voisins par une si belle journée me redonnait le souffle et me coupait les jambes à la fois. Sage équipée ou folle démarche ? D'évidence, je n'allais pas à Kephar-Nahum pour me plaindre à mon fils ni pour lui exposer notre situation de famille, mais pour apaiser le prophète incompris dans sa ville et l'inciter à la prudence. Pour lui rappeler aussi qu'il avait une mère et qu'il la trouverait à ses côtés en toutes circonstances.

Longue marche à travers champs qui rajeunit ma mémoire et me tranquillise. Tout compte fait, que peut-on reprocher à Jésus ? L'incident de la synagogue n'est qu'une déconvenue sans lendemain. Par contre, il faut se méfier du tétrarque impie : ce juif a le cœur enveloppé de graisse, et vit comme un goy. Encore que ce soit Hérodiade qui ait exigé le meurtre de Jean.

D'une langue enjôleuse, je me berce d'opinions dont je

cherche l'écho : peine perdue, les garçons ne m'écoutent guère, leur attention est accaparée par un fût tombé sans doute d'une charrette et qui a effrayé notre âne. Jude dit qu'il faut le charger sur le bât et trouver son propriétaire. Jacques, qu'il est mieux de le laisser sur place. Je m'assieds sous un caroubier, en attendant la décision. Voyant cela, Jude propose une halte, ouvre le couffin et sort les galettes de froment que j'ai cuites le matin et qui sont encore craquantes.

C'est parce que Jean dénonçait le mariage incestueux du tétrarque qu'il a été assassiné. L'épouse coupable n'a pas toléré qu'il vive. Jésus ne fait rien de pareil, il enseigne le Shéma. « Écoute, Israël, l'Éternel est Un. » A ce premier commandement il ajoute un second : « Tu aimeras ton prochain comme toi-même. » Il ne cherche pas à ameuter les foules, il est vêtu comme tout le monde, il jeûne selon la Loi, il écoute autant qu'il professe.

Jacques, la bouche pleine, parle en même temps que moi :

— Autrefois, le pourtour de la mer était vierge et n'appartenait à personne. Les goyim, à présent, se l'approprient pour y construire une ville qu'ils appelleront Tibériade, du nom de l'empereur de Rome. On y verra des thermes, un hippodrome, un théâtre, une salle d'assemblée, des statues, tout ce qui plaît aux païens et que nous exécrons. Voici les temps que nous vivons et qui nous dépossèdent.

— Kephar-Nahum est à nous, je comprends que ton frère s'y plaise. Qui sait, il est peut-être en ce moment dans la maison de Iona...

Nous avions repris notre route et entamé la descente vers la coupe d'eau bleue qui scintille entre les collines. Ce paysage, une fois de plus, ressuscitait la petite fille qui serrait la main de son père, protégée de tout, du caillou qui roule, de l'ornière qui glisse, du brigand qui rançonne, de l'orage qui surprend. Je m'abreuvais de souvenirs, quand on me fit observer sur le chemin bordant le rivage une sorte de procession qui se dirigeait apparemment vers Kephar-Nahum.

J'y distinguai des éclopés, des aveugles qui se tenaient par l'épaule, des malades portés sur des civières. Je saisissais des appels en grec, en araméen, et dans des langues incompréhensibles. Jacques me poussa du coude et m'indiqua un homme qui courait à travers champs, la tunique relevée : l'ami de Samuel à qui les gens de Nazareth confiaient parfois leurs messages. Il devait avoir une mission très urgente. Nous allions le savoir puisque nous arrivions à hauteur du cortège. Je posai la question à la première venue :

— Que se passe-t-il ? Où va tout ce monde ?

— Quoi, tu n'as pas entendu parler du Nabi, le Nazaréen ? Ce n'est pas un prophète comme les autres, il est le Messie. Aide-moi, mes jambes ne me portent plus mais lui va me guérir. Quel est ton mal ? Si tu lui demandes, il t'en délivrera.

Ce n'est pas moi qui pris le bras de la femme, c'est Jacques qui s'empara du mien. Pèlerins sans nom parmi les autres, nous marchions au-devant de l'enfant que j'avais mis au monde, que j'avais élevé dans la maison de son père, charpentier. Sur la plage, la multitude s'épaississait des riverains arrivés en barque. Il fallut la carrure de Jacques pour s'ouvrir un chemin. Arriverions-nous avant la nuit ?

La colonne presse le pas. Voici les premières masures de Kephar-Nahum. Quatre porteurs soulèvent une litière et se frayent un passage à coups de gourdin. Au-dessus de la mêlée, ils hissent leur charge, résolus à tout. Hurlements, protestations, derniers efforts, ils escaladent le mur d'une maison, la litière bascule, l'homme va être éjecté, non, les voilà sur le toit qu'ils défoncent ! Le nom de Jésus vole de bouche en bouche, mon fils est donc là et c'est un paralytique qu'on lui amène pour qu'il le guérisse. Je suis une branche morte emportée par le Jourdain. Jacques crie que le Nabi est son frère, que je suis sa mère et que nous avons, nous, le droit de l'approcher. La foule fait bloc. Tout à coup, un rugissement. J'ai le temps d'apercevoir un homme en haillons qui détale à toutes jambes, sa litière sous le bras. La foule crie :

— Il est guéri, voyez, il court.

Il court. Il est guéri. Quel fils est mon fils ?

— C'est chaque jour pareil, dit Zébédée. Jésus est assiégé dans la ville. On ne peut même plus l'entrevoir. Repose-toi, Marie, mange avec nous, demain nous aviserons.

Aviser ? Comment ? Ce fils, dévoré par la vénération de la foule, ce fils qui a guéri un paralytique, je n'ai pu ni le toucher, ni le regarder, et, pourtant, je suis sa mère ! L'idée que j'aurais pu le garder à Nazareth dans l'atelier de son père m'apparaît incongrue. Israël est enchaîné sur son grabat. Si mon fils doit être celui qui délivre, je ne contrarierai pas la volonté du Saint quand il me le retire pour le donner au peuple qui a besoin de lui.

Mais, la nuit, le Malin profitait de ma fragilité. Il me montrait Élisabeth, le visage en larmes, et tout à coup la tête du Baptiste vidée de sang. La frayeur tombait sur moi comme elle tomba sur le saint homme Job.

— J'ai peur d'une chose, elle m'arrive, ce que je redoute survient.

Zébédée a deviné.

— Il faut que Jésus prenne garde.

— Il est menacé ?

— Non, je ne crois pas.

— As-tu vu autour de lui des espions d'Antipas ?

— Comment savoir dans cette foule ?

Salomé avait dû me faire boire une potion qui m'avait jetée somnolente sur ma paillasse. Je me réveillai moite et courbatue. Prières du matin, ablutions, je ne tenais pas debout. Mais on discutait de l'autre côté de la cloison. Tout le monde était levé.

La veille, il faisait étouffant dans la petite salle aux volets clos. Zébédée et Jacques transpiraient devant l'âtre où grillait le poisson. Salomé et moi en les servant mesurions le vin de peur qu'ils ne s'échauffent davantage. Zébédée, la barbe mouillée de sueur, expliquait :

— Impossible de souper sous la treille. J'ai bouclé la porte.

Il faut se méfier des soirs de miracles quand les pèlerins sont éméchés, les voleurs en profitent pour cambrioler la maison. J'ai pris mes précautions, j'ai vidé les corbeilles et caché les salaisons. Tu sens l'odeur ? Le poisson va tourner.

Puis, à moi :

— Nous sommes fiers, Marie, que ton fils vienne chez nous. Tu as vu comme on l'acclame ?

Ensuite, à Jacques :

— Qu'est-ce que tu penses de tout cela ?

Le feu qui léchait le fond de la marmite creusait davantage les trois plis qui barraient le front de Jacques aux heures graves.

— Des signes, l'Éternel en accomplit depuis le début des temps par la voix des prophètes. Les pharisiens eux-mêmes en reçoivent le pouvoir. Seulement...

— Explique-toi...

— Cette fois, il s'agit de mon frère.

Il était bon que Jacques soit troublé et l'avoue.

— L'Éternel fait aussi ce qu'il veut de mes fils, constata Zébédée.

— De nos fils, rectifia Salomé.

— Il y a beau temps que Jacob et Jean ne lancent plus les filets. Ce sont de bons garçons qui ont l'esprit de famille mais quand le Maître est là, ils perdent la tête, personne n'existe plus, ils obéissent comme des chiens fidèles et le suivent partout, non seulement de ce côté du lac, mais de l'autre : on les a même vus à Gérasa. La barque leur sert à traverser, et tant pis pour la pêche...

Zébédée soupirait : la pêche est un gagne-pain qu'on n'abandonne pas sans raison.

— Marie, ton fils possède un charme ou alors je ne comprends rien. André le fils de Iona a reçu l'appel le premier ; il lui a présenté son frère Shimon ; aussitôt tous les deux ont crié qu'ils avaient découvert le Messie. Philippe de Bethsaïda et Nathanaël de Cana se sont empressés de les rejoindre : autour de l'eau les nouvelles courent plus vite que des lapins. Ensuite est arrivé Jean, mon fils, qui a fait comme eux. Mais Jean n'a jamais aimé la mer, la tempête lui tire les boyaux du ventre, sa tête est mieux faite que ses bras ; ce n'est pas sur lui que je comptais pour m'aider. Tandis que Jacob, je pensais qu'il reprendrait mon commerce, il est solide, il a la bosse des affaires. Or le voilà embarqué avec les autres. Tant pis, je le donne à Jésus de bon cœur. L'autre jour le chef de la synagogue m'a dit : « Tes fils ne répareront plus tes filets, mais peut-être qu'ils sauront mieux que toi couper ceux que les goyim lancent pour nous prendre les pieds. »

Pendant que son mari parlait, Salomé roulait ses yeux vers les miens. Jean avait refusé le mariage qu'elle avait arrangé pour lui et elle ne s'en consolait pas. Elle ne croyait évidemment pas qu'en optant pour Jésus il eût gagné au change. Pauvre Salomé qui n'osait ouvrir la bouche de crainte d'avoir à la fermer trop vite : Zébédée avait pris le parti de couper court à ses gémissements. Elle allait certainement profiter de moi pour prendre sa revanche. J'étais sur la défensive, prévoyant ses questions et mes réponses.

— Jésus dit ceci ou cela à propos du Royaume, toi, Marie, en sais-tu quelque chose ?

— Non, Salomé.

— Tu n'y as pas réfléchi ?

— Oh si, mais je suis tellement ignorante.

— Moi plus encore mais j'espérais qu'étant sa mère, tu aurais appris de lui.

— Regarde plutôt ce que disent les prophètes : ils annoncent la Paix. Avec les épées on forgera les socs, les peuples viendront à Jérusalem adorer l'Unique.

— Plus de guerre ? Les Romains partiraient de chez nous ? Ils s'enrichissent sur notre dos, les impôts augmentent, tout le monde se plaint :

— Juifs et goyim s'aimeront comme mon fils aime tes fils, comme le Saint, béni soit-Il, a aimé nos premiers parents...

Mais non, Salomé avait retenu sa langue et il avait dû lui en coûter. Ses fils, elle aurait souhaité qu'ils s'établissent dans le pays, qu'ils se marient dans de bonnes familles, qu'ils aient beaucoup d'enfants et s'enrichissent. Ce n'est pas ce que Jésus leur offrait...

Et moi, qu'ai-je offert à Salomé en échange de son

désarroi ? Elle avait espéré une confidence, je ne la lui avais pas donnée. Elle espérait une lumière, je la lui avais refusée. Aux questions sur mon fils, je ne trouvais jamais rien à répondre. Je connais la Torah dont mon Père m'a instruite. Je sais tirer des psaumes les cris qui soulagent : je tiens cela de ma mère. Mais je suis incapable d'expliquer Jésus quand on me le demande, un ange aussitôt me ferme la bouche et me brouille l'esprit.

Il a bien fallu cependant que je reçoive les femmes de Shimon et d'André, entourées de quelques autres comme elles épouses de pêcheurs devenus les disciples de mon fils. Elles m'attendaient debout dans la cour et j'étais, moi, leur aînée, bien plus intimidée qu'elles. Je les priai de prendre place à l'intérieur et nous fîmes cercle sur la natte que Salomé avait étendue. Elles avaient mis leur voile de cérémonie. Elles baissaient la tête en silence. Puis soudainement, commença leur concert de lamentations.

Leurs hommes avaient laissé la barque et le filet pour suivre le Nabi.

— Au début, on ne s'inquiétait pas, on supposait qu'ils retourneraient vite à la maison, on se disait même qu'ils reviendraient meilleurs qu'ils n'étaient partis : c'est ce qui est arrivé aux pénitents du Baptiste après leur immersion : jamais on ne les avait vus si travailleurs. Mais cette fois nos maris nous ont quittés pour de bon : Ils ne nous connaissent plus.

Elles exposaient leur solitude, leur dénuement, l'abandon des enfants, le scandale dans les familles. Leur cœur en peine cherchait secours auprès du mien.

Elles avaient pris l'accent des pleureuses et je pleurais aussi. Non seulement par compassion : j'éprouvais ce qu'elles éprouvaient. Je leur taisais ce que je n'avais révélé à personne, pas même à Jacques, surtout pas à Jacques, et que je tenais d'un témoin sûr. Jésus en apprenant que nous étions dans la foule n'avait pas fait un pas vers nous. Il avait même dit :

— Qui sont ma mère, mes frères, mes sœurs ? Celui qui écoute la parole du Père et la met en pratique, celui-là est ma mère, mon frère, ma sœur.

Cette réplique, quand on me la rapporta, me fit mal. Elle mesurait le prix énorme que nous demandait le Très-Haut. On m'avait cité de Jésus des phrases encore plus terribles. « Celui qui aime son père, sa mère, sa femme plus que moi n'est pas digne de moi. » Mon fils ignorait-il qu'ici-bas personne ne le chérirait autant que moi, sa mère, qu'il avait pourtant écartée de son passage en disant :

— Femme, qu'y a-t-il entre toi et moi ?

Au nom de l'amour qu'il professait, Jésus se coupait lui-même du tronc familial en blessant les rameaux. Le Père arrache et possède ceux qu'il appelle à lui sans que nous ayons à réclamer de compensation. Voilà ce que je dis à ces malheureuses qui portaient leur détresse comme un panier trop lourd. Je ne sais si je les ai convaincues ou du moins consolées. Les jeunes épouses, peut-être ; elles avaient le temps d'espérer. Mais Salomé ? Un jour, Mardochaï avait dit devant elle :

— À la différence de Jean-Baptiste, Jésus, quand il a choisi un disciple, ne le partage pas : il ne rembourse pas les familles.

Et il avait cité un mot de mon fils :

— Désormais, à cause de moi, s'il y a cinq personnes dans une maison, elles seront divisées, trois contre deux, deux contre trois...

À ces femmes alarmées, je n'ai pas parlé de patience : je n'ai pas osé, à cause de Salomé.

XVII

La journée rétrécit dans le travail comme la tunique de laine dans la bassine d'eau chaude. J'avais été trois jours absente : au retour, je m'absorbai dans le service de la maison. Il fallait rentrer le grain puisque l'orge avait été moissonné, l'écraser entre les meules, mettre de côté les prémices, filer le lin, rapiécer les vêtements usagés dont le ballot avait grossi, trier les réserves de la cave avant l'hiver, nettoyer le poulailler, allumer le feu pour cuire le gruau et se féliciter que le pétrin ne fût pas vide : les miens pouvaient s'asseoir devant un bol toujours garni. Tout cela, je le faisais en accord avec Esther, acceptant ses directives bien que je fusse son aînée et qu'elle habitât sous mon propre toit. Elle avait le talent de me décocher des traits pointus qui, sans me faire vraiment mal, me hérissaient et elle savait les retirer avec la même habileté en prétextant un malentendu, un mot mal compris. Je n'étais pas dupe, mais je pactisais. Le soir, heureusement, je tombais de fatigue et partais m'étendre dès le dernier verset de la prière d'Arbit. Je m'apercevais alors que les heures de ma journée, malgré leurs occupations bien réelles, n'avaient contenu véritablement que la durée de mon permanent souci, et que, lorsque je les croyais enfin libérées, elles devenaient une lassitude qui s'en rassasiait encore. Au lieu du repos, des cauchemars habituels prenaient possession de mon sommeil. J'avais l'embarras du choix : Élisabeth, Jean-Baptiste, le souvenir du vieillard Siméon. Mais non, je ne choisissais pas, je prenais tout. Pourquoi le Seigneur m'a-t-il faite si réceptive aux songes ?

Ainsi les temps exceptionnels que nous vivions ne changeaient rien aux heures dont ils étaient remplis. Les repas réunissaient les hommes autour du plat de céréales mouillées d'un lait de brebis. Puis les jeunes ceignaient leurs reins pour retourner à l'ouvrage tandis que les plus âgés s'accroupissaient sur le seuil pour somnoler un peu. Mais chacun demeurait sur le qui-vive à cause du messager qui pouvait d'un moment à l'autre sonner l'alerte. S'il ne s'était pas montré, si aucun partisan n'avait surgi en demandant asile, si la police d'Antipas avait traversé le marché sans réquisition ni insulte, alors le Shabbat fermait saintement la semaine. Mardochaï, à l'apparition de la première étoile, se couvrait du talith et chantait sa reconnaissance à l'Éternel :

— Nous avons connu la sécheresse mais non la famine, la pénurie mais non l'endettement, nulle de nos filles n'a été vendue comme esclave, aucun de nos fils n'a péri par l'épée.

Il ajoutait :

— Marie, si tu continues à te tourmenter, tu offenses le Seigneur.

Moi je rougissais, confuse qu'il se fût soucié de l'état de mon âme.

Béni sois-Tu, Adonaï, qui fais germer l'orge et en nourris les oiseaux : dans le milieu du mois d'Adar, Yaël, l'épouse de Jacques, et Tamar, celle de Shimon, toutes deux nouvellement mariées, accouchèrent chacune d'un fils. Les deux enfants reçurent les noms de Josef et de Natan. Ce fut l'occasion de réjouissances tant le huitième que le trente-troisième jour, lorsque les deux mères offrirent ensemble le sacrifice de purification. Ces premiers-nés furent rachetés au prix d'un agneau que les deux frères s'étaient procuré grâce à leurs bons rapports avec le berger qui connaissait les marchands de Jérusalem. Un autre garçon vint bénir le foyer de Cléophas, grand-père comblé, très peu de jours après. Les trois marmots entrèrent dans la communauté d'Abraham au moment où j'y faisais figure de suspecte, tant étaient vifs les reproches que certains adressaient à mon fils. « Adonaï, priai-je, ne me repousse pas hors du clos où j'ai grandi, et prends pitié de moi, si prompte à me croire responsable de tous. » Trente ans plus tôt, je trépignais devant la porte de Nicanor, les joues brûlantes, impatiente d'être purifiée. Trop pauvres pour acheter l'agneau, Josef et moi avions marchandé deux colombes qui, de mes mains, passèrent dans celles du prêtre. Je me souviens de ma fierté lorsqu'ensuite j'arborai un bébé bien à moi, fils unique en tout, merveilleuse création, objet de mon sourire... Suis-je la même personne aujourd'hui ? Femme guettée par l'âge, je crie avec Moïse : « Ce fardeau est lourd. » Une famille divisée, un fils contesté... Ces signes qui s'inscrivent dans le ciel, comment les lire ?

— Est-ce parce que Jésus n'en fait qu'à sa tête que tu dois perdre la tienne ?

Mardochaï me réprimandait. Les garçons, sans me le dire, pensaient de même. Eh bien oui, moi si experte dans les soins aux nouveau-nés, qui savais d'une caresse calmer une dent, endormir un ventre dolent, j'étais gauche comme un infirme, empotée comme une impubère ; Jacques et Shimon se décourageaient, eux qui avaient compté que leurs enfants seraient pour moi un dérivatif et pour la famille un trait d'union.

— Le temps, disait Éliahoud, as-tu jamais songé à ce qu'il est ? Il est celui qui nous empêche de rien posséder. Bien ou mal, ce qu'il nous apporte, il s'empresse de nous le retirer ; mais il nous tient par la main et nous fait traverser le monde qui nous sépare de Dieu ; ne te morfonds donc pas, soigne les enfants et accueille ce qui t'arrive.

Les beaux jours étaient revenus : cycle rassurant du soleil qui ferme la boucle de l'année. J'allais chaque jour chez Éliahoud dont le langage était aussi un réconfort. Peu à peu, je retrouvais le goût d'espérer avec, en plus, la troublante mélancolie propre à mon âge et à ma nature, et qui est celle du passé aboli. Il me semblait que ma vie, sans être tout à fait mon œuvre, participait à un renouveau du monde, une course dont mon fils indiquait la voie. Je me fondais dans un destin en marche, comme je m'étais fondue dans la foule de Kephar-Nahum, mais cette fois docile, abandonnée au mouvement. Ce changement était la grâce que m'apportaient le printemps sur nos collines, les conseils d'Éliahoud, le sourire recouvré de mes petits-enfants, l'harmonie que notre toit cherchait à préserver coûte que coûte.

J'allai chez Ruth, parce que l'amitié, le besoin de lui montrer l'état de mon cœur, je ne sais quel message dont son frère m'avait chargée pour elle me portaient à sa rencontre. En longeant les murs de sa maison, je l'appelai. La porte ouverte laissait voir le mobilier, meubles et paillasses entassés dans la cour, les restes d'un repas, du désordre en abondance. En reconnaissant ma voix, Ruth accourut, balai et serpillière en main, riant de toutes ses dents. La servante qui derrière elle soulevait le boisseau s'empressa de le déposer et s'éclipsa. Nous étions seules au milieu de la cour.

— Tu frottes, tu récures... explique-moi. Nous sommes encore loin de la pâque. Est-ce un lépreux qui a dormi sous ton toit ?

— Ton fils est venu hier au soir. Il a dîné et couché chez nous.

Jésus chez Lévi, le collecteur d'impôts ! Mesurant ma surprise, Ruth s'amusait d'avoir frappé juste.

— Tu n'es pas fâchée, je suppose ?

— Moi-même, je suis chez toi... Ton mari est un circoncis.

Nous nous embrassâmes.

Ruth me décrivit la maison débordante de monde — à preuve le remue-ménage que je constatais — les invités qui n'avaient pu entrer, ou plutôt les gens qui s'étaient invités, vociférant à l'extérieur et secouant la porte au point qu'elle avait failli céder. À Bethsaïda comme à Kephar-Nahum se répétaient les mêmes scènes lorsque la présence de Jésus était signalée. Je l'avais vérifié de mes yeux.

Le soleil qui tirait son dernier trait en haut du mur de pierre ne laisserait pas le temps de nettoyer la cour avant la nuit. Ruth ne se fit pas prier pour raconter la scène en détail.

— Imagine la salle : toutes sortes de gens connus et

inconnus avaient réussi à s'introduire et ils tournaient autour de la table, examinant les préparatifs du souper, le nombre et le rang des convives. Parmi eux, un groupe d'indiscrets très repérables ne serait-ce que par leur morgue : des fabricants de nouvelles, des distributeurs de crédit ou de discrédit, quelque peu Docteurs de la Loi et surtout délateurs à la solde des pharisiens. Ils étaient venus pour confondre Jésus, je présume. L'occasion était bonne. Mais lui, impavide, les a remis à leur place qui n'est pas la première, et cela avec le brin d'arrogance que nous lui connaissons. Il a dit par exemple : « Ce ne sont pas les bien-portants qui ont besoin de médecins, mais les malades. » Parce qu'ils lui reprochaient de manger chez un publicain...

— Ton mari ne s'est pas vexé ?

— Mathieu ? Il était tellement fier que Jésus soit chez lui ! Je crois qu'il s'est mis en tête d'abandonner l'octroi et de lâcher son métier.

— Pour quoi faire ?

— Mais pour suivre Jésus, simplement.

Lui aussi, Lévi dit Mathieu, le publicain, le beau-frère d'Éliahoud, le mari de Ruth ! La fraîcheur du soir tomba sur mes épaules avec l'heure de la prière.

Après quoi, Ruth reprit le récit du repas : un exploit, un défi, une semi-catastrophe. Le chevreau ? Insuffisant. Le poisson ? Brûlé. Quant au service, il était assuré par des femmes dont on ne savait laquelle était chargée de quoi.

— En fin de compte, tout s'est bien passé malgré les pharisiens et les prostituées.

— Des prostituées ? D'où venaient-elles ?

— De Magdala. L'une d'elles, nommée Marie, est arrivée imprégnée d'huile de jasmin, les sourcils noircis au pouch, les lèvres teintes, couverte de bijoux qu'elle a jetés aux pieds de ton fils ; ce qui a fait sensation. Elle n'avait d'yeux que pour lui.

— Ces femmes, elles ont dit les bénédictions avec vous ?

— Je vois ce qui t'inquiète. Sois tranquille. Les rites de la Loi ont été observés. J'ai passé moi-même la bassine des ablutions. Jésus s'est lavé les mains, ses disciples aussi.

— Alors, mon fils a bien fait de dîner chez toi.

Et pour souligner ma déclaration j'ajoutai :

— Beaucoup savent que ton mari n'est pas un publicain comme les autres. C'est un homme juste. S'il quitte sa charge, de quoi vivras-tu avec tes enfants ? Ruth, tu viendras habiter chez nous...

— Mon frère Éliahoud m'ouvrira sa porte, Rachel m'hébergera à Babylone, je ne serai pas en peine.

J'étais tout juste de retour à Nazareth que, penchée sur les berceaux des petits-enfants, pour saluer l'apport de la nouvelle génération, j'eus à courir au chevet de la précédente. Deux anciens, rassasiés d'ans, nous furent enlevés. Le premier qui tomba fut un voisin, parent éloigné de mon père. Le second fut Hefer, l'époux de Deborah, auquel me liaient non seulement la parenté mais le souvenir d'événements mémorables : la naissance de Jésus à Bethléem, notre fuite en Égypte. Je partis à Jérusalem où avaient lieu les obsèques, accompagnée de Jacques, d'Élie, de Schochana. J'y rencontrai grand monde, car Hefer était un pharisien notable. Mais surtout, j'y fis la connaissance de Hulda.

Ayant accompli les rites funèbres, présenté mes condoléances et clôturé le deuil avec Deborah, je reçus une requête extraordinaire. Hulda, épouse de l'intendant d'Hérode Antipas, souhaitait me voir. Me sachant apparentée au défunt qu'elle connaissait un peu, elle était venue de Césarée dans ce but.

— De Césarée ? s'étonna Jacques.

— Avec son escorte et trois ânesses blanches, précisa le messager.

Jacques n'était pas d'accord pour que j'accepte le rendez-vous. Il craignait un guet-apens, ou plus simplement une manœuvre. Deborah fut consultée : elle avait les moyens de se renseigner, et en effet, découvrit rapidement les motifs de cette femme : la foi l'avait amenée à Jésus et, depuis peu, elle se rangeait parmi ses fidèles. Lorsqu'il s'agit de mon fils, je n'hésite pas. J'acceptai l'entrevue, en dépit des réticences de Jacques.

Elle eut lieu dans une maison au nord de la ville, près de la porte des Poissons, là où foires et marchés découragent les suiveurs. J'étais à peine introduite qu'une forme gracile se précipita à mes genoux, les embrassa et s'écria :

— Vous êtes sa mère !

Je la relevai, confuse de voir une femme d'aussi haut rang s'incliner devant moi.

— Je voulais vous connaître mais je n'osais vous faire signe, ajouta-t-elle en se dévoilant.

C'était la première fois que je pouvais m'adresser seule à seule à un élément de cette foule sans visage qui acclamait mon fils et le nommait Rabbi. Et il ne s'agissait pas d'une personne quelconque, mais de l'épouse de Chouza, l'intendant du tétrarque. L'audace de sa démarche, contrastant avec une simplicité si naturelle, m'encouragea à lui demander :

— Qui vous a conduits vers mon fils ?

— Tout. Ce qu'il dit, la manière dont il le dit. Sa justice et sa vérité. Il est le Maître qu'on admire, le modèle qu'on imite. Il explique comment hâter l'avènement du Royaume et ce qu'il recommande aux autres, il le met lui-même en pratique.

— Oui, il a tout quitté, sa famille, un métier, pour le service de Dieu.

J'avais dû montrer de l'amertume en disant : « Il a tout quitté », car elle me regarda :

— Vous avez de la peine ? Je le comprends. Il est votre premier-né. Mais soyez fière de lui, il a choisi la meilleure part.

Très vite, très fort, la conversation nous engageait. Qui pouvait dire si un espion ne nous écoutait pas derrière la porte ? Un courant d'air agita dans le fond de la salle le battant mou d'une tenture. Je me retournai. J'hésitais à me livrer davantage : la prudence de Jacques me gagnait. Savait-elle, cette jeune enthousiaste, qu'un rendez-vous clandestin ne l'est jamais tout à fait ? Les complices qu'elle avait achetés pour disposer de cette maison, étaient peut-être payés deux fois.

— On ne peut accomplir tant de merveilles sans irriter les incrédules, on ne peut dénoncer le mal sans se faire des ennemis. Mais la majorité du peuple est pour le Rabbi. Et même au palais, plusieurs lui sont acquis.

— Au palais ? Que dit-on de lui ?

Elle réfléchit, soucieuse de parler vrai :

— Cela dépend. Hérode Antipas se demande si Jésus n'est pas le Baptiste ressuscité. Il n'en dort pas car son crime le poursuit. Certains croient plutôt qu'il est le prophète Élie. Ceux qui ont assisté à la résurrection de la jeune fille de Kephar-Nahum pensent qu'il est le saint d'Élohim. Je suis de ceux-là. Si vous aviez vu l'enthousiasme de la foule se bousculant pour toucher la morte, ou plutôt la vivante, et criant : « Nous sommes témoins de prodiges » ! Je suis sûre que le Rabbi tient secret son vrai nom à cause des Romains. Jean le Baptiste en a eu la révélation. De Machéronte où il était enfermé, il a réussi à lui envoyer un messager pour l'interroger : « Es-tu celui qui doit venir ? » Il a répondu : « Dites à Jean : les aveugles voient, les sourds entendent, les lépreux sont purifiés, les morts ressuscitent et la Bonne Nouvelle est annoncée aux pauvres. »

— La Bonne Nouvelle aux pauvres... Oui, je sais.

— Ce sont les paroles de l'Écriture à propos du Messie. Le Rabbi lui-même s'est déclaré à Césarée dans le territoire de Philippe, devant Simon qui n'a pas retenu sa langue. Et souvenez-vous de la prophétie de Jérémie : « Voici venir les jours où je susciterai à David un germe juste qui régnera en Roi. Il sera perspicace, il pratiquera droit et équité dans le pays. Le nom dont on le nommera est : « Yaweh, notre Justice. » Que signifie le nom de votre fils ? Jésus veut dire : « Yaweh sauve. » S'il sauve, c'est qu'il est juste. On sait aussi que votre famille descend du roi David.

— David a une descendance qui ressemble au sable de la mer.

Je résistai au désir de serrer Hulda dans mes bras.

— Et si le peuple le nommait Roi ?

— Hulda, que faites-vous d'Hérode Antipas, vous l'épouse de son intendant ?

Elle m'adressa un signe qui, je suppose, voulait dire « Vous avez raison ». Puis, après un moment de silence, elle osa cette réflexion :

— C'est étrange, vous êtes sa mère et vous ne savez pas que votre fils est le Saint de Dieu.

Je reçus la gifle en pleine joue et dus en rougir :

— Ma mère m'enseignait que le Messie descendrait des nuées.

Ce fut mon piètre refuge. Hulda n'objecta rien, mais je vis passer dans ses yeux l'ombre du chagrin. J'essayai de me racheter en ouvrant mon cœur et posai ma main sur la sienne.

— Ce Rabbi, dis-je, nous sommes au moins deux à l'aimer !...

Un sourire transforma son visage. Ce sourire était une victoire qui lui faisait gagner un pouce sur la chaîne tendue entre nous et dont, par ma faute, les anneaux avaient failli se rompre. Hulda méritait d'apprendre que mes reculs n'étaient que prudence, ma réserve timidité, ma maladresse de l'émoi. Mais soudain une esclave fit irruption et lui parla à l'oreille, un avertissement sans doute. Rassemblant ses ailes, elle s'envola comme elle était venue.

Je perdis rapidement sa silhouette. On évacuait le marché, les camelots pliaient leurs éventaires, la place se vidait et déjà se faufilaient les rôdeurs : je me hâtai de rejoindre Jacques, un Jacques bourru parce que je l'avais fait attendre. Il évita de m'interroger sur notre entretien et je fus soulagée de n'en rien dire. Je n'aurais pu lui avouer qu'en voyant Hulda j'avais reconnu une petite sœur de Daniel échappée de la fosse aux lions : Césarée la maudite.

Jacques héla un ânier. En quarante ans, je n'avais jamais autant pratiqué les ânes. Ma monture n'était pas de première jeunesse et Jacques houspillait la pauvre bête pour la faire avancer. J'étais secouée comme un sac de noix et mes idées aussi. Jésus l'Élie, Jésus le Baptiste ; Jean le Messie... Les personnes et les rôles se mêlaient comme dans un rêve. Deux soucis ordonnaient ce chaos, tous deux d'ordre pratique : comment forcer le Ciel pour qu'il me permette de rencontrer mon fils et si le peuple, comme l'affirmait Hulda, reconnaissait en lui l'Attendu d'Israël, à quoi ses jours à venir seraient-ils exposés ? Une crampe me tordait l'estomac. Le nourrisson repu, ballotté devant nous sur le dos de sa mère, me faisait envier son sommeil.

XVIII

Je n'en restai pas là avec Hulda. En effet, le temps du pèlerinage approchait. Je ne voulais pas m'en dispenser, cette année moins que les autres. J'accompagnai donc Esther et Mardochaï, qui avaient décidé de l'accomplir. Deux jours après notre arrivée à Jérusalem et comme je m'y attendais, je rencontrai Hulda.

J'aperçus sa litière à l'entrée du Temple. Mue par je ne sais quel avertissement, elle écarta les rideaux et me fit signe de la suivre. je n'en revenais pas d'être encadrée par une cohorte d'esclaves et d'avoir accès au parvis des femmes sans être saluée par un seul de ces quolibets que distribuent grossièrement les soldats de César quand ils renforcent la police du Temple.

— Vous êtes à Jérusalem, savez-vous si mon fils s'y trouve ?

— Je ne crois pas. On l'a dissuadé de se montrer. Ce qu'il prêche exaspère les prêtres et les pharisiens. Ils brûlent d'envie de le prendre en faute.

Après le sacrifice et la bénédiction, Hulda m'entraîna dans un local réservé aux hôtes du palais. Deborah m'accompagnait. Même protégées par les lévites qui frayaient le passage, il nous était pénible de mettre un pied devant l'autre, tant se pressaient les pèlerins dont l'hystérie communicative couvrait de ses cris les trompettes appelant chacun au recueillement. Parvenue dans le pavillon où nous étions seules, Hulda arracha son voile avec une brusquerie qui signifiait : « Il n'y aura plus entre vous et moi ni contrainte ni malentendu et nous allons parler ensemble de notre Rabbi bien-aimé. » Je lui dis qui était Deborah, une parente, une amie, veuve à présent qui avait connu Jésus tout petit sur les routes d'Égypte. Ce Jésus, mon fils admiré, décrié, je succombais à la tentation de l'entendre louer tandis que j'allais enfin découvrir mon cœur.

On dit de la vérité qu'elle est éclatante. Peut-être. Mais la mienne est une croyance qui ne cesse jamais d'être un peu secrète. Elle l'est par son origine, puisqu'elle vient du fond de moi. Elle exige pour se montrer une complicité qui lui réponde et l'accueille doucement. Hulda choisissait le ton et les propos qui apprivoisaient ma timidité. Elle me parlait des miracles de mon fils et la sincérité de sa jeunesse les dénombrait précisément parce qu'il faut évoquer avec rigueur ce qui étonne les yeux. Elle avait noté que Jésus avait multiplié les pains et les poissons pour nourrir la foule affamée de ses disciples, et que ce même prodige était attribué par le Livre au prophète Élie qui vivait au temps du roi Achab. Je me décidai en retour à lui confier quelque chose.

— Écoutez, je vais vous raconter son premier miracle. C'est celui que je préfère, parce qu'il a eu peu de témoins, et que mon fils l'a fait à ma demande, au début de sa mission, en un temps où on ne parlait guère de lui. Nous assistions ensemble à une noce, c'était à Cana, tout près de Nazareth. Au milieu du repas, je vis que le vin manquait. J'avertis Jésus et j'allai vers les serviteurs pour leur dire de faire ce qu'il commanderait. L'initiative dont je fis preuve m'a bien étonnée par la suite, car l'accord entre mon fils et moi ne cherche pas à s'exprimer. Au surplus, ma condition de femme m'interdit de me mêler de ses décisions même les plus simples. Cette fois, j'avais passé outre parce que nous étions à la table d'un ami qu'il fallait tirer d'embarras. Jésus réagit comme je m'y attendais, il demanda aux serviteurs de remplir d'eau les grandes jarres qui contiennent chacune deux ou trois mesures pour les ablutions. Les serviteurs obéirent. Il leur dit alors : « Puisez maintenant. » De sorte que le chef du festin, y ayant goûté, s'étonna auprès du marié. « D'habitude, on sert le meilleur vin en premier et quand les invités sont gris, on leur offre le moins bon, tandis que toi, tu as fait lc contraire et gardé le meilleur pour la fin. » Ce fut dans la liesse et les danses que se termina la noce. Voilà. Je vous ai fait ce récit parce que j'ai pensé que vous l'aimeriez.

Je ne dis pas à Hulda que peu de temps auparavant, je m'étais arrêtée à Cana, et y avais retrouvé le jeune ménage. La vie est une longue place aux galets parfois coupants mais dont ensuite le sable repose. Les époux avaient rapidement prospéré, un oncle leur avait laissé du bien, et leur nouvelle maison se dorait au soleil couchant, ce qui leur économisait le bois du chauffage : il peut faire très froid à Cana, quand le vent qui se rue vers la mer balaye le sommet de l'Hermon. Quelques brebis paissaient dans un enclos. L'évocation de la noce (l'affolement du père découvrant que le vin manquait et sa stupeur devant les jarres à nouveau remplies) fut le thème de la soirée. Mes jeunes amis vouaient à mon fils une dévotion candide. Après ce qu'ils avaient reçu de lui, ils le nommaient le Saint de Dieu, et me couvraient d'égards. En les quittant le matin à l'aube pour retourner à Nazareth, j'avais éprouvé la vigueur de la jeunesse, enivrée par ce vin nouveau que je n'avais pourtant pas bu.

— Des signes, disait Hulda, il en a accompli d'innombrables. On ne compte plus les possédés qu'il a délivrés. Que n'a-t-on jasé à ce propos ! On a même dit qu'il chassait les démons par Belzébuth.

Je l'avais interrompue :

— Les démons, comment les chasse-t-il ?

— Mais... par les mots de sa bouche...

— Tant mieux, mon fils n'est pas un magicien, il ne fait rien de contraire à la Loi. L'homme à la main desséchée qu'il a guéri le jour du Shabbat, il n'a pas eu à le toucher n'est-ce pas ?

Elle fit non de la tête. Elle était instruite des interdits.

— Il est venu pour accomplir la Loi et non pour l'abolir, vous savez.

Son visage parlait autant que ses lèvres. Elle continua :

— Je vous l'ai dit, ceux qui cherchent à le prendre en défaut n'ont pas réussi, alors ils enragent. Je vais vous donner un exemple. Il s'agit de ses disciples, mais cela revient au même : on leur a reproché d'avoir cueilli des épis de blé un jour chômé et de s'en être nourris parce qu'ils avaient faim. Or ils les ont froissés avec leurs doigts, non dans leurs mains et cela, la Loi l'autorise. Le Rabbi a pris leur défense devant les scribes et les Docteurs en rappelant l'histoire où il est écrit que le jour où il dut nourrir ses compagnons, le roi David se servit des pains de proposition déposés en vue des offrandes.

Elle versait un baume sur la plaie d'où, goutte à goutte, s'écoulait mon mauvais sang. Ma défaillance venait de cette blessure dont je n'avais pas tout à fait conscience, je croyais souffrir parce que Jésus avait quitté la maison de ses Pères. En vérité, je redoutais aussi qu'il quitte la Loi de ses Ancêtres, qu'il cesse d'être un bon juif, comme ceux-ci l'avaient été. Le scandale entretenu autour de ses gestes et de ses paroles était un complot venant de ceux qui voulaient le retrancher du milieu de son peuple. Comment le Messie se retrancherait-il de sa Communauté ?

— Hulda, j'ai appris aussi que vous secouriez mon fils en secret. L'autre jour, il a reçu une bourse pleine, je suis sûre qu'elle venait de vous. Le savoir en chemin avec ses disciples sans ressources, m'est un souci. Ce n'est pas la mère du Messie qui parle, c'est la mère de Jésus.

Cette fois, Hulda posa sa main sur la mienne.

— Il est plus difficile à un riche d'entrer dans le royaume des cieux qu'à un chameau de passer par le chas d'une aiguille. Voilà ce qu'il déclare. J'y pense souvent, moi qui vis à la Cour. Si je pouvais, je ne me contenterais pas du peu que je lui donne : je lui laisserais tous mes biens et le suivrais. Un jour, peut-être... Alors, je serai bien heureuse.

Comment l'épouse de Chouza pouvait-elle se rendre libre ?

— Les hommes font ce qu'ils veulent, pas nous, soupira-t-elle. Il m'est impossible de quitter mon foyer. Des femmes ont reçu des missions exceptionnelles, Deborah la prophétesse qui suivit l'armée de Baracq, Yaël qui plongea un poignard dans le cœur de Sisera, Esther... Mais c'était au temps de nos pères, nous en sommes loin.

Tout à coup, je songeai à Marie de Magdala qui avait assisté au banquet chez Lévi, et à ses pareilles, pécheresses dont parle le Livre, Tama, Rahab, Bethsabée.

— Vous connaissez Marie de Magdala ?

— La prostituée ? J'ai entendu dire qu'elle avait jeté ses parures en écoutant le Maître. Les femmes qui se vendent sont plus disponibles que nous...

— Il n'est pas venu pour les Justes, mais pour les pécheurs...

Voici que je me servais des mots de mon fils, prenant le parti des prostituées. Hulda murmura :

— Le Rabbi ne guérit pas seulement le corps, il guérit aussi les âmes.

Le Rabbi se pencherait sur la sienne, je n'en doutais pas.

Lorsqu'elle me quitta, je regardai Deborah, témoin muet de notre entretien :

— Tu aurais dû lui parler du vœu de Naziréat, me dit-elle, le jeûne et la pénitence sont à la portée de tous, hommes ou femmes. Rappelle-toi Anne, la fille de Phanuel, que tu as rencontrée au Temple, lors du rachat de ton fils. Elle vivait dans la prière, la pénitence, et ne s'écartait pas du Sanctuaire. On la disait prophétesse. Mais elle était très vieille et veuve. Veuve, comme toi et moi.

— Je n'y ai pas pensé, elle est si fraîche, si débordante d'amour... Deborah, ne lâche pas ma main. Nous appartenons toutes deux aux jours anciens. Il y a tant de choses que nous ne comprenons plus. Est-ce la fin des Temps ?

Deborah avait, en ville, des amis qui lui offraient un lit. Moi je rejoignis l'auberge toute proche où mes parents avaient coutume de descendre. J'avais l'âge où l'on aime retrouver les lieux rassurants qui font remonter la vie vers ses sources. Le pieux visage de ma mère, l'enthousiasme de mon père, la voix de Josef décrivant les travaux du Temple, et Jésus, tout frêle, recevant l'amulette « qui le protègerait du mauvais œil », voici ce que m'offrait le sourire de la vieille aubergiste qui, disait-elle, aurait toujours une petite place pour moi. Cette fois, à peine avais-je franchi la porte que j'aperçus Shimon dans la cour, en conversation animée avec un homme corpulent, aux traits durs. Pourquoi Shimon était-il monté à Jérusalem ? Il ne m'avait pas prévenue. Sotte que je suis d'avoir toujours le sentiment que les enfants me doivent des comptes ! Shimon m'aperçut et vint vers moi :

— L'homme à qui je parlais, mère, regarde-le. C'est Bar Abbas. Souviens-toi de son nom mais n'en dis jamais rien. C'est un résistant, un chef.

Je connaissais les idées de Shimon, sa haine des Romains, sa foi militante, sa hâte de voir l'occupant chassé par le fer et le feu. Bar Abbas était donc zélote.

— C'est vrai, continua Shimon, Bar Abbas ne se trompe pas. Notre servitude et notre humiliation sont insupportables. Les juifs ne doivent rien à César, Dieu seul est leur Maître. À quoi sert de prôner l'avènement du Royaume libéré, ou celui de la Nouvelle Alliance, si on ne fait rien pour les hâter ? Appeler les hommes à s'aimer, quel enfantillage ! Grouper les croyants, les armer contre les goyim, voilà le devoir des patriotes.

Là encore il était facile de comprendre : Shimon s'en prenait à Jésus.

— Jésus prêche, il palabre, il condamne, il excuse. Quel résultat ? Du vent. Il n'a réussi qu'à se faire honnir du clergé, soupçonner par les Romains, maudire par les conservateurs, les riches, les puissants, il finira par avoir contre lui le monde entier, y compris la poignée de rêveurs qui le suit en ce moment et à qui il ne donne ni le moyen ni le goût de combattre. La nation n'a pas besoin de sacrifices inutiles. Comme dit Bar Abbas, il lui faut des soldats audacieux, des sicaires qui savent, en pleine foule, enfoncer leur dague dans le dos des ennemis... Mais d'après lui, Jésus n'est pas de ceux-là et s'il périt un jour, ce sera sans avoir rien fait : en pure perte.

Franchement, peu m'importait le conseil de Shimon et de

ses amis zélotes ; je ne retenais qu'une chose : l'inimitié qui menaçait mon fils. L'angoisse serre le cœur plus étroitement que le danger. je ne respirais plus. Cette fuite de mon sang qui vidait ma tête, je la connaissais bien ! À ma mère, mon père reprochait déjà : « Tu n'es faite que d'amour et de crainte. » Qu'aurait-il dit de moi ? Quelle eau courante, quelle lavandière laverait jamais mon âme de la peur qui la marquait, comme elle avait marqué les aïeules de qui je la tenais. Pourquoi Shimon aggravait-il ma faiblesse ? Et Jésus, pourquoi me tourmentait-il ? Josef n'était plus derrière moi pour se moquer doucement, et me consoler comme il savait le faire. « Marie, tu es une vraie mère juive... »

Ce fils, en avais-je rêvé ! À nous autres, les femmes, revient la fonction de concevoir selon l'ordre qui dit : « Soyez féconds, emplissez la terre. » Lorsque mes parents choisirent de me donner Josef pour époux afin que se lient les nœuds qui feraient de nous un couple juif exemplaire, je me troublai, n'étant pas préparée au mariage. Mais le Seigneur me visita. Alors je regardai mon ventre : « Le fils qui en sortira, je l'appellerai Jésus, Celui qui sauve. » Dès qu'il fut déposé dans mes bras, je ne me lassai pas de le regarder, je notai tout : la couleur de ses yeux, sa façon de saisir mon doigt ou mon sein, avide qu'il était déjà de gagner et de prendre. Il rattrapa vite son cousin, Jean, de six mois son aîné. J'épiais son sommeil et me disais : « Élisabeth a raison, ce sera un vrai fils de David. » Quand la Galilée fut à feu et à sang, je redoutai de le voir grandir : « Qui sait si plus tard, poussé par l'exemple d'Ézechias le rebelle, il ne conduira pas la révolte contre les occupants impies en prenant sur lui tous les risques ! » Alors, j'invoquai le Saint : « Toi, le Maître, est-ce ta volonté ? En ces jours de discorde et de désolation, vas-tu armer le bras de tes enfants pour faire triompher ta cause ? Désires-tu leur sang ? N'es-tu pas rassasié de celui des sacrifices qui se répand chaque jour sur tes autels ? Pardon. Peut-être as-tu besoin de mes larmes en expiation de nos péchés. Elles iront grossir le torrent où affluent les pleurs des mères juives qui, comme moi, tremblent pour notre race. Dans le flot se lavent les iniquités du monde, celles de notre peuple, ses manques, ses chutes, celles des goyim qui nous violentent pour nous imposer leurs idoles, celles des nations qui rampent comme des bêtes aux confins de la terre parce qu'elles ne Te connaissent pas. Que s'y noie le tyran de Rome ! Ô lueur, ô espoir, que s'y balance la nacelle de l'enfant que Tu sauveras des eaux comme tu sauvas Moïse... ! »

XIX

Je m'étais laissé tenter par Deborah qui m'avait conviée chez elle, à Bethléem, ainsi que Jacques, monté entre-temps de Nazareth. D'emblée et comme à chaque visite, l'aisance de cette maison me ramenait à l'ébahissement de mon premier séjour, lorsqu'après la grotte où j'avais mis Jésus au monde, je me présentai, timide, dans ce qui me paraissait un palais. Hérode (comment ne pas avoir son image à l'esprit ?) terrorisait le pays, et j'étais aussi apeurée qu'un passereau guetté par le vautour. Ma belle-famille, heureusement, m'ouvrait ses bras protecteurs.

Aujourd'hui les circonstances n'étaient plus les mêmes et pourtant, en ce moment où l'approche des fêtes répandait dans Jérusalem la fièvre des pèlerins, chacun éprouvait une sorte d'appréhension, une conjugaison d'alarmes confuses, mêlant des motifs et des effets différents, mais opérant tous les uns sur les autres. Les phobies du tétrarque, les caprices du proconsul romain, la poigne des militaires, les délations de la police, les préjugés des prêtres, la rivalité des sectaires : le ciel était menacé par tout un ensemble de foudres dont la maison de Deborah me paraissait constituer, comme jadis, le meilleur abri.

Parmi les autres invités se trouvait Samuel, le vieux compagnon de mon père, qui décidément résistait à tous les hivers, enraciné comme un patriarche. Quand je l'aperçus, il conversait dans la salle avec un homme vêtu de lin, dont on m'avait dit qu'il se nommait Nicodème, qu'il appartenait au grand Sanhédrin, qu'il possédait des arpents de terre, que ses granges étaient superbement hautes et remplies, qu'il faisait aussi le commerce du bois et du vin, bref qu'il était riche. Ainsi s'expliquait la litière en attente et les esclaves qui réclamaient un seau pour abreuver le cheval.

— Je n'ose pas saluer Samuel, dis-je à Deborah, il paraît absorbé par son entretien.

— Tu as raison, les vieilles gens n'aiment pas qu'on les interrompe. Il y a une heure qu'il discute avec Nicodème.

— De quoi ?

— De ton fils Jésus, je crois bien.

— Samuel, sûrement, l'approuve. C'est un ami de la famille.

Deborah ne répondit pas et s'éclipsa. Je pensai qu'elle était soucieuse de ses devoirs : l'hospitalité est de règle dans la maison pharisienne et, depuis la mort d'Hefer, elle avait la charge de tout. J'invoquai le prétexte de contribuer au service des convives pour m'approcher de la salle et, sans me faire remarquer, écouter Samuel. Il haussait le ton et le bol de lait aigre qu'il portait à sa bouche mouillait sa barbe.

— C'est s'en prendre à la Loi que de nuire à ses défenseurs, criait-il. On ne peut m'accuser de rigorisme : en tant que Galiléen, j'ai toujours été ouvert aux idées nouvelles ; l'assemblée des Docteurs me l'a reproché. Mais je n'admets pas qu'on nous salisse. Je n'ose rapporter les propos entendus par des gens dignes de foi : il nous traite de menteurs, d'hypocrites et bien pire. Un lépreux, une prostituée trouvent grâce à ses yeux, mais un pharisien est bon pour la géhenne.

Aucun doute, il parlait de Jésus.

— Surtout je ne vois pas l'objet de cette provocation, ni le bénéfice qu'il en tire. Non, Nicodème, ne dis pas le contraire. Il se met dans un mauvais cas.

— Méfions-nous des malentendus. Ce que le Rabbi dénonce et accuse, ce sont les mauvais pharisiens.

— Et les scribes ?

— Les mauvais scribes.

D'allongés qu'ils étaient, les deux hommes s'étaient redressés en position de combat.

— Tu oublies le dicton populaire, dit Nicodème. Je vais te le rappeler pour rafraîchir ta bile. Il y a sept sortes de pharisiens : le pharisien qui porte ses mérites à bout de bras pour qu'on les aperçoive ; le pharisien pressé parce qu'il prétend courir après son devoir ; le pharisien qui ferme les yeux afin de ne pas regarder les femmes et va se cogner contre le mur ; le pharisien écrasé par sa modestie qui marche plié en deux ; le pharisien qui pratique la Loi en comptant les récompenses qu'elle promet ; le pharisien qui fait le bien par peur du châtiment et, le septième qui est le bon, le bon, comme toi et moi. Ainsi admets-le, Jésus n'est pas le premier à vitupérer contre notre parti.

Samuel s'était radouci.

— Soit, mais tu ne peux comparer une boutade même sévère, aux injures que profère le fils de Josef. Quand je pense à ses aïeux, des juifs d'autrefois !... Marie, sa mère est pieuse et effacée...

Je me collai contre le mur.

— Dis-moi, Nicodème, reprit Samuel, où en serait ce peuple à la nuque raide si nos Docteurs tant décriés par Jésus n'avaient pas relevé le défi après l'Exil ? Cyrus, souviens-toi, autorise la restauration de notre État et le retour de nos déportés... Jérusalem est en ruine. Du Temple de Salomon il ne reste que des pierres calcinées...

Nicodème soupira, le coude sur la table. Samuel serait long, il entamait son morceau favori.

— À Babylone, beaucoup de juifs ont contracté des mariages mixtes et sacrifient aux idoles. Ceux des nôtres restés au pays, paysans incultes, ont perdu la foi en l'Unique. La Loi est oubliée. Que fait Esdras, le premier scribe ? Il rallie les défaillants en brandissant la Torah, fonde une académie de soixante-dix membres qui instruit les clercs pour les générations à venir, devient l'ancêtre des Hillel, des Shamaï, des Gamaliel. Et après lui, c'est encore un scribe qui dénonce la superstition et l'ignorance, institue des lectures publiques, groupe les Livres en un seul. De tels hommes couvrent la nation de leur gloire. Ces prétendus pleutres, ces fanfarons ne reculent pas devant l'épée d'Antiochus, l'impie. Ils bravent Alexandre Jannée et vont au martyre. Combien furent pendus à la croix ? Nos scribes et nos pharisiens, ces sépulcres blanchis comme Jésus les nomme, sont leurs descendants.

J'étais déchirée par la honte, clouée par la curiosité.

— Nul ne te contredit, Samuel. Nous sommes pleins de gratitude pour ces héros. La flamme de leur sacrifice a rallumé la foi de nos Pères.

— Et, devant nous, se poursuit l'œuvre de ces pharisiens inlassables. Ils ont constitué des groupes de pureté pour s'entraîner à mieux observer la Loi. Personne ne pratique le bien autant qu'eux.

Samuel conclut d'une voix cassée :

— Non, je ne comprends pas ce Jésus. Mais toi, Nicodème, membre du grand Sanhédrin, qui a des informateurs à ta solde, n'as-tu pas entendu qu'il aurait fréquenté les esséniens maudits ? Alors, tout s'expliquerait.

Je n'étais pas au bout de mes peines. Le moment le plus dur survint quand Samuel, évoquant le souvenir de mon père, ajouta qu'il considérait Jésus comme son propre fils, qu'il aurait voulu le guider dans la vie, en faire un Maître et maintenant le sauver. Le sauver. Encore ce mot. Mon fils était donc en danger.

— La police reçoit chaque jour des dénonciations contre lui. Le clergé, les marchands du Temple, les scribes, les Docteurs, et j'en passe… il a fustigé tout le monde. Au début, Pilate n'en avait cure mais à la longue il s'exaspère. Caïphe craint que le Procurateur ne sévisse et que le pays n'en fasse les frais. Séditieux, blasphémateur, contempteur des Lois, ennemi de Rome, recruteur d'une bande de militants faméliques : voilà, à tort ou à raison, ce qu'on dit de Jésus. Passe encore qu'il agite la campagne, les Galiléens ont toujours eu la tête près du bonnet, mais s'il entre à Jérusalem et profite du pèlerinage pour ameuter la foule, gare à lui : la répression sera immédiate, sans merci.

Ayant aperçu Jacques, Samuel continua :

— Je t'en prie, il faut qu'un de tes frères ou toi-même le forciez à disparaître un moment.

— Il est à Ephraïm, au-delà du Jourdain.

Je dus faire du bruit en voulant m'éloigner car Samuel se retourna :

— Marie, tu étais là aussi ? C'est par l'excès de mon chagrin que j'ai dit ce que tu as entendu.

— Ce qui est reproché à Jésus doit être examiné mot par mot, geste par geste, dit Nicodème. La Loi interdit que l'on juge quiconque sans l'avoir écouté. Or, Jésus ne porte aucune atteinte à nos institutions. Il veut changer le cœur de l'homme, ce n'est pas condamnable. Je suis allé le voir en secret et je puis dire, en vérité, que jamais personne n'a parlé comme lui.

Dès que Nicodème eut quitté la salle, je m'accrochai à la robe de Samuel et m'effondrai à ses genoux.

— Samuel, la paix soit sur toi. Je sais que tu nous veux du bien. Je te supplie de ne pas te dresser contre mon fils. Il a reçu le baptême de Jean et il est habité par l'Esprit. Songe aux prophètes qui l'ont précédé, à la violence d'Isaïe, d'Osée, de Jérémie, d'Ézéchiel... Lui, il annonce la venue du Royaume mais ne menace aucun. Ses lèvres ne sont pas brûlées par la braise mais par des mots d'amour. Tout ce qu'on lui prête à l'encontre des scribes et des Docteurs a été déformé, j'en suis sûre. Samuel, rassure-moi, dis-moi qu'il n'est pas en danger.

Il me releva et je devinai qu'il pensait à mon père, son ami. Il me caressa les cheveux.

— Que ton fils se laisse guider par la modération et les jours se prolongeront pour lui.

Il parlait comme s'il voulait témoigner d'un sentiment qu'il souffrait de ne pas éprouver.

Jacques était bien informé, Jésus avait eu la sagesse de s'abriter à Ephraïm. Je respirai. Tandis que Deborah, toujours en mouvement, se livrait à la minutieuse et perpétuelle inspection de ses réserves (elle avait embauché un nouvel affranchi et l'initiait à son travail), j'avais des scrupules à l'entretenir de mes soucis. J'avais pris en charge les enfants et j'essayais de les distraire. Nous avions inventé différents jeux. Par exemple, recueillir les rumeurs qui parvenaient jusqu'à nous, colportées par les gens de passage, les voisins, les commères du marché, et les examiner pour séparer le vrai du faux en expliquant pourquoi. Ou bien choisir un héros de notre histoire, et en faire un contemporain jouant son rôle dans les circonstances d'aujourd'hui. Le gagnant recevait un gâteau de miel et de figues. Je m'émerveillais de la fantaisie, du jugement, et de la mémoire de ce petit monde. Les enfants me montraient ce qui fait la richesse et l'unité de notre peuple, la délectation du passé, l'habileté à découvrir, le penchant à débattre.

L'événement qui ébranla soudain les murs de la maison fut la résurrection de Lazare, le frère de Marthe et de Marie. Voici ce que l'on racontait : Lazare était tombé malade et son état empirait. Jésus, étant à Ephraïm, n'avait pu se rendre au chevet de son ami. Lazare était mort. Marthe, ayant appris que Jésus s'était mis en route pour Béthanie, avait couru au devant de lui et s'était jetée à ses pieds. « Rabbi, si tu avais été présent, mon frère serait encore en vie. Il y a déjà trois jours qu'il est dans le tombeau. » Jésus se rendit à la maison du défunt que les voisins et les gens d'alentour emplissaient de leurs gémissements, car Lazare était estimé. « Ne pleurez pas, il n'est pas mort, il est seulement endormi », dit Jésus qui demanda qu'on le conduise là où était déposé le corps. Arrivé sur les lieux, il commanda : « Lazare, lève-toi. » Lazare se leva, ôta tranquillement ses bandelettes et son suaire. Les assistants furent plongés dans la stupéfaction et proclamèrent que Jésus était vraiment le Saint d'Élohim.

Les enfants écoutaient le récit bouche bée. Ce prodige accompli dans un village tout proche, par un homme qu'ils connaissaient, presque un parent, projetait devant leurs yeux les miracles du Livre. La petite fille qui tenait un chaton dans ses bras, le caressait :

— S'il meurt, j'appellerai le Rabbi.

Puis elle demanda :

— Est-ce que le Rabbi aime les enfants ?

— Beaucoup. Plusieurs d'entre eux, un jour qu'il prêchait, se sont approchés de lui. Des disciples ont voulu les chasser et il les a grondés : « Laissez venir à moi ces enfants, le Royaume des Cieux est pour ceux qui leur ressemblent. »

— Alors, pourquoi n'en a-t-il pas ?

— Parce qu'il n'est pas marié.

— Pourquoi n'est-il pas marié ?

— Parce que Dieu l'a chargé de s'occuper des autres, des pauvres, des orphelins, de ceux qui n'ont rien à manger...

XX

Comme toujours, la compagnie des enfants était le seul remède à mes appréhensions. Quand les petits étaient couchés, j'essayais de prolonger l'accalmie qu'ils m'avaient apportée mais qui, hélas, se dissipait avant mon sommeil. De ma fenêtre je regardais le ciel de Jérusalem. Jésus suivrait-il les conseils de Samuel et manquerait-il la Pâque ? En ce cas il se retirerait quelque part à l'abri et je ne le verrais pas. Ou bien braverait-il les pièges et monterait-il aux parvis pour participer quand même au pèlerinage ? Je ne savais que souhaiter. Lorsque je fus informée que non seulement il avait été vu sous les portiques mais qu'il avait parlé au peuple, je n'eus de cesse de le rejoindre. Malheureusement, personne n'était disponible pour m'accompagner. On voulait me cacher quelque chose.

Éliahoud me libéra de mes doutes : il arrivait de Nazareth, il avait laissé sa femme à la maison : je compris qu'il était venu pour moi.

— Rassure-toi, tout le monde est en bonne santé, Schochana, les enfants, la famille. Jésus aussi.

Je respirai.

— Et je viens te chercher.

— Tu m'emmènes à Jérusalem ?

— Je t'emmène à Jérusalem mais auparavant nous passerons par Béthanie. Marthe et Marie veulent te gâter après ce que ton fils a fait pour leur frère. Tu seras bien dans cette maison où Jésus a séjourné longtemps. Il y reviendra sans doute avant le Shabbat.

Argument décisif : j'irais à Béthanie.

On s'y préparait pour la Fête dans l'euphorie de la résurrection de Lazare. Marthe, la plus active, nettoyait sans relâche. Marie comptait les paillasses et les nattes pour coucher les pèlerins de Nazareth. Ils seraient nombreux cette année. Mardochaï avait dit qu'il viendrait avec Esther. On attendait Cléophas et Myriam. De Kephar-Nahum, il n'était pas impossible que montent aussi les parents de Simon-Pierre et de Jean. Je ne serais pas seule.

Verrais-je Lazare ? On me confia que, menacé de mort, il avait pris la fuite. Lazare ressuscité et menacé de mort !

— Parce qu'il est un témoignage vivant en faveur de Jésus. Les ennemis de ton fils sont décidés à l'éliminer, on est venu l'en avertir. Ne le répète pas, il est à Jérusalem. Personne ne le reconnaîtra dans la foule. Bientôt, il réapparaîtra au grand jour, quand Jésus régnera. Ce sera une seconde résurrection.

Mon fils, Roi... Pas plus que Hulda, Marthe ne plaisantait. « Je suis la mère d'un Roi. » Ce constat, avec sa signification nouvelle, résonnait dans mon cœur comme le chant d'un luth. Il m'émerveillait et me disait : « Tu ne seras plus jamais Marie de Nazareth. » Les sœurs de Lazare me comblaient de prévenances pour me témoigner leur affection, leur reconnaissance, certes, mais aussi pour me signifier ma dignité. Marie, toujours pressée et enthousiaste, répétait :

— C'est imminent, c'est pour demain. Tu es la mère du Sauveur.

Larmes de joie. Aucun mal n'atteindra jamais plus l'Envoyé qui a dans la bouche les paroles du Maître et dans la main son pouvoir. Le peuple incrédule se méfie d'abord avant de le reconnaître, mais ensuite il brandit les bannières, il ouvre les portes et prépare les banquets. J'aurais dû le savoir depuis longtemps.

Au-dedans et hors des murs de Béthanie, la présence de Jésus avait allumé la flamme qui embrasait la ville. Quelques aveugles demeuraient tapis dans leur coin, mais les gens de la rue marchaient la tête haute. Quelle ampleur prend la vérité quand elle passe de bouche en bouche ! À la fontaine, on embellissait le récit, on en multipliait les détails. On racontait que, chez Simon le lépreux, une pécheresse avait pris dans un vase d'albâtre une livre de parfum, du nard le plus pur et le plus précieux qu'elle avait versé sur la tête de Jésus qui était à table. Une autre avait oint les pieds du Rabbi et les avait essuyés de ses cheveux. Les méchantes langues avaient crié au scandale. Un disciple s'était lui aussi offusqué du gaspillage. Mais Jésus avait déclaré :

— Des pauvres, vous en aurez toujours parmi vous, tandis que moi, vous ne m'aurez pas toujours.

— La pécheresse, n'était-ce pas toi, Marie ?

Marie n'avait pas répondu.

On racontait aussi que Jésus avait ajouté :

— En répandant ce parfum sur mon corps, cette femme a préludé à mon ensevelissement.

Qu'avait-il voulu dire ?

— C'était une façon de parler. On n'a pas à craindre la mort quand on ressuscite les défunts. À moi d'ailleurs, il a affirmé : « Je suis la Résurrection et la Vie. » Et j'ai répondu : « Je crois que tu es le Messie. »

Dans la maison désertée par les hommes, nous laissions s'écouler le trop-plein de nos cœurs. S'y mêlait un débordement d'espérance et de crainte. Marthe parlait beaucoup, interrompant sa sœur Marie.

— Ils sont nombreux autour de Jésus : douze. Il y a Simon et son frère André, Jacob et Jean fils de Zébédée, Philippe, Barthélemy, Mathieu, Thomas, Jacques et Jude, Simon de Cana et Judas Iscariote. Je crois que je n'oublie personne. Ils sont venus souvent manger chez nous. À tour de rôle ou ensemble, cela dépend. Alors je dresse les tables que tu vois démontées dans la cour, je sors les nattes de la remise pour le cas où ils souhaiteraient passer la nuit. À propos, c'est Judas qui m'en veut d'avoir gaspillé le parfum.

— Je savais que c'était toi qui l'avais répandu.

— Oui, c'était moi. Nous avons ce soir-là nourri tout le village et épuisé nos réserves. Voilà pourquoi nous avons si peu à t'offrir.

Je pensais : « Depuis combien de temps n'ai-je pas pris de repas avec mon fils ? Depuis Cana... »

— Tout ce qui arrive aujourd'hui est écrit dans lc Livre des Prophètes, triomphait Marie. Toi qui es la mère du Sauveur et qui es la plus instruite, cite-nous les Écritures.

— Moi, instruite ? Quand j'ai préparé le Shabbat et travaillé toute la semaine, je suis trop lasse pour aller à la synagogue. Autrefois, oui, mon père commentait à la maison la Parasha du jour. Mais depuis...

Comme chaque matin, les premières lueurs de l'aube réveillaient Béthanie avant Jérusalem. Dès qu'il fit assez clair, j'allai à la fontaine laver mes mains et rafraîchir mon visage : le bassin était presque vide, les pèlerins ayant puisé toute l'eau. Elle ferait défaut si nous ne nous pressions pas de remplir les cruches. Je frissonnais de fatigue, Marthe et Marie ne valaient guère mieux. Le bourg, lui, se ranimait.

Tout à coup, alors que nous cherchions le répit, un piétinement de coureurs accompagné d'un tintamarre de cavalcade, résonna dans la rue. La porte s'ouvrit. C'étaient nos parents de Nazareth. L'effroi était inscrit sur leur visage. je reconnus Jude, José, Shimon, Mardochaï, Esther, Myriam et Cléophas.

— Jésus rentre à Jérusalem aux cris de Hosanna !

Je savais tout.

Après quoi se succédèrent des propos décousus.

— Il chevauche une ânesse.

— Des gens du village la lui ont procurée.

— Le peuple lui fait un triomphe en agitant des palmes.

— On l'appelle « fils de David, Envoyé d'Élohim ».

— Ils l'ont voulu, ils y sont parvenus !

« Que diriez-vous si le peuple le faisait Roi ? » Ces mots de Hulda emplissaient ma mémoire, ma fierté, mon effroi, mon espérance. Toutes les prophéties du Livre surgissaient aussi...

— Jude, cours à la synagogue, fais-toi ouvrir l'Hakodesh.

— Mère, tu as perdu le sens ?

— Consulte les rouleaux de la Loi et vois s'il est écrit que le Messie entrera à Jérusalem sur le dos d'une ânesse...

XXI

Le tracé de ma vie est une ligne à tout moment brisée. Élisabeth, Myriam, Esther ou Salomé pourraient dire autant de la leur. Elles n'en parlent pas, tandis que je ne cesse de faire cas de mes joies ou de mes peines. Que le Ciel m'excuse, c'est et ce fut à cause de Jésus, mon fils. Il fut ma joie et mon tourment. Ma mission, si j'en ai une, est le fruit de la sienne. Parfois, je me dis que ce n'est pas moi qui lui ai donné le jour : c'est lui qui m'a prêté sa lumière.

On me retenait prisonnière pour m'empêcher de monter à Jérusalem ; de sorte que s'il manquait une voix pour acclamer mon fils, ce serait la mienne, si une flèche devait le percer, mon corps ne le protégerait pas. Je n'en pouvais plus d'attendre.

Reviendrait-il après la Fête ?

Après la Fête... Regards surpris de ceux qui m'avaient entendue. Marthe m'apportait un gobelet, Marie une couverture. Elles m'enfermaient, les deux sœurs, mais elles avaient cueilli pour moi les lis des champs et en avaient fleuri ma fenêtre. Brève vision de mon fils sur un trône de gloire. Il a rassemblé les tribus d'Israël... Aussitôt, réveil à Béthanie : « Ne me laissez pas seule. »

Les faux messies, les pseudo-prophètes, opulence de notre pays, me harcelaient. Ceux dont notre ami Samuel me citait les noms aux jours de la grande révolte, celui du mont des Oliviers qui prétendait abattre les murs de Jérusalem, ces bergers qui se proclamaient rois dans les montagnes, les dizaines, les centaines d'autres. Une répression sans merci avait dispersé leurs partisans, eux-mêmes étaient précipités dans la mort. « Non, mon fils ne se confond pas avec vous. »

— Va-t-il réussir ?

Ma pauvre question, ma sotte question implorait une réponse. Autour de moi, il m'aurait suffi de remarquer les yeux baissés... Je marchais de long en large dans la pièce et pleurais sans respect de moi-même. Les Romains ne permettraient jamais le couronnement d'un roi élu sans eux. Et le Sanhédrin ? Et Antipas en Galilée ? Caïphe, le grand prêtre dénoncera, Pilate frappera, il y aura des morts. « Père de nos pères, prends soin de ton fils, ton béni, et protège-le des caprices de la foule. » À mes oreilles, hosannas et huées se mélangent. Les gouffres de la nuit répercutent mes craintes. Il devrait déjà être ici.

— Marthe, il y a quelqu'un derrière la porte.

— Calme-toi, Marie, c'est un chien qui aboie à la lune.

— La lune est couchée, il fait jour. Tu n'entends pas les cris ? Où sont nos parents de Nazareth, les fils de Iona, de Zébédée ?

— Ils sont dehors pour acclamer Jésus.

— Ton visage dit le contraire de ta bouche. Laisse-moi partir pour Jérusalem.

Les sœurs de Lazare guettaient la décision du chef de famille, l'homme de la maison. Mardochaï refusait :

— Non, on s'écrase sur le parvis, la police est partout. Et puis le Seder n'est que dans cinq jours, nous avons le temps.

— Mardochaï a raison, tu es fatiguée, Marie.

Je m'affalai aux genoux de Mardochaï : son frère Josef n'avait pas retiré son bras lorsque j'avais eu besoin d'appui, il n'avait pas craint de traverser le désert pour mettre l'enfant Jésus à l'abri. Aujourd'hui comme autrefois, les Puissants étaient embusqués à l'affût de mon fils...

On frappe à la porte, on cogne, Mardochaï se précipite, Jacques entre. Il est harassé. On le fait asseoir et nous sommes sans souffle devant lui qui retrouve le sien.

La Fête avait tourné court. Les disciples étaient en fuite. Jésus avait disparu...

« Écoute, Fils d'homme, je t'envoie vers les fils d'Israël, vers des gens qui se sont révoltés contre moi. N'aie pas peur de leurs chicanes. Tu es au milieu de contradicteurs, tu marches sur des scorpions. La maison d'Israël ne voudra pas t'écouter puisqu'elle ne veut pas m'écouter. » Une clameur monte jusqu'au parvis. Les prêtres et les lévites s'assemblent et disent : « Fermons les portes du Temple avant qu'il soit trop tard. »

Insensés, lâches, pleutres, sourds, laissez vos bâtons, étendez vos manteaux sur le passage du Sauveur. Vous qui l'avez appris des prophètes, qui professez dans les synagogues, qui usez vos yeux sur les textes sacrés, déchiffrez cette énigme. Il vient monté sur le petit d'une ânesse, un ânon sur lequel personne encore ne s'est assis. Son nom est Jésus, Celui qui sauve. Il n'est pas venu pour vous perdre mais pour vous gagner à la Promesse. Il est aussi la chair de ma chair qui ne ment pas.

— Rabbi, impose silence à tes fidèles.

— Je vous le dis, s'ils se taisent, les pierres elles-mêmes crieront.

Jérusalem, pourquoi ignores-tu ce jour qui t'est donné ?... Viendront vers toi des temps où tu seras assiégée, où l'on installera des machines de guerre, des traverses et des béliers, où l'on creusera des trous pour saper tes murailles. Tu seras cause de honte parmi les nations qui t'entourent, objet de sarcasme et de consternation...

Arrivé sur le parvis, mon fils noua des cordes dont il fit un fouet, renversa les étals des changeurs, bouscula les marchands de bestiaux, culbuta les camelots devant les pèlerins ahuris.

— Et maintenant ?

— Mieux vaut ne pas révéler l'endroit de sa cache, on n'est jamais assez prudent.

Jacques recommandait de ne pas nous montrer et de garder confiance.

La foi fut le bouclier d'Abraham : je m'en emparai.

— Aucun mal n'arrivera à mon fils. En m'affolant, je l'ai rabaissé au rang du commun. Or le danger ne peut qu'exalter la puissance de celui à qui le Ciel et la terre obéissent. Car il a marché sur les eaux, apaisé la tempête, multiplié les pains et les poissons, commandé aux démons, remis les péchés. Il a ressuscité Lazare et avant lui, la fille de Jaïre, le fils de la veuve, à Naïm. S'il se cache c'est une feinte, un calcul du Père qui veut faire éclater sa gloire. L'entrée à Jérusalem était une concession accordée au petit peuple, il ne sait rien refuser aux pauvres.

Jacques renchérit :

— Après-demain, les Douze mangeront l'agneau avec lui puisqu'il célèbre le Seder avant nous. Les gens du Temple et de l'Antonia sont trop occupés pour lui faire la chasse. Les charpentiers savent compter.

— Il est vrai, dit Mardochaï, que Jésus observe le calendrier qui divise l'année en quatre parties de quatre-vingt-onze jours. La Loi le permet. Elle autorise aussi les juifs qui viennent de loin à célébrer la Fête avec retard.

La Loi contraint sans écraser, conduit sans écarter. Elle est un joug mais un joug de sagesse dont le Créateur confia l'aiguillon à Moïse. mon fils n'est pas venu pour l'abolir. Le Seder tombait cette année un jour de Shabbat, j'y voyais un bon signe.

Jacques était parvenu à ses fins : je m'apaisai. Lorsqu'il nous quitta, je l'accablai de recommandations comme s'il s'embarquait pour le bout du monde. Marthe le munit d'une gourde remplie de vin coupé d'eau alors que les fontaines coulaient en abondance et que la brise de Nisan suffit à rafraîchir. Je faisais le tour de mon angoisse pour la mesurer et achever de la détruire. Jésus fêterait le Seder avec ses amis en un lieu que je ne connaissais pas mais qui devait rester secret. Ma foi l'aurait emporté sur mes craintes s'il n'y avait pas eu mon corps pour trembler.

Tout le monde connaît, face à Jérusalem, le jardin de la veuve où l'on va presser les olives. La grotte qui s'y trouve était le rendez-vous habituel de mon fils avec ses disciples. De là on aperçoit la ville dans sa splendeur, le Temple, le palais de pierre et de marbre, l'Antonia, où le procurateur et ses légionnaires se tiennent prêts à mater toute agitation. mais on peut y être appréhendé par les patrouilles sans aucune chance de s'enfuir. Que Jésus ait choisi de s'y réfugier me paraissait un défi à ses détracteurs, à moins que, délibérément, il n'ait voulu qu'on le découvre et qu'on l'arrête. On le jugerait. Le Sanhédrin serait forcé de reconnaître son innocence. Le procurateur serait convaincu par les Craignant-Dieu, par sa femme qui nous protège. Le Temple ? C'est parce qu'il en a le respect qu'il l'a débarrassé de ses trafiquants. Le peuple qui l'a acclamé ? Un groupe d'amis grossi de badauds prompts à s'accrocher aux flancs de tous les cortèges. Rien qui ressemblât à une insurrection. Jésus se plaisait à Gethsémani. Il n'avait pas oublié son premier pèlerinage lorsqu'au milieu de ce même jardin, il avait entonné avec son père le cantique des Montées. Je ne sais ce qui m'émeut le plus dans ce souvenir : la stupeur éblouie de l'enfant devant Jérusalem ou la joie du Pèlerin Josef à l'aube du pèlerinage ? Josef s'est couché trop tôt dans le sein d'Abraham, il aurait aidé son fils. Il disait : « Je le guiderai par les bons sentiers. » Il a laissé l'adolescent cheminer seul.

Jacques revint à Béthanie avant la fin du jour. Il était affamé et Marthe qui avait préparé le repas le servit. Nous étions tous autour de lui. Allait-il me conduire au-devant de mon fils ? Après qu'il eut mangé, il se laissa fléchir, Mardochaï acquiesça et nous partîmes enfin. Sous le ciel éteint, les torches et les feux de camp embrasaient la colline. Les tentes se pressaient en rangs si serrés qu'on ne pouvait circuler qu'en empruntant d'étroits fossés eux-mêmes encombrés de passants et souillés d'immondices. Notre groupe descendit par l'un des trois sentiers qui mène vers Cédron, puis emprunta le chemin qui borde la ville. En tête, marchait Mardochaï, aussi vite que possible pour mettre entre lui et le soldat qui l'avait insulté la distance de son mépris. Moi, j'avais senti sur ma poitrine la cuirasse du centurion qui m'avait saisie à bras-le-corps pour me soutenir ou me repousser. Entretemps, Jacques avait été délesté de sa ceinture et de sa bourse. Tout à coup, par un de ces hasards où l'on peut voir le doigt de Dieu, nous nous trouvâmes en face de nos cousins de Galilée. J'embrassai les joues mouillées de Myriam et de Salomé. Elles tenaient pour certaine l'arrestation de Jésus, l'ayant appris d'un fidèle qui campait à Gethsémani. L'affaire avait été menée par les gardes du Temple. Jésus devait être chez Hanna pour y être jugé. Hanna n'avait plus les fonctions de grand-prêtre puisqu'il avait été destitué au profit de son gendre Caïphe, mais son autorité demeurait intacte. On lui déférait les cas difficiles...

Il y avait beaucoup de monde devant son palais qui jouxte celui de Caïphe. Ma mémoire me désigne à moi-même, mêlée aux curieux, les yeux rivés sur le portail qui s'entrouvrait de temps en temps, et chaque fois me hissant sur la pointe des pieds pour essayer de reconnaître dans la cour le profil de mon fils. Salomé m'assourdissait de ses« Jean est sûrement là, il connaît Caïphe, il a dû être introduit. » Ce n'est pas Jean que j'aperçus à la lumière d'un brasero du côté des cuisines, mais Simon-Pierre qui s'y chauffait parmi les gardes et les serviteurs. Il m'apparut sur la défensive, gesticulant comme s'il se justifiait. J'appris bien après qu'il avait été reconnuu dans la suite de Jésus et qu'il niait...

Sur le moment, je jugeai sa présence de bon augure : il plaidait évidemment la cause du Maître. Les mots font parfois des miracles, ma pauvre tête fabriquait un bâti d'arguments qui voulait me protéger. Ainsi, je comptais les amis que nous avions parmi les membres du tribunal. Je me disais que les soixante-dix ne pouvaient pas être tous réunis. Il était même douteux qu'à cette heure Caïphe ait pu convoquer les vingt-trois juges que la Loi exige pour un verdict capital. Le procès serait donc illégal et dénoncé comme tel. Impossible pourtant de me rassurer. Je sentais des coups précis, frappant juste, provoquant une douleur intermittente qui, je le savais, deviendrait intolérable.

La nuit poursuivait sa course. Le coq avait chanté trois fois et nous piétinions encore sans être plus avancés. L'aube se levait lorsqu'un brusque remous parmi les curieux m'isola de mon groupe et je me trouvai à quelques coudées d'un homme enchaîné qui passait vite entre des gardiens armés : mon fils...

Je ne connaîtrai pas les épisodes du débat qui eut lieu chez le grand-prêtre. S'ils me furent répétés, je ne les ai pas entendus. A quoi bon savoir ? À quoi bon calculer ? Ce qui fut dit et ce qui ne le fut pas sera examiné loin d'ici, à la fin des Temps. Soutenue par Jacques, je traversai une nouvelle fois la longue place du Xyste, le pont du Tyropéon, je longeai les murs du Temple jusqu'à la salle du grand conseil ; sur les pas de mon fils, je comptais les miens. Où allions-nous ? Chez Pilate, c'est là que les gardes avaient mené Jésus. Or Jésus n'avait pas attaqué la puissance romaine : un espoir pour moi. Je ne pouvais pas croire que mon fils soit perdu parce que, maîtres de ce monde, des prêtres, des notables, des chefs de famille, des clercs à la nuque raide, avaient décidé qu'il était leur ennemi. Autre refuge : notre droit protège l'accusé : dans un cas aussi grave, ne votent que les hommes ayant dépassé la quarantaine, s'ils condamnent ils doivent surseoir à l'exécution de la sentence en méditant une journée entière dans le jeûne et la prière.

Aucun juif ne se souillerait à la veille de la Pâque en pénétrant dans une maison païenne. C'est pourquoi Pilate était sorti sur le seuil de son palais lorsque Jésus lui avait été amené. Il avait voulu soumettre l'accusé au jugement des juifs, ces excités pour lesquels il n'avait que mépris. La vision odieuse du Romain assis sur sa chaise curule comme l'Éternel sur la nuée me poursuit encore. On m'a certifié qu'il avait voulu sauver Jésus mais que la foule au bas des marches avait exigé le supplice. Le droit de grâce, je n'y pensais plus, je ne voyais que la haine crachée par des bouches juives contre un fils d'Israël, le fils le plus pur, le Béni, l'agneau sans tache reconnu par le Baptiste. Et cela à la face d'un goy, valet de César. Des siècles d'attente basculaient dans l'abîme avec l'espoir du Salut, notre espoir à tous, peuple désigné. Le Seigneur me prit en pitié, je m'affaissai.

A mon réveil, Jacques était penché sur moi et ne savait plus me sourire. Où étaient ceux qui avaient acclamé Jésus ? Où est mon Roi, mon enfant ? Une rumeur lointaine, une aube tiède, des mendiants enroulés au pied du mur, c'est tout ce que la nuit m'avait laissé.

XXII

« Mon Dieu, pourquoi l'as-Tu abandonné ? »

J'étais démunie de tout, sauf de ce cri. Je l'avais puisé dans le dernier soupir de mon fils, dans le premier verset du psaume. Je déchirai ma robe, me griffai le visage.

« Pourquoi l'as-Tu abandonné ? Il t'a appelé Père, il t'a aimé de tout son cœur, de tout son esprit, de toute son âme. Il T'a préféré à sa maison, à sa race, à sa descendance, il s'est fait eunuque à cause de Ton Nom.

« Pourquoi l'as-Tu enlevé du milieu de ses jours ? Il a marché dans tes sentiers, il y a conduit le peuple. Il a prêché non seulement la justice mais la mansuétude, car Tu lui as révélé Ta Face cachée.

« À cause de Toi, il est devenu étranger parmi ses frères. Pourquoi l'as-Tu livré aux impies ? Il a enduré les injures des scélérats, il s'est laissé dépouiller de sa tunique, il a été supplicié, il est couché seul dans la pierre creuse alors que Tu étais son Rocher !

« Nos Pères ont eu confiance en Toi et Tu les as délivrés. Ils T'ont appelé dans leur détresse et Tu les as sauvés. Lorsqu'ils étaient dans l'amertume, Tu ne les as pas confondus. Pour mon fils aussi, Tu étais le Souverain, Ton Royaume était son espérance, il annonçait sa venue. L'aurais-Tu déjugé ?

« Dès qu'il ouvrit mon sein, il Te fut consacré. Tu avais tressé pour lui une couronne d'innocence et de gloire. Souviens-Toi ! Il grandit comme le grain de sénevé, petit parmi les petits, humble parmi les humbles mais bientôt Tu révélas son intelligence et sa fortitude. Tu le fis vaillant dans l'étude de la Loi, Tu l'éclairas de Ta lampe et le brûlas au feu de Ta bouche. Ton zèle a dévoré sa vie. Il l'a offerte en holocauste pour le salut de Ton peuple. À la neuvième heure il est entré dans le monde d'en bas. Le voile du Sanctuaire s'est déchiré en un fracas de tonnerre mais le silence tombait sur le Golgotha.

« Qui criera vers Toi, Éternel Adonaï, sinon moi, sa mère ?

« Que n'a-t-il expiré au sortir de mon ventre ? Que n'a-t-il été l'avorton sans durée ? Il n'aurait pas souffert et j'attendrais en paix la fin de mes jours !

« Me voici devant Toi, sèche de larmes. Les dernières ont roulé sur mes joues, elles ont quitté mes yeux. Ils ne s'ouvriront plus à la clarté du matin. Je ne veux pas d'un soleil que je ne pourrais supporter. À quoi bon voir ? Le voile qui m'aveugle, c'est le linceul de mon fils. J'y suis ensevelie avec lui.

« Qu'elles sont longues, les nuits de Jérusalem ! Qu'elles sont épaisses, les ténèbres qui m'environnent ! Je n'attends pas de compassion, je ne tolère pas les consolateurs.

« Enfermée entre les murs de l'opprobre infligé à mon fils, j'étouffe, mon cœur est broyé et la douleur m'écrase. Vous qui passez, voyez ce qui est advenu de lui : ils l'ont roué de coups, cloué, transpercé, ils ont compté ses os puis ils l'ont descendu de la Croix et déposé entre mes bras. Son sang collait à mes mains. Je T'ai appelé, Adonaï, je me suis raidie pour interdire l'irréparable, pour rendre à mon fils la vie qui ne l'habitait plus. Le souffle sortait de moi mais ne l'emplissait pas. J'ai voulu T'arracher le pouvoir qui n'appartient qu'à Toi. Je me suis dressée contre Ta décision, je me suis débattue. Sacrilège de mes larmes !

« Lambeaux de chair que je soutiens, chair de mon fils, de mon fruit, voilà ce qu'en a fait la malice des hommes ! Car ce sont eux les coupables. Qui réclamera réparation, sinon moi, sa mère ? Qui me donnera quittance du sacrifice que j'ai offert en sa personne, sinon Toi, Adonaï qui me l'as demandé ? Il s'est laissé égorger comme l'agneau de l'année, lui, le vigoureux, et il a demandé grâce pour ses bourreaux ! À Toi de manifester Ton courroux en rétablissant Ta justice.

« Pourquoi n'as-Tu pas fait pour lui ce que Tu as fait pour Isaac que Tu as épargné ? Répare ce qui a été détruit. rends, s'il Te plaît, à Ton fils, le sang chaud que nous lui avons donné ensemble. Tu es le Maître de la vie, Tu peux tout, Tu as tant promis aux fidèles de la Loi ! Alors je marcherai à Tes côtés, Tu allégeras mon fardeau comme Tu le fis pour Moïse dans le désert. Je prolongerai ma route, connaissant que Tu es l'Élohim, le Dieu des vivants qui a juré à nos Pères et à David son serviteur, une fidélité qui ne peut se démentir.

« Des profondeurs de la nuit, je T'invoque, écoute ma voix. Que Tes oreilles soient attentives à ma prière car si Tu prends ombrage de la passion d'une mère, si Tu lui imputes pour crime les effets de sa douleur, qui tiendra debout devant Toi ? Mon âme espère en Ta miséricorde, mon âme tremble d'espérance.

« Tu m'as demandé beaucoup, Adonaï. Dès l'enfance, j'avais souhaité servir Ta gloire : Tu m'as prise au mot. Tout a été consommé dans Ta volonté. Je me suis noyée dans la Tienne comme le ruisseau dans l'immensité de la mer. Le moment est venu pour Toi de me porter. »

À peine avait-on déposé le corps dans le tombeau que j'avais déjà perdu le visage de mon fils. La souffrance l'avait défiguré, la sueur et le sang avaient noyé ses traits, le rictus de la bouche avait tué le sourire.. C'est le crucifié que j'avais devant les yeux et non plus le jeune homme qui réjouissait ses amis lorsque, sur les chemins de Galilée, ils l'apercevaient et se disaient l'un à l'autre : « Voici notre Rabbi. » Nous, les vivants, nous étions maintenant assis sur les dalles de la maison de Lazare. C'est là qu'on m'y avait conduite dès l'ensevelissement parce que l'heure du Shabbat approchait. il y avait dans la cour le bassin d'eau lustrale où l'on se lave pour se purifier du contact de la mort. Je me forçai à ce devoir : J'aurais voulu garder sur moi les traces de sang séché ; vieillir et mourir avec. Pour la première fois, la Loi me faisait mal.

Tout me faisait mal. Lorsque je me couchais, je soupirais : « À quand le jour ? » en me levant : « À quand la nuit ? » Tout mouvement m'était raison de fuir l'épouvante. Je suppliais le Ciel de ne plus s'acharner sur moi. « Laisse-moi en repos, Adonaï, je ne vivrai pas longtemps, mes jours sont un souffle. Qu'est donc la Créature pour que Tu en fasses tant de cas et qu'après Tu l'opprimes ? Ne me lâcheras-Tu pas, le temps d'avaler ma salive ? Je ne suis rien. Occupe-toi de Ton fils qui est caché dans la pierre. Dépêche-Toi, les morts vont vite. Bientôt Tu auras beau le chercher, Tu ne le trouveras plus. »

J'avais froid, j'avais chaud, j'étais une bête blessée, la brebis qui pleure son petit, les mamelles douloureuses du lait qu'il ne boira plus. Je comptais autour de moi : Marthe et Marie, sœurs du ressuscité, mes cousins Cléophas dont je m'étais rapprochée depuis la mort d'Élisabeth, Samuel, le pharisien de Séphoris qui avait enseveli mon père, les deux fils de Zébédée, Jacob et Jean, Jacques fils d'Alphée, Josef d'Arimathie et Nicodème, tous deux membres du grand Sanhédrin, hommes justes, Simon de Cyrène qui avait prêté son épaule et supporté la poutre de la crucifixion, Hulda enfin.

Mais où étaient Simon-Pierre et André, son frère, Philippe, Bartholomée, Shimon, Thomas Mathatias, Judas, Nathanaël ? Parce qu'ils avaient cru, ils étaient en danger. Ils se cachaient et avaient raison, il y avait eu assez de crimes. Sur mes conseils, les frères par le sang se faisaient oublier. Ce soir, il suffisait d'être Galiléen pour être suspect.

La nuit du Shabbat allait commencer. La lampe allumée ne donnerait pas de lumière tant qu'elle n'éclairerait pas le visage bien-aimé. S'il ne me rejoignait pas dans la vie, c'est moi qui le retrouverais dans la mort.

— Que le Nom soit loué à jamais, récitait Samuel.

Myriam insistait pour que nous mangions quelque chose après le jeûne. Triste Seder ! Quelqu'un me présenta une coupe pour me faire boire, c'était Marie, la sœur de Lazare, je la reconnus et voulus la remercier d'un sourire. Elle se pencha pour m'embrasser les genoux et je respirai le nard qu'elle avait répandu sur les pieds de Jésus. Les êtres se divisent pour moi entre ceux qui ont aimé mon fils et ceux qui l'ont combattu. J'ai choisi mon camp.

Jean sanglotait :

— Ils l'ont tué !

sa jeune voix brutalisait la chambre endolorie.

— Ils l'ont tué ceux qui s'accrochaient à sa tunique, je les ai vus, ils ne le lâchaient pas, ils traquaient sa pitié, ils forçaient son pouvoir, ils ne songeaient qu'à eux-mêmes, à leurs maux, à leur guérison. Où sont-ils maintenant ? Lequel d'entre eux a témoigné ?... Quand le Roi est apparu, percé de plaies, ceux-là mêmes qui le couronnaient la veille lui ont craché au visage. Qu'était le royaume pour ces Galiléens, esclaves de leur champ ? Un enclos fertile, à l'abri des razzias et des sécheresses, un jardin de paradis. Ils en espéraient un droit de jouissance acquis par des siècles de persécutions et payé en monnaie de repentir.

— Jean ! protesta doucement Jacob. Ce que Jésus a fait en choisissant de mourir à Jérusalem, il l'a fait pour que l'Écriture s'accomplisse, et non pour céder à la multitude.

Une rafale de vent ouvrit la porte et montra l'horizon barré de rouge. J'avais dû m'assoupir. Marie avait versé dans mon vin la potion calmante qu'on donne aux suppliciés. Le bol d'air frais, la voix de Nicodème m'avaient sauvée d'un cauchemar. Je hurlais devant Pilate l'innocence de mon fils : « Rappelez-vous comment il a répondu aux pharisiens qui l'interrogeaient sur le paiement de l'impôt : Rendez à César ce qui est à César et à Dieu ce qui est à Dieu. Voilà je vous l'ai dit. » Les juges s'esclaffaient en me montrant du doigt : « C'est la mère de l'accusé. On ne tient pas compte du témoignage d'une femme. »

Je m'étais réveillée la main dans celle de Marthe.

« Quand vous serez réunis en mon nom, j'habiterai au milieu de vous. »

C'est la promesse que fit Jésus avant de nous quitter.

— Courage, Marie, me dit Jacob, nous ne sommes pas seuls, ton fils est ici.

Ezra priait :

— Que le Seigneur nous envoie la lumière de la flamme et la force du buffle.

Il me semblait que j'entendais non pas sa voix mais celle de mon père, de Joseph, de tous les miens.

— Élevons nos mains vers le Ciel pour lui signifier notre confiance et qu'à travers les générations qui passent, l'une donnant à l'autre la mission de sanctifier le Créateur, nous proclamions tous ensemble devant les Séraphim et les Ophanim : Saint, Saint, Saint, trois fois Saint est l'Éternel. De sa gloire la terre est remplie.

Le cri d'amour est pur lorsque la souffrance et la joie inspirent une égale gratitude. L'armure est faite du même métal que le glaive. Nous récitâmes le nouveau Kaddish que mon fils nous avait dicté. Je fermai les yeux pour m'en pénétrer.

— Notre Père qui es dans le Ciel ; que Ton Nom soit sanctifié, que Ton Règne vienne...

De toutes mes forces je serrais la main de Marthe. Quand ils furent à :

— Pardonne-nous nos offenses comme nous pardonnons nous-mêmes à ceux qui nous ont offensés...

je vis devant moi le corps ensanglanté de mon fils : « Père pardonne-leur car ils ne savent pas ce qu'ils font. »

Samuel, le vénérable, se leva :

— Marie, je te demande de m'absoudre, je t'ai fait mal.

— Quand Samuel ? Je ne me souviens pas.

— C'était à Bethléem, mes paroles t'ont blessée. J'aimais Jésus comme mon fils et je tremblais pour lui. L'idée de ce qu'il allait se passer était en moi. Je pensais à Jean le Baptiste.

— Samuel, sois en paix, j'y pensais aussi. Ce que tu as prévu s'est réalisé.

— Moi, confessa Nicodème, je suis allé trouver le Rabbi de nuit, en secret pour l'interroger. Or, le fond de ma pensée était obscur, mes lèvres mentaient et lorsque, devant les juges...

Il n'acheva pas car je l'interrompis :

— C'est toi qui as apporté cent deniers de myrrhe et d'aloès pour embaumer le corps.

— Moi, dit Joseph d'Arimathie, je n'ai pas osé me déclarer par peur du Sanhédrin qui m'aurait exclu.

— Mais tu as prêté le tombeau où on l'a déposé...

— Quand le Romain m'a désigné pour porter la poutre, dit Simon de Cyrène, j'ai reculé et cherché à fuir.

— Mais tu l'as quand même soulevée !

— Le soir de son arrestation, bien que le Maître nous ait demandé de veiller avec lui au jardin, nous nous sommes endormis sans souci de son angoisse.

« Adonaï Élohim, il n'y a rien dans mes mains levées, elles sont vides. À Toi de les remplir. Je ne les refermerai pas afin que Ta grâce s'y écoule en un flot continu. Qu'elle se répande sur ceux et celles ici-bas qui pleurent mon fils. Je suis leur Mère, ils sont notre famille. C'est moi qui l'ai mis au monde, ce Rabbi qui les a laissés orphelins. »

Le silence s'est écrasé au milieu de nous comme une masse. Josef d'Arimathie arpente la salle, je perçois son soupir.

— Messie-Roi ou Messie-Prêtre, Messie de Concorde ou Messie de Combat, Jésus conciliait toute l'Écriture. Sa destinée est le dernier chapitre du Livre.

— Elle en est l'accomplissement : je prends Jacob à témoin de ce que je vais vous révéler, à vous qui êtes ici, et que nous avons tenu secret jusqu'à ce jour, dit Jean. Nous étions, Jacob, Simon-Pierre et moi, en compagnie du Maître sur la montagne où nous l'avions accompagné. Comme il était en oraison, son visage s'est illuminé et ses vêtements sont devenus éclatants. Nous avons levé les yeux et avons aperçu à ses côtés deux hommes qui s'entretenaient avec lui. C'était Moïse et Élie se montrant en gloire. Une voix sortie de la nuée proclama :

« Celui-là est le fils que j'ai élu. Écoutez-le. »

— Comment s'est-il laissé mettre à mort ?

— Il a enduré toutes les misères humaines, sauf le péché.

— Abraham, Isaac, Moïse, Néhémie, Esdras et après vous Zacharie, tous prophètes et sages d'Israël, aidez-moi à espérer. Toi Jean et toi Jacob et les apôtres, répétez après eux : « Sa domination est d'éternité, elle ne sera pas ôtée ni son règne détruit. » Dites et dites encore ce que vous avez vu, ce Fils d'homme sur les nuées, témoignez que c'est Jésus transfiguré sur la montagne.

— Il en est ainsi, dit Hulda.

Son sang est déjà retombé sur le disciple qui le livra. Trente sicles, cent vingt deniers d'argent, le coût d'un champ, tel fut son prix. Et il savait compter, le trésorier des Douze. Il tenait la bourse dans sa ceinture. Il connaissait le coût des figues et d'un seah d'olives, celui du nard surtout : il s'est insurgé lorsque Marie l'a répandu : « Cet argent serait mieux utilisé au profit des pauvres. » Pourquoi a-t-il été amené au crime ? Était-il jaloux de Simon le chef, ou de Jean le préféré ? A-t-il convoité l'honneur et la puissance, laisssant le venin du serpent pénétrer dans son cœur ? Il a glissé dans la trappe du démon, il a été englouti au royaume des Ombres, il n'aura ni lignée, ni postérité dans son peuple. J'ai pitié de sa mère. Qu'elle vienne à moi, l'infortunée, elle aura ma compassion.

Car son fils était-il la cause de ce qu'il a été ?...

QUATRIÈME PARTIE

qu'un anéantissement. Mon cœur endure le supplice de mille [illegible]
crainte et meurt dans l'attente de sa résurrection.

Mon enfant, mon oisillon sans défense, je veille [illegible]

XXIII

— Fils d'Israël, écoutez ceci : Jésus le Nazaréen, cet homme à qui Dieu a rendu témoignage par des actes de puissance que vous l'avez vu accomplir, celui-là même que, selon les desseins de l'Éternel, vous avez fait mourir de la main des impies en le clouant à la croix, Dieu l'a ressuscité. Il a rompu pour lui les liens de la mort, nous l'avons vu de nos yeux, et désormais, selon la prophétie de David, que la Maison d'Israël dans son entier le sache avec certitude, Dieu l'a fait Seigneur et Messie, ce Jésus que vous avez crucifié.

Cette harangue mise au point par Simon-Pierre, de concert avec les Douze, et proférée sur les parvis comme dans les synagogues, je ne me lassais pas de l'entendre. Les quarante jours pendant lesquels mon fils s'était manifesté après sa résurrection, en chair et en esprit, avaient proclamé le fait devant témoins : il était apparu à Jérusalem et en Galilée. Il avait fait toucher ses cicatrices à Thomas l'incrédule. Sa chair s'était ressoudée, ses membres raidis avaient recouvré le mouvement, le sang bleuissait ses vaisseaux. La victime avait eu raison de ses bourreaux.

Je m'efforçais de ne pas aggraver de mon émoi le saisissement des apôtres et de ne pas distraire leur joie en quêtant leur appui, car le temps n'émoussera jamais le glaive qui m'a transpercée. Ma chair endure le supplice de mon fils même si mon âme exulte de sa résurrection.

Mon enfant, mon oisillon sans défense, le voilà qui s'est

élevé jusqu'à la voûte du ciel ! Ses ailes se déploient contre un soleil qui m'éblouit. Ce petit de moi, il m'arrive encore de le sentir remuer dans mon ventre. Dehors ou dedans, il sera mien jusqu'au terme des siècles. Les générations me diront bienheureuse... Elles ne sauront pas ce qu'il m'en a coûté.

Je m'étonne à tout moment de manger, de boire, de me coucher, de me lever, comme si ne s'étaient pas produites les grandes choses qui ont transformé ma vie et vont changer le monde. Je dois me persuader que je suis encore ici-bas, femme parmi les femmes. Un jour, que ce soit bientôt, je serai ensevelie auprès de Josef et mon fils m'accueillera. J'offre cet avenir à ma mémoire : une réunion qui n'aura pas de fin. Ma vie est faite de ce futur.

Et d'un autre qui lui succède. Entre frères, nous discutons du retour du Messie tel que l'annoncent les Écritures et ainsi qu'il l'a lui-même confirmé à ses disciples. Jean déclare que je le verrai de mes yeux.

— Son lever ressemblera à l'aurore. Il viendra comme l'ondée du printemps arrose la terre.

Mais le cœur se méfie et redoute de s'abuser quand il prend de l'âge. Je réponds :

— Que sont mille ans pour Celui qui n'a ni commencement ni fin ? Une veillée de la nuit. Que sont nos désirs pour Celui à qui le ciel et la terre obéissent ?

— Je me rappelle ce que disait le maître : « Nous ne connaissons ni le jour ni l'heure. » Aux bénédictions quotidiennes nous ajoutons celle du Jour du Seigneur. « Les Cieux s'ouvriront, les morts se lèveront. Le Souverain-Juge séparera les bons des méchants. Aux premiers il dira : Soyez les bienvenus dans la Maison de mon Père, et aux seconds... « Il reconnaîtra les siens », proclamait ma mère.

Notre petit groupe judéen grossissait de semaine en semaine. Bien qu'aucun des disciples n'ait eu l'instruction de l'école, ce que les Docteurs ne leur ont jamais pardonné, ils étaient doués de la force qui persuade :

— Nous ne pouvons taire ce que nous avons vu et entendu, proclamait Simon-Pierre.

Il disait : « Nous », mais ce n'était pas de moi qu'il parlait. S'il n'y avait eu que la mère de Jésus, le peuple serait resté sur sa faim et la vérité dans le puits.

Par contre, j'ai toujours su captiver les enfants. Ce Docteur grec qui mérite autant que Paul le titre d'apôtre, je l'ai connu petit. Ses parents, des Craignant-Dieu résidant à Antioche, séjournaient momentanément à Jérusalem dans une maison toute proche. Il ressemblait aux neveux que j'avais laissé à Nazareth et j'étais toujours disponible quand je le voyais rôder autour de la maison. Il n'osait s'approcher de trop près car il connaissait les interdits propres aux maisons des juifs. C'est moi qui lui faisais signe. Il s'asseyait par terre et voilà que nous bavardions. Son araméen était celui des gamins, un vocabulaire de jeux, de paris, de vantardises, de terreurs. Il aimait les Midrashim et je lui récitais ceux que je préfère. Avec l'ingénuité indiscrète de son âge, il me posait les questions les plus droites auxquelles je m'efforçais de répondre comme si un devoir me l'imposait. Plus tard, qui sait si Dieu ne ferait pas germer la semence déposée en son âme ?

— C'est vrai ce que vous dites ? demandait-il quand j'avais parlé.

Naturellement ce qui a trait à l'enfance de Jésus l'enchantait : le méchant roi, les gentils bergers avec leurs troupeaux, l'étoile des mages, la grotte de Bethléem qui abritait un âne et un bœuf. Il me faisait recommencer quand j'arrivais au bout. Moi aussi, je réclamais de ma mère les mêmes récits, deux fois, dix fois. Qui me raconterait encore le tremblement de terre à Ein Kerim, le tarissement de la source, la course aveugle du bétail terrorisé et la sécheresse qui encroûte le sol ?

— Comment est-ce fait un ange ? Qu'est-ce qu'il vous a dit ? Il parlait grec ou araméen ?

— Il m'a saluée comme tout le monde : « Shalom, Marie. » Il a ajouté : « Réjouis-toi. » Il m'a annoncé que j'aurais un fils et m'a demandé de lui donner le nom de Jésus.

— Moi, on m'appelle Luc, mais j'ai plusieurs noms. Des

anges, vous en aviez déjà vus ? Comment avez-vous su qui c'était ?

— Il s'est présenté. Dès qu'il eut parlé, je fus très heureuse, mais je n'osais le dire à personne. Mon petit est né au cours d'un voyage à Bethléem. Sachant qu'il allait venir, je me suis arrêtée dans une grotte. Tout s'est passé là. Les bergers ont prêté une couverture ; ils ont apporté le lait et le fromage. Dehors, je voyais le ciel et toutes ses étoiles. L'une brillait plus que les autres, une lumière très rare, si rare que les savants qui étudient les astres s'étaient mis en route pour l'observer de plus près. Ils arrivèrent, montés sur des chameaux, avec des coffres pleins de myrrhe, d'encens et d'or.

— Des cadeaux ?

— Oui, des cadeaux.

— Pour qui ?

— Pour l'enfant Jésus. L'étoile leur montrait le chemin de Bethléem car c'est là que devait naître le Messie d'après le Livre, un Livre qui raconte l'histoire du monde et annonce toute chose. Mais en ces jours régnait un souverain cruel du nom de Hérode.

— Je le connais, c'est un Arabe.

— Un Iduméen. Lorsqu'il apprit de la bouche des astrologues qu'un petit roi juif venait de naître, il a eu peur de perdre son trône. Il donna l'ordre à ses soldats de tuer les garçons de moins de deux ans qui se trouvaient dans la ville et aux alentours. Alors l'ange est venu nous prévenir. Cette fois, il s'est adressé à mon mari, en songe. Nous avons fui vers l'Égypte avec nos parents.

— Le petit roi, c'était Jésus ? Mais quand il a été grand, il est mort sur la croix comme un esclave.

— Il devait mourir dans l'infamie pour ressusciter dans la gloire.

Je lisais la perplexité dans les yeux de mon petit ami.

— Chez nous, il y a un dieu qui meurt et ressuscite aussi. On le fête au mois d'Anthestérion.

— Nous ressusciterons tous à la fin du monde. Ceux qui

auront fait le bien seront récompensés et ceux qui auront fait le mal seront punis. C'est juste, tu ne crois pas ?

— Ce serait juste, s'il y avait une justice.

Je regardai mon compagnon, éberlué par sa remarque. « Il y a plusieurs justices des hommes, mais il y a une justice de l'Unique, le Dieu des Dieux. »

J'aimais bien la demeure du mont Sion que Nicodème nous avait prêtée. Elle était assez vaste pour nous héberger à l'aise, mais il fallait compter avec les nouveaux baptisés qui parfois demandaient une hospitalité qu'il n'était pas question de leur marchander, si bien que nous étions toujours encombrés par de nouvelles recrues dont nous ne connaissions jamais le nombre et qui provoquaient dans la Communauté autant d'actions de grâces que de soucis. Mais tout était bienvenu : contrainte, réconfort, fatigue.

Dès que nous fûmes installés, je décidai de filer la laine de Judée dont nous manquions tant à Nazareth et de gagner ainsi quelques drachmes pour ne pas peser sur le budget commun. Puisqu'on voulait m'épargner les travaux les plus lourds, j'aidais à pétrir et enfourner la pâte. J'acceptais de ne pas aller à l'eau, la corvée de la fontaine n'étant plus de mon âge. Ma spécialité était la préparation des lampes, surtout celles du Shabbat : nettoyer, remplir, faire provision d'huile, ranger. J'aimais à penser que je gardais la lumière qui éclairait la salle. Surtout je soutenais les frères dont l'âme ne devait pas descendre. Partageant entre eux la plupart de leurs biens, regardant dans la même direction, ils se répartissaient les devoirs. L'immensité de leur tâche ne leur permettait pas de faiblir ni de se diviser. Quand venait le soir, ils s'attablaient coude à coude, rompaient le pain, bénissaient le vin, renouvelant les gestes et les paroles dont leur Maître les instruisit le soir de son ultime repas. Les veillées n'étaient pas longues, les apôtres harassés se retiraient vite. C'était l'heure où, seule, je retrouvais l'interlocuteur secret à qui je prêtais les traits de Jésus. Une mère parlait à son fils, un fils répondait à sa mère.

Je sais maintenant qu'il ne s'est pas défendu. Quand le procurateur lui a dit :

— Sais-tu que je peux te gracier ou te crucifier ?

Il a répondu :

— Tu n'aurais aucun pouvoir sur moi s'il ne t'était donné d'en Haut.

Cet « en Haut », prononcé par l'auteur de tant de signes, a fait trembler Pilate. On prétend qu'il s'est souvenu d'un rêve de sa femme qui l'avait conjuré de ne pas toucher au Rabbi. Mais il était lié par la parole du Sanhédrin : « Si tu le relâches, tu n'es pas un ami de César. Qui se fait Roi s'oppose à César. » Il a essayé pourtant de sauver Jésus.

— Puisque votre coutume me donne le droit de prononcer une amnistie au moment de la Pâque, voulez-vous que je libère le Roi des juifs ?

La foule a crié :

— Non ! Pas lui, mais Bar Abbas !

Bar Abbas, le combattant, l'ami de Shimon, qui avait du sang sur les mains, du sang de goy ; le peuple était satisfait. César avait son compte : Pilate graciait le rebelle, mais il condamnait le blasphémateur. Ô nuit honteuse !

La communion qui nous unit dans le souvenir a le goût des larmes : le procès, le martyre, et le soir de ce jour quand, les habits déchirés et la tête couverte de cendres, nous n'osions nous regarder pour ne pas découvrir dans l'autre l'image de notre propre effondrement. Puis, soudain inspirée, je ramenai frileusement à moi le troupeau éperdu sans son berger. L'Éternel me ceignit de vigueur pour que je puisse me hisser hors des ténèbres où j'allais m'enfoncer. Qu'Il veuille ne pas m'en démunir.

Bien que j'évite de me retourner sur ces heures qui précédèrent la résurrection, je m'y vois contrainte par les alléluias qui jalonnent les bornes de notre route et célèbrent le triomphe de la vie sur la mort. Mon petit compagnon avait raison, l'une ne va pas sans l'autre. Il fallait d'abord mourir...

... C'était à Béthanie, dans la maison de Lazare ressuscité et en fuite. Jésus, enseveli dans le tombeau, nous laissait orphelins sur une terre soumise aux goyim et d'où les fils de Moïse l'avaient rejeté. Signe entre les signes, le voile du Sanctuaire s'était déchiré, préfigurant la ruine de la Demeure tout entière. Sur quelle espérance se fonder ? Qui enfanterait désormais le Sauveur d'Israël ? En désavouant le Messie-Jésus, les Anciens avaient frustré le peuple de son attente et fait mentir les prophètes. Le soleil se levait ailleurs que sur Jérusalem, dans les ténèbres environnantes, le chantre exhalait les versets de l'abomination : « Des fils se présenteront à la sortie du sein maternel, mais il n'y aura pas de force pour accoucher. » Comme il faisait froid en Nisan de cette année ! Aucune laine ne parvenait à réchauffer les os. Les disciples encore cachés dans les tombes autour de la ville sortirent épuisés d'avoir gémi et vinrent nous rejoindre. Leur affliction était la brisure d'une espérance indicible.

Au matin, nous étions tous assis sur la cendre, vêtus du sacq, observant la shiva, quand la porte s'ouvrit brutalement et Marie de Magdala surgit, le voile en désordre, le souffle court. Comment osait-elle ? Les hommes se dressèrent, prêts à la molester, et puis se ravisèrent. Elle avait pleuré au pied de la croix, elle méritait qu'on l'écoutât. Il fallut du temps pour la comprendre parce qu'elle ne trouvait plus ses mots.

— Il s'est relevé !

Samuel eut un haut-le-corps.

— Tais-toi, femme, tu es folle.

Je pensai défaillir.

Puis, à genoux sur le sol, Marie raconta : elle était partie de chez elle avant l'aube, munie des aromates dont on embaume les défunts. Elle avait couru au sépulcre et l'avait trouvé ouvert.

— Je n'osais pas m'avancer et alors j'ai vu un homme. Il m'a appelée par mon nom.

— Ton histoire ne tient pas debout.

Samuel intervint :

— Et le corps ? On a enlevé le corps ?

Joseph protesta :

— Je connais mon caveau. Il faut au moins deux hommes pour manœuvrer la pierre. Tu n'as pas vu les gardes ?

— Je n'ai vu que l'homme. Il ressemblait à un ange. Demandez si je mens. Il y avait avec moi Salomé...

— Parce que tu n'étais pas seule ?

Elle fit non de la tête.

— Tu ne pouvais pas le dire tout de suite ?

— Et l'ange nous a annoncé : « Celui que vous cherchez est en Galilée. »

Cela, Simon-Pierre et Jean ne l'entendirent pas : ils étaient déjà partis, claquant la porte derrière eux. Moi, je m'étais levée et me tenais au mur pour ne pas tomber. Marthe s'en aperçut.

— Ayez pitié de sa mère !

Il se fit un silence plus insupportable que le tohu-bohu qui avait précédé. Les coups de mon sang frappaient ma poitrine. Jacob qui était resté avec nous me prit le bras.

— Pourquoi êtes-vous surpris ? dit Hulda. Isaïe a déclaré : « Il terrassera la mort pour jamais. » Nous l'avions oublié.

Dans le cours de cette extraordinaire semaine, les disciples devinrent méconnaissables : des miraculés qu'une guérison foudroyante aurait hébétés. Après le moment de stupeur, vint le temps de la félicité. Jésus était parmi nous. À certains il était apparu glorieux, vêtu de lumière. Au cénacle il se présenta alors que nous étions nombreux et que les portes étaient fermées. Sur la route de Jérusalem on l'aperçut, promeneur solitaire, le bâton à la main, et on ne le reconnut qu'au repas, à la manière dont il rompit le pain. En Galilée, sur le lac, alors que, dans le clair obscur de l'aube, Pierre, Thomas, Nathanaël et Jean revenaient en barque sans avoir rien pêché, ils le virent devant un feu de brindilles. Sur son conseil, ils jetèrent leur filet qui se remplit de cent cinquante-trois poissons. Seul Thomas refusait de croire, affirmant que le Messie ne ressusciterait qu'au jour du Jugement. Et voilà qu'à lui aussi la Vérité apparut.

À tous, le retour de Jésus faisait vivre des heures filées de liesse.

— Qu'il établisse ici son repos, disait maintenant Thomas.

— Reste avec nous, demandait Jean.

Merveille d'une prière formulée en ces termes quand il se fait tard et que, déjà, le jour baisse.

« Reste avec moi, mon fils. Comme autrefois, pendant tes années silencieuses, tu vas, tu viens, tu t'échappes, et je me demande où se situe ton séjour. Décris le lieu où se contemple la Face de l'Unique. Dis-le tout bas, à ta mère, je ne le répéterai à personne. Lieu secret comme le Nom.

« Habites-tu parmi les anges qui portent des messages aux hommes ? Gabriel connaît le chemin de Nazareth, il ne peut l'avoir oublié... Est-ce lui qui t'annoncera encore ? Descendu au Shéol, tu y as vu Josef. Qu'il sache que je le salue humblement. Et quand viendra l'heure si attendue de la fin des Temps, qu'il soit le premier à toucher sa récompense. Voici ma requête.

« Te souviens-tu de l'étoile ? Il m'arrive de croire que tu l'as choisie pour demeure. C'est peut-être là le ciel. Un petit ciel pour toi et moi où nous rattraperons le temps de tes absences et où tu m'expliqueras ce que je n'ai pas compris, toi qui es dans le Secret. Tu es fort, et moi chétive ; tu es unique, et moi je me sens pareille à toutes les femmes avec mes manies, ma prétention, ma modestie, mes prémonitions, mon incorrigible anxiété. Vois, tu es assis à la droite du Père et je m'arrange encore pour me faire du souci...

« J'ai appris que la vie suit la mort, que la douleur a un autre sens, que tout change à partir de toi. Ta croix n'est pas un gibet mais un arbre jeune et vigoureux dont les branches vont s'étendre. Le poids de ton corps lui a fait pénétrer la terre où il prend ses racines. Le Golgotha n'est plus le mont du Châtiment, il est le sommet de la souffrance et de l'amour totalement mêlés. En l'honneur du Très-Haut qui l'a décidé ainsi. »

J'ai compté quarante jours après la résurrection de mon fils. La nuée le déroba à nos yeux. Mes bras se levèrent pour l'accompagner. Ils resteront levés vers lui jusqu'à ce qu'il revienne.

XXIV

Mystérieusement, nous avions été avertis, Simon-Pierre et les fils de Zébédée en avaient acquis la certitude et un songe me l'avait confirmé, l'événement aurait lieu ce jour-là. Aussi demeurions-nous groupés dans la salle, d'autant qu'au-dehors l'effervescence était à son comble. Toute la population de Jérusalem, notables, boutiquiers, artisans, pèlerins, était depuis la veille sur le qui-vive. Jacques, monté un instant sur la terrasse, nous prévint que les fonctionnaires du Temple passaient devant chez nous et se rendaient en cortège au-devant de la procession qui les attendait. J'aurais aimé leur emboîter le pas pour accueillir nos cousins de Galilée qui avaient annoncé leur arrivée, mais il ne pouvait en être question. Le risque était grand en cette fête de Shavouot d'être bousculé et piétiné dans la foule, à l'instant même où les charrettes venues de tous les coins du pays faisaient leur entrée solennelle dans la ville. Ces charrettes, décorées de palmes et de fleurs des champs, contenaient le froment de la première récolte, deux miches par famille, des figues, des amandes fraîches et se dirigeaient vers le Temple. Me trouver sur place au terme de leur randonnée, me ramenait en arrière lorsqu'à Nazareth j'assistais au départ du convoi. Les paysans se rassemblaient dès l'aube sur la place du village, chacun apportant son tribut. Musiciens, danseurs prenaient les devants et je suivais des yeux la procession jusqu'à la perdre de vue dans la plaine. À la maison je rentrais affamée. Ma mère avait soigné le repas. Car elle plaçait l'offrande des prémices à un rang élevé parmi les célébrations. Le paiement au Créateur d'une redevance pour les fruits de la terre lui paraissait un dû. Il fallait être honnête avec Lui. La récolte du froment coïncidant avec la fête qui commémore le don de la Loi, mon père m'expliquait à son tour : « Nous aussi nous sommes les prémices du Peuple de Dieu. Nous avons été choisis pour faire connaître ses commandements. »

Frères et sœurs de la Communauté, nous étions donc reclus entre nos murs lorsque le courant d'air qui secoua et ouvrit la croisée nous apporta le chant modulé des chalumeaux, suivi par le fracas des chariots écrasant le pavé. Le défilé que ralentissait la multitude des badauds s'acheminait vers les parvis. En grimpant sur un tabouret, j'eus le temps d'apercevoir le taureau aux cornes cuirassées d'or, quand un éclair m'éblouit. Parmi nous un disciple remarqua :

— Voici l'orage.

Mais non, au lieu que gronde le tonnerre, un bruissement analogue à celui que soulève le vent répandit dans la salle des senteurs de garrigue.

— Jérusalem embaume, dit un second disciple.

— Ensemble, la campagne et la ville célèbrent les prémices, dit un troisième.

C'est alors que, stupéfaits, nous vîmes au-dessus de nos têtes des lumières qui ressemblaient à des langues de feu, présage ou accomplissement, Souffle saint pour nous descendu du Ciel.

Avant que le soleil se couche, lorsque la foule se fut dispersée, les apôtres décidèrent que nous irions au Temple assister au dernier sacrifice. Posté en haut des gradins, un groupe de Craignant-Dieu nous reconnut et nous désigna du doigt. Était-ce l'Esprit qui nous signalait, ou la joie de nos visages ? Bientôt une sorte de palpitation agita le parvis des circoncis et je vis nos compagnons, Simon-Pierre en tête, s'adresser aux pèlerins venus de l'étranger, dans chacune des langues de leur pays. On aurait dit qu'ils les avaient parlées depuis l'enfance. Or, il y avait là des juifs d'Égypte, de Mésopotamie, de Cappadoce, du Pont, de Cilicie, de Grèce, de Pisidie, d'Élam, et j'en oublie. Il n'existe aucun royaume dont nous soyons absents puisque l'Éternel a multiplié les fils d'Abraham comme le sable de la mer. Lorsque la trompette des lévites eut averti la foule de la fermeture des portes, des pèlerins plus narquois que soupçonneux accompagnèrent les disciples.

— Ils ont puisé leur science dans le vin doux, s'esclaffaient certains.

Simon-Pierre pressa le pas et nous commanda d'en faire autant. Nous marchions allègrement, coude à coude, dans les ruelles tortueuses rendues à leur puanteur. Nous étions ivres, non de vin mais de grâce.

Le fil des mois suspendait sur le pays une paix qui nous permettait de respirer. Notre vie communautaire s'installait dans la trêve des armes, comme la taupe dans son terrier. La lampe éclairait l'assemblée d'une flamme qu'il n'était pas nécessaire de camoufler ; on partageait le pain sans verrouiller la porte, nos hommes endossaient leurs taliths et nouaient leurs téphilim devant des goyim qui oubliaient de les railler.

— Qui êtes-vous ? demandaient-ils à nos frères sur les parvis.

— Les disciples du Nazaréen. Nous proclamons qu'il est le Messie que vous attendiez.

Cela étant dit, nous n'étions pas poursuivis comme blasphémateurs.

Nos soucis étaient domestiques. Tant que nous étions en famille, quinze ou vingt dans la maison de Nicomède, plus les disciples de passage, les sympathisants que recueillait Deborah, les quelques amis du quartier ainsi que la poignée de fidèles disséminés dans la ville, nos problèmes étaient simples et se traitaient simplement. Mais ce n'était plus le cas. Le nombre des adeptes augmentait à vue d'œil, et plus encore la cohorte invisible de ceux qui, dans le secret de leur cœur, reconnaissaient mon fils.

Jacques et José, Shimon et Jude avaient rejoint nos rangs. Mes garçons turbulents et frondeurs de Nazareth m'avaient tant fait souffrir de leurs divisions que j'éprouvais à les voir réunis un surcroît de tendresse. J'ai eu, je le confesse, une grande part de responsabilité dans leur discorde. Ma faiblesse insigne pour le fils qui avait ouvert mon sein avait de quoi déchaîner les jalousies tandis que l'honneur de Josef est de n'avoir, lui, jamais donné prise au reproche. À vrai dire, José était le seul qui hésitait encore devant le baptême : certains hommes ont plus de mal que d'autres à mater leur fierté.

Parmi les apôtres, le chiffre de douze fut maintenu en dépit de la défection de Judas, Jésus ayant voulu que le nombre des tribus d'Israël restât scellé au cœur de la Nouvelle Alliance. Pour combler le vide, Simon-Pierre hésitait entre Barsabas et Mathatias. Puisque la Loi le permet, on eut recours à l'arbitrage du Ciel par un tirage au sort : Mathatias remplaça donc Judas.

Les Communautés ont besoin de chefs. Simon-Pierre, désigné par mon fils pour être la pierre d'angle qui soutient l'édifice, réunissait l'assemblée et la présidait dès qu'une décision importante était à prendre. Il répartissait les tâches et organisait notre existence quotidienne, à quoi il ajoutait l'examen des litiges entre les frères, ou avec les autres circoncis. Il avait souvent de grandes difficultés à mettre tout le monde d'accord, des avis maladroits ou opposés se succédaient, les anciens et les nouveaux n'étant pas les derniers à s'affronter. Alors Simon-Pierre se levait, affirmait qu'il s'agissait de malentenus et parfois le démontrait. Il se louait de l'ardeur dont chacun faisait preuve pour traduire l'enseignement du Maître. Ainsi apaisait-il la tempête.

L'équilibre de la Communauté était à réviser chaque jour, aucun des membres, si dévoué qu'il fût, n'oubliant ses besoins personnels. Nous étions solidaires comme les doigts d'une main, mais un deuil, une maladie, une noce, la récolte d'un champ, la coupe d'un bois, étaient autant d'échappatoires, de motifs d'absence, de palabres, de brèches dans l'accomplissement des besognes. Aussi l'assemblée avait-elle décidé de nommer sept diacres dont le rôle serait de seconder les douze dans les détails de l'administration, c'est-à-dire de veiller à la discipline, de collecter les aumônes, de répartir les ressources, les logements, les repas, de distribuer les travaux, et aussi de secourir ceux qui sont dans le besoin, malades, infirmes, veuves, orphelins. J'énumérais leurs noms afin de me familiariser avec eux et de n'en négliger aucun. Philippe, qu'il ne faut pas confondre avec l'apôtre, Proclore, Nicanor, Timon, Parmanas, Nicholas d'Antioche et naturellement Étienne. À peine désignés, ils avaient la tête emplie de difficultés à dénouer, ils couraient du four au moulin. De tous côtés, on faisait appel à eux. Ils s'essoufflaient et je les voyais déjà déclarer forfait puis repartir avec courage.

Le service de la Parole était l'apanage des Apôtres, mais les anciens de Kephar-Nahum, Simon-Pierre et les fils de Zébédée ne renonçaient pas pour autant à la pêche. Ils retournaient souvent dans leur village. Nul n'y voyait d'inconvénients puisqu'ils nous ravitaillaient de leurs poissons et nous ramenaient de Galilée d'utiles nouvelles. Nous y avions laissé beaucoup d'amis. Les alentours du lac de Kinnereth étaient déjà le siège de communautés naissantes où la concorde ne régnait pas toujours. La jalousie rôdait autour d'elles comme le chacal du désert. Simon-Pierre grondait, commandait et pardonnait. Nous avions bien besoin d'affermir nos cœurs.

Dès qu'il fut parmi nous, Jacques lui prêta un bras solide. José et lui étaient orphelins de leur père Cléophas qui avait pris le chemin des morts. Leur mère Myriam, ma sœur, mon amie, s'abritait sous notre toit. Puisque les parents de Shimon et de Jude demeuraient à Nazareth, Jacques était le chef de notre famille dans la Ville sainte. Son titre et sa qualité de frère de Jésus rehaussaient son prestige. Au Temple, il avait obtenu un emploi de charpentier et j'avais plaisir à savoir qu'il parcourait les ateliers où travailla Josef, les entrepôts baignés d'ombre et d'odeur, encombrés de madriers et de voliges. L'inventaire était tenu par un ancien lévite originaire de Chypre nommé Barnabé qui, étant à la retraite, avait pu rejoindre la Communauté. Barnabé était en passe de convertir son voisin, un ouvrier de Tyr habile à façonner l'or et l'airain aussi bien qu'à manier le byssus, le cramoisi, la pourpre rouge ou violette. Cet homme précieux, appelé par Hérode à cause de ses talents, avait installé sa famille à Jérusalem. Ses apprentis étaient également sur le seuil de la Foi. Ainsi progressait doucement la Parole de mon fils.

Lorsque venait le Shabbat, la synagogue que les apôtres fréquentaient le plus volontiers était celle des Affranchis. On la nomme parfois synagogue des Alexandrins parce que s'y réunissaient les juifs d'Égypte. Mais on y rencontrait également ceux de Cilicie, de Cyrène et cet autre Simon qui aida Jésus à porter la poutre sur le chemin du Golgotha. Entre les apôtres et lui, s'était établi un rapport silencieux qui n'avait pas besoin de se déclarer.

À ces circoncis de l'étranger, heureux de se rassembler à Jérusalem sous la bannière de la Loi, il était difficile de faire admettre que le Messie, farouchement espéré, avait accepté le supplice de l'esclave. Ils avaient appris, certes, que tout sacrifice propitiatoire réclame l'effusion de sang mais la croix les scandalisait. Il fallait beaucoup de temps, de patience pour les persuader. Simon de Cyrène n'était pas le dernier à leur apporter son témoignage. Sa mémoire était encore tourmenté par ce qu'il avait vu : les chutes du condamné écrasé par le fardeau, le sang... Moi, je n'ai jamais pu l'entendre. À son tour, Josef d'Arimathie dénonçait devant eux le procès illégal dont il osait dire que le Sanhédrin portait le crime. Plusieurs se laissaient convaincre. Alors Jacques, s'il s'agissait de lui, les menait à Simon-Pierre qui leur imposait les mains. Ce furent ceux dont le zèle en a par la suite souvent remontré aux autres. Car le cœur de l'homme est un réceptacle qui surpasse tous les chefs-d'œuvre du Créateur, le germe de la vérité y est déposé et il s'ouvre un beau matin comme la fleur à l'abeille. C'était le cas d'Étienne, ce jeune garçon qui édifiait les anciens par son enthousiasme et sa ferveur. Il était grec et contemporain de Jean. Simon-Pierre et Jacques songeaient à lui faire partager les tâches de l'apostolat.

Afin de nous concilier les fonctionnaires du Temple, haut et bas clergé, autant que les notables de Jérusalem, nous nous étions engagés à héberger chaque fois que nous le pouvions, des pèlerins nécessiteux quand, à l'époque des fêtes, les auberges et les caravansérails regorgeaient. C'était déjà le cas au temps de mes parents et la situation n'avait fait qu'empirer. Agrandir le périmètre légal, y inclure Bethphagé n'avait pas suffi. La propreté, la salubrité, la sécurité étaient à dure épreuve.

Comment faire face à nos engagements quand nos maisons elles aussi étaient encombrées des caves aux terrasses ? Certains disciples avaient fait venir leur famille : Nathanaël par exemple, et Jacques, fils d'Alphée. Moi-même, j'aurais aimé qu'Éliahoud et Schochana nous rejoignent, mais ils étaient accrochés à leurs terres qu'ils ne voulaient pas quitter. Enfouir l'or et l'argent dans un sac au profit d'une communauté n'est pas à la portée de tous. Il est vrai que le Conseil n'en faisait pas une obligation et se bornait à le recommander. N'empêche que la pratique s'imposait de plus en plus, et personne n'avait eu l'idée de tricher en dissimulant ce qu'il ne voulait pas partager depuis qu'Ananias et Séphira avaient expiré pour avoir abusé de la bonne foi des apôtres, c'est-à-dire menti à Dieu.

Myriam s'est installée près de moi, dès la mort de Cléophas. Veuves toutes deux, unies par la famille, nous ne nous sommes guère quittées depuis ce temps. Je veille discrètement sur sa santé dont elle ne fait pas grand cas. Elle s'est épaissie, se meut péniblement, elle dont j'enviais tant la vivacité : on dirait qu'elle cherche constamment à éviter un meuble. Elle a en tête le sort de son fils premier-né, notre Jacques, son souci. Sa générosité l'incite à cacher son obsession, de peur de ranimer les miennes et aussi de tenter le démon. Par un accord tacite en tout cas, la règle est de ne pas toucher à ma plaie.

— Ne chargeons pas Marie, taisons nos misères ou nos idées noires.

Je me suis aperçue que le nom du Golgotha était banni de toutes les bouches. Des allusions à l'agonie, je n'en entendais pas. Mais je sais que Myriam et Salomé en parlent à Mathieu, notre chroniqueur. Elles se tenaient avec moi au pied de la croix ! Il me semble parfois que leur regard se fixe sur une vision qui leur tire des larmes. Plus que les sermons de Jésus, ses souffrances et son sang nous scellent les unes aux autres.

Pendant ces premiers mois, Salomé avait décidé de demeurer en Galilée « pour s'occuper des petits enfants », prétexte auquel je faisais semblant de croire mais qui m'a beaucoup tracassée : elle avait bien su se rendre disponible lors des pérégrinations de Jésus. M'en a-t-elle voulu parce que, du haut de la croix, mon fils m'a confiée au sien ? S'est-elle crue dépossédée à mon profit ? Je m'en étais inquiétée auprès de Deborah dont j'appréciais les avis. Elle m'avait rassurée, pensant avec raison que Salomé nous reviendrait.

Deborah, ô Deborah, ma compagne de la Nativité, de la fuite en Égypte et de tant d'épreuves ! Jusqu'aux derniers jours son esprit est resté droit ; Ezra son fils a recueilli ses vieux jours. Je me réjouis que soit entré chez nous le fils de celui et de celle qui m'ouvrirent leur tente.

Et vous, Marthe et Marie, vous ne vous étiez pas résignées à lâcher votre maison de Béthanie. Il est vrai que les maisons inhabitées sont la proie des voleurs. Vous vous relayiez pour venir nous voir, ce qui ne me déplaisait pas, étant donné la manie que vous aviez de vous contredire à tout propos. Quant à Ruth elle avait hésité longtemps avant de monter à Jérusalem rejoindre Mathieu, puis elle s'annonça un beau matin comme s'il était aisé de découvrir un toit disponible. Ce fut une enquête forcenée, une chasse essoufflante, d'autant plus que je voulais la loger à un rayon de moins de dix stades afin que nous puissions ensemble célébrer le Shabbat sans enfreindre la Loi. J'avouai à Jacob et à Jean mon vœu et ses motifs. Aucun ne me laissait d'illusion.

— Ils font barrage.

— De qui parles-tu ?

— Des propriétaires, surtout s'ils sont prêtres ou lévites. Ils disent que notre confrérie est assez nombreuse et n'a plus besoin de s'agrandir.

— Avons-nous intérêt à nous grouper ? Dispersés nous serions moins voyants...

J'insistai : Ruth et son époux Lévi devaient être logés dans le voisinage le plus proche. Que donnerait une démarche près de Nicodème ou de Josef d'Arimathie ?

— Non, dit Jacques, on leur a déjà trop demandé.

— S'adresser à Hulda, peut-être ?

— Tu la mettrais dans l'embarras.

— Nous n'en sortirons pas sans appui. N'y a-t-il pas un Grand, un notable ou même une veuve riche, ayant reçu le baptême ? Jean, tu as dit qu'un cousin de Caïphe nous était secrètement acquis, pourrais-tu lui faire connaître nos besoins ?

— Un Hanin ? Même converti, il faut s'en méfier. Dans cette famille, gendres, beaux-frères, neveux sont tous pareils. Les dictons populaires ne trompent pas : des Hanin ? Malheur à moi à cause de leurs poings. Des Phiabi ? Ils tombent sur vous avec leurs triques...

— Josef, au temps où il travaillait à Jérusalem, était hébergé par une famille qui fournissait le bois des holocaustes. Elle possédait des maisons autour du palais d'Adiabène...

— Mère, tant de choses se sont passées depuis tes fiançailles. Que Ruth vienne, on se serrera.

XXV

L'arrivée de Ruth et de son mari se passa mieux que prévu : des frères en partance pour Antioche nous cédèrent leur habitation. Lévi dit Mathieu y disposa d'une chambre pour lui seul, éloignée des bruits de la rue où il pourrait méditer et écrire en paix. Un menuisier, ami de Jacques, lui dressa un pupitre et sur ce meuble qui l'élevait à la dignité de scribe, il commença à noter soigneusement ce qu'il avait retenu des actes et des paroles de Jésus. Il travaillait le jour et jusque tard dans la nuit. Parfois même le sommeil l'accablait avant que l'huile de la lampe fût épuisée et Ruth le surprit plus d'une fois affalé sur le rouleau, le calame tombé de sa main. Elle le réveillait avec douceur, rangeait le précieux document dans l'étui de peau, et l'étui dans le coffre. À côté, dans une pièce voisine, José, qui était lettré, s'adonnait à un travail similaire en compilant les informations glanées auprès des disciples. Jean, par contre, n'écrivait pas. Quand je l'interrogeais sur son témoignage, il me répondait :

— J'ai besoin de temps.

Le premier jour de la semaine, les Douze échangeaient leurs souvenirs, chacun ajoutant un épisode qu'il était seul à connaître. Parfois, ils se fâchaient à propos d'un mot, d'une date ou d'un lieu, et se quittaient sans avoir pu se mettre d'accord. Ces soirs-là, je songeais aux soixante-dix Docteurs qui s'étaient enfermés à Alexandrie dans des cellules séparées afin de traduire le Livre en langue grecque. L'œuvre terminée, ils avaient comparé leur travail et avaient constaté que les mots en étaient identiques. J'avais le sentiment en suivant nos réunions, que tel ne serait pas le cas des apôtres. Ruth s'en amusait et s'adjugeait un droit de correction sur la mémoire de son mari.

— Après tout, il n'est qu'un ouvrier de la dernière heure, j'en sais presque autant que lui.

Je croyais entendre l'accent gouailleur de son frère, Éliahoud.

Malgré l'âpreté de ces chicanes, il y avait chez tous un tel souci de ne rien oublier, de ne rien dénaturer que je m'attachais à ne pas manquer ces réunions. J'arrivais la première et prenais place dans le fond de la pièce. On me priait aussitôt de m'installer près de la lumière. C'était une sorte de protocole. Je préférais rester dans l'ombre où rien ne venait me distraire : la vie de mon fils, en tout cas sa vie publique, je la connaissais si mal ! Je constatais mon ignorance en écoutant ses compagnons de route. Je ne l'avais pas entendu prêcher, la plupart des signes qu'il avait accomplis m'avaient été transmis par un simple passant, un récit de Marthe, de Marie, infatigables commères, rarement d'un disciple, plus rarement encore d'un apôtre. Mon fils naissait à nouveau : son portrait se précisait, son énigme se déchiffrait, ses longues absences s'expliquaient, peu à peu je voyais.

Souvent, au fil des discours, je devais étouffer la fierté qui enflait ma gorge. Ou bien, quand survenait une critique voilée, je dissimulais mon dépit : malgré les années qui auraient dû m'endurcir, je demeurais sensibles aux louanges comme aux reproches. J'écoutais parler de Jésus en déguisant ma complaisance ou ma gêne. Ce n'était pas l'étendue de ses prodiges, la force de sa parole qui me touchaient le plus, c'était le simple geste dont il avait fait une leçon, le mélange de la familiarité et de l'élévation, de la mansuétude et de la rigueur. Lorsqu'il avait recours à la science, il ne récitait pas un chapitre du Livre, il recomposait la Loi avec son cœur, il se mettait au niveau du plus simple parce qu'il l'aimait comme un frère et le considérait ainsi. « Notre Père », enseignait-il.

Mon fils, tandis que les disciples se souviennent, moi je te contemple. Jamais je ne t'ai vu de si près. Tu es venu rendre témoignage de la Lumière qui fut dès le commencement. Elle illumine ton visage et se projette sur le mien. Voici ton plus beau miracle : je te vois dans le plein jour de Dieu. Tes disciples reprennent ton langage et, parfois, j'en souris. Jacob dit à Thomas :

— Ne te pose pas en juge et tu ne seras pas jugé.

Jacques parlant d'Étienne à Philippe :

— On reconnaît l'arbre à ses fruits.

Simon-Pierre déclare comme toi :

— Ce que vous souhaitez que les hommes fassent pour vous, faites-le pour eux.

Ce qui, retourné, est le principe cher à Hillel :

— La chose que tu n'aimes pas, ne la donne pas au prochain.

Mon père le citait souvent :

— Là est toute la Torah, disait-il.

Jean profitait de chaque occasion où il était seul avec moi pour m'interroger. Il voulait en savoir davantage sur son Maître, depuis sa naissance jusqu'au moment où ils s'étaient rencontrés. Devant lui, ma pensée osait franchir ma bouche :

— Quand l'Ange me dit : Réjouis-toi, je sus aussitôt que j'aurais à souffrir. Pleine de grâce ? Je débordais de crainte pour ce fils premier-né dont Josef et moi avions la garde. J'eus peur dès sa naissance dans la grotte, peur des cruautés d'Hérode, des soldats romains, de la famine, des rebelles, peur du mystère qui plaçait Jésus à l'écart des autres. Il a quitté la maison peu après la mort de son père. Ce fut un déchirement. Jean, je t'avoue ce que j'ai essayé d'oublier, mes stratagèmes pour le retenir, mes prétextes, sa santé, la mienne, ses devoirs d'aîné, l'opinion de ses frères, celle du village : je n'aime pas y penser mais c'est vrai. Mets-toi à ma place. Qu'aurait dit Salomé, ta mère, si Jacob ou toi en aviez fait autant ?

— Je ne sais pas. Elle n'a pas un caractère facile. Et je ne suis pas Jésus. Moi, je suis une créature commune. Il est Unique, fils de l'Unique. Maintenant, que la paix soit avec toi...

— Je n'ai plus les mêmes raisons de souffrir, j'en ai d'autres. Je suis vieille et j'ai en mémoire ce que j'ai vu, une épée sur chaque tête, la foudre sur chaque toit. Jésus, de qui parlait-il lorsqu'il disait aux apôtres : Ils vous persécuteront aussi. Des païens qui nous honnissent ou des frères circoncis qui nous déblatèrent ?

— Peut-être des deux.

— Tu vois bien.

— L'Éternel a envoyé à nos Pères la manne pour apaiser leur faim ; il a fait jaillir l'eau du rocher pour étancher leur soif, il leur a offert des champs qu'ils n'avaient pas cultivés, des villes qu'ils n'ont pas eues à fortifier. Il vient de nous donner ton fils. Il est fidèle...

Jean reprenait ses questions :

— Mère, qu'a fait Jésus quand il a eu quitté l'atelier de Nazareth. Où a-t-il été ? Il ne te l'a pas dit ?

— Non. Un seul savait et il est mort sans parler : Jean le Baptiste. Tous deux aimaient le désert, bien que de façon différente. Le Baptiste pour s'y accomplir, Jésus pour s'y préparer. Et toi, Jean, as-tu envie d'aller au désert ?

— Parfois.

La soirée se prolongeait entre nous. « Quand j'ai voulu savoir, je n'ai rien appris. Mais l'Éternel a eu pitié de moi. La colombe est descendue du ciel, me portant ses dons. »

— En toi, mère, il se fait jour, je le vois à ton visage. Le lot que tu as reçu est le plus beau.

Tant de choses se sont passées, m'avait dit Jean. Oui, tant de choses depuis Jésus. Mais lui seul compte pour moi. Ce qui m'arrive vient de lui, va vers lui. L'amour et le souvenir de mon fils se confondent pour composer l'avenir qui me reste. Que puis-je faire sinon vivre cette journée et celles qui la suivront dans la fidélité et l'attente ? L'une et l'autre sont baignées de ferveur. L'eau imprègne le tissu sur toute sa surface et d'un bout à l'autre chaque fibre en est trempée.

Mon père me répétait : « Souviens-toi de Dieu qui se souvient de toi. » Chez nous le culte et ses cycles, la prière et ses voix étaient des rencontres. Depuis ma tendre enfance j'ai souhaité que me soient épargnées les défaillances de la mémoire comme elles le furent à ma mère. L'oubli ressemble à la nuit qui éteint le regard et en soustrait les choses. Moi-même je suis cette longue pensée qui raconte et perpétue ma petite part d'existence. Et si je tiens tant à ce que la parole de mon fils soit consignée, c'est pour qu'elle soit l'Écriture, le germe sacré d'un peuple dont elle constituera la subsistance et la communion.

Jésus est constamment présent en moi. Ma vie ne pourra dorénavant s'accomplir que parmi ceux qui le célèbrent. Je suis la plante domestique qui a besoin du jardin et du jardinier, ou, comme il aimait à le dire, la brebis qui ne peut se passer ni du troupeau ni du berger. Il est mon premier-né, l'aîné d'une multitude de frères dont le collège m'abrite. Sous le toit de leur maison, est réunie notre Sainte Famille, celle de la Nouvelle Alliance. Ils sont mon souci, mon foyer, mon refuge, mon exemple, mon bonheur. Ils tracent mon histoire, qui est celle de la Foi. Jésus, qu'il est doux le devoir d'aimer !

Des habitudes naissaient peu à peu dans la Communauté. Nous en avions besoin. Quand les disciples avaient fini de tenir conseil, nous les femmes, vieilles ou jeunes, veuves, mères ou vierges, prolongions la soirée, autant pour nous détendre que pour tirer profit de ce qui avait été dit. Souvent j'aurais préféré emporter seule dans ma chambre mon trésor de pensées mais je restais pour faire plaisir. Nos sœurs commençaient par passer au crible les conclusions de l'Assemblée, s'amusant à prendre tel frère en contradiction, à imiter son accent, ses tics, ses grimaces : petite revanche de femmes tenues à l'écart des grands débats. Tandis que les hommes transpiraient sur un point de doctrine, les mères discutaient d'un sujet qui les intriguait :

— Comment élever les enfants en ces jours où le Messie est déjà venu, et leur apprendre à respecter les Anciens qui l'attendent encore ? Comment séparer nos fils baptisés tout en les maintenant dans la famille d'Israël ?

— Jésus a changé nos yeux, dit Ruth, pas nos prières. Avant l'Amen, il suffit d'ajouter : « Par Jésus le Messie, Notre Seigneur. » En tout cas, c'est ce que je fais.

— Ruth a raison, affirmait Myriam. Jésus est Jésus, mais il est juif. Il a porté les phylactères et les téphilim, il a récité le Shéma. Il a mangé pur, il a respecté le Shabbat.

— Il n'a pas tout à fait ni toujours respecté le Shabbat, dit Yaël à voix basse. C'est Jacques qui me l'a raconté.

On se tournait vers moi.

— Jacques ? Oui, peut-être, il fut un temps....

Je n'achevais pas. Je n'aime pas revenir sur ce qui a opposé les enfants.

— Ne te trouble pas, Marie, ce n'est pas d'aller contre la Loi que de soigner un malade ou un accidenté le jour de Shabbat.

— La Loi ne le permet qu'en cas de péril, insista Yaël. Or, Jacques prétend que l'homme à la main desséchée ou l'hydropique, pouvaient attendre. Le Maître a rencontré le premier sur le chemin de la synagogue et le second dans un banquet. Il n'y avait pas d'urgence à les soulager. Pas davantage la femme possédée depuis huit ans, ou l'aveugle de naissance. En guérissant un jour chômé, Jésus a provoqué les pharisiens...

Je ne répliquais pas.

Mon fils a-t-il voulu à l'égard de certains formalistes affirmer sa charité ? Hier, je ne l'aurais pas admis, aujourd'hui je me tais. Qui sont-ils ces pharisiens ?

Ils croient en la résurrection pour la fin des temps. Mon fils est ressuscité le troisième jour...

— Lors des repas sur les bords du lac après la pêche, il paraît que les disciples ne procédaient pas toujours aux ablutions.

— J'ai peine à le croire, l'eau ne manquait pas...

On souriait.

— Désormais, tout cela n'a plus d'importance, avait dit Jean.

Dans la maison, la règle était de ne refuser l'entrée à aucun circoncis. Mais depuis que nous étions suspects, Simon-Pierre avait donné la consigne de n'ouvrir aux visiteurs inconnus qu'après un interrogatoire serré. La femme qui se présenta chez moi avait dit son nom. Je me tenais devant l'âtre où les braises se mouraient : Myriam venait de me quitter pour chercher du bois sec, et lorsque j'entendis un pas, je crus que c'était elle. Il y eut sur le seuil un conciliabule, Judith hésitait à laisser passer l'intruse. J'aperçus une robe de deuil. Je ne bougeai pas. Derrière, dans la cour, il me sembla déceler une présence, un frère en faction sans doute dépêché par Judith.

Je ne sais plus comment débuta l'entretien alors que tout le reste est fixé dans ma tête. Je dus prononcer un mot d'accueil. Si éprouvante que fût cette confrontation, j'y avais pensé souvent. Tôt ou tard, elle devait avoir lieu. De la part de cette femme, il était juste de l'avoir provoquée.

S'étant inclinée avec raideur, elle se redressa pour m'examiner. Je l'invitai à s'asseoir. Myriam entra opportunément et ranima le feu. La flamme jaillit. Sur le visage face au mien, je cherchai les traits de son fils, Judas, celui à qui Jésus avait pardonné : « Ils ne savent pas ce qu'ils font... » La venue de cette mère, sa souffrance visible, expiait le crime. J'esquissai le geste de lui tendre les bras. Elle fit mine de ne pas le voir. Je remarquai qu'elle promenait son regard autour de la pièce comme pour s'assurer qu'elle pourrait s'enfuir et sa méfiance me fit mal. Myriam nous laissa seules.

— Je ne suis pas de votre bord, commença-t-elle sur le ton du défi. Ni moi ni personne de ma famille. J'espère que jamais aucun de mes descendants ne se liera aux vôtres.

Je lui sus gré de sa franchise.

— Nous sommes juifs depuis toujours. Un scribe de nos

ancêtres a été crucifié sous Alexandre Jannée lorsque ce roi persécuta les pharisiens.

Après quoi, elle baissa le ton :

— Vous êtes mère, vous comprendez que je parle de mon fils. Il était mon premier-né comme le vôtre.

Alors que j'étais aux aguets de ses paroles, immobile d'attention, la tête tout à coup me tourna, mes oreilles devinrent sourdes : « Adonaï, prends pitié... »

— Je ne suis pas ici pour justifier mon fils, mais pour laver l'opprobre dont les vôtres le salissent. Sachez qu'il n'a pas agi pour de l'argent. Trente sicles ne représentaient rien pour lui. Chez nous, l'argent n'a jamais manqué. Le Rabbi le savait puisqu'il en a fait son trésorier. L'aurait-il choisi s'il l'avait cru fraudeur ? Qui l'a jamais vu soustraire un denier, sinon pour secourir les crève-la-faim qui harcelaient Jésus ? Judas avait autant de cœur que lui, il ne repoussait ni l'infirme ni l'indigent. Mais il était plus instruit que les autres, on le jalousait, on le détestait, deux d'entre les disciples surtout. Il n'en avait cure et ne se défendait pas tant il était indulgent, généreux. Dans notre ville, vous pouvez demander ce qu'on pensait de lui : il n'avait que des amis. On pleure sa mort.

Elle se tut, les yeux humides. Je baissais les miens et n'osais répondre de peur d'essuyer un affront qui nous eût séparées.

— Pourquoi a-t-il livré son Maître ? hasardai-je. Il ne l'aimait pas ?

Elle soupira et resta longtemps silencieuse. Je vis qu'elle tordait ses mains.

— Il l'aimait. Peut-être plus que les autres... S'il ne l'avait pas aimé, aurait-il enduré ce qu'il a enduré à cause de lui ? Lorsque votre fils a commencé à prêcher, Judas s'est trouvé sur sa route. Il l'a écouté et a dit : « Des Messies, on en rencontre tous les jours mais aucun n'a la taille de celui-là. » Il a ajouté : « Les vertus sortent de lui comme l'eau d'une source. » Il a couru à la maison, il a pris sa besace et son bâton et il est parti. « Tu vas user tes pieds, mendier ton pain, ce n'est pas pour cela que j'ai payé tes études. » Son père l'adjurait. Il répondait : « J'ai confiance en cet homme. Il sauvera Israël, mais il a besoin de quelqu'un qui sache écrire et compter pour lui. Il est entouré de pêcheurs et de paysans. » Sur ce point, Judas avait raison. Votre fils était accompagné d'ignorants, des gens de rien du tout. Lui-même était bon pour parler mais le reste ne l'intéressait pas. « Faites comme les oiseaux du ciel, ne vous inquiétez pas du lendemain. » Pendant ce temps, Judas veillait au grain. Croyez-vous qu'on puisse libérer un pays avec des prêches ?

— Que reprochez-vous à Jésus ?

— De s'être trompé de route. Au fait, savait-il où il voulait aller ? Un jour, il disait : « Le royaume, il faut l'arracher ; celui qui a une épée qu'il la prenne » et un autre jour : « Si ton adversaire frappe ta joue droite, tends-lui la joue gauche », ou bien : « Rendez à César ce qui est à César ». Et puis : « Je suis venu apporter la guerre. » Comment voulez-vous comprendre ?

« Je ne suis pas de votre bord », avait dit cette femme. Comme elle était loin sur l'autre rive...

— Judas n'était pas un lâche. il a espéré jusqu'au bout, jusqu'à la semaine des Azymes quand Jésus est entré à Jérusalem pour se faire acclamer. Faux triomphe ! Provocation ! Tout de suite après, ce fut la débâcle. Judas accourut à la maison, hors de lui, comme un possédé. Il se cognait la tête aux murs. Il est tombé et j'ai pris peur en le voyant prostré jusqu'au soir. Il a toujours eu les nerfs fragiles : tout petit il ne supportait pas d'être grondé. Il a souffert. En dénonçant son Maître, mon fils n'a pas livré l'homme mais le prophète qui a berné la multitude, qui a cassé la résistance, qui n'a pas su gagner, qui a divisé au lieu de rassembler.

J'avais envie d'appeler au secours.

Elle continuait :

— Mon fils était d'une autre trempe. Il était l'héritier des Macchabées, un vrai, un pur combattant, un de ceux qui méritent la vénération. Tandis que Jésus... la foule ne s'est pas trompée. Quand Pilate a demandé lequel de lui ou de Bar Abbas devait être gracié, elle a crié : Libérez Bar Abbas.

— Pour grandir votre fils, vous accablez le mien. Ne comptez pas que je vous suive. Jésus ne m'appartient plus. Il est là-haut. C'est au Père de lui rendre justice.

Elle me jeta pour la première fois un regard méchant.

— En somme, à vous la consolation, à moi l'infamie. De Jésus, vous faites l'agneau de Dieu, de Judas, le bouc émissaire. C'est cela votre justice ? Si je vous disais que Jésus est le chef, le responsable, qu'il a forcé Judas à terminer ses jours, parce que lui-même avait décidé d'en finir ? Cessez d'accuser l'innocent. Vous répétez que Jésus est entré librement dans sa passion. Songez à ce que vous dites. En tout cas il y a entraîné mon fils. Pourquoi mon fils ?

— Tout est aux mains du Ciel, sauf la crainte du Ciel.

Elle me perça alors d'un dernier coup :

— Jésus, ressuscité ! A-t-il été seulement embrasser sa mère ?

Elle tremblait, elle avait bu ses larmes. Le froid me saisit devant l'âtre. Je n'osais aucun mot et surtout pas celui de miséricorde, elle ne l'aurait pas supporté.

Myriam revint à son feu. Sa figure décomposée montrait qu'elle avait écouté derrière la porte. Je lui dis :

— Verse l'eau de la cruche, nous avons la gorge sèche.

La mère de Judas se leva aussitôt pour ne rien accepter de moi. Au moment de passer le seuil, elle me toisa.

— Le Saint, que son Nom soit béni, est Père de tous les juifs. Craignez que le sang de mon fils ne retombe sur ses détracteurs.

Elle partit, enfin. Je restai clouée à ma place. Nos douleurs s'étaient mesurées. Cette mère qui pleurait son fils, sa souffrance me meurtrissait plus que sa colère. Disait-elle vrai de Judas ?

« Adonaï, pourquoi n'as-Tu pas éclairé son esprit, pourquoi n'as-Tu pas coupé la corde qui l'a étouffée ? Laisse-moi partager le martyre de cette femme, associé à celui de mon fils pour le salut du sien. »

XXVI

La visite de la mère de Judas avait contrarié les apôtres et ils faisaient tout pour m'éviter ce qu'ils appelaient « de mauvaises rencontres ». Quand je sortais, il y avait toujours un jeune frère disponible pour m'accompagner. Je m'appuyais sur son bras, l'âge m'y autorisant. Il me disait :

— Tu es l'Arche d'Alliance.

À quoi je répliquais :

— J'espère n'être jamais l'otage des philistins.

En échange de ma dignité, j'offrais ma soumission. Comme je fus soumise à mon père, puis à Josef, puis à mon premier-né, je le suis aux anciens de la Communauté.

J'insistais pour aller sur les parvis, aux heures des offices, bien que la fréquentation du Temple ne me laissât jamais en repos. Il entassait trop de moments heureux, trop d'émotions sacrées, trop de pleurs, de poussière et de sang qui sont pour moi la pierre et la chaux de ses murs. Là j'avais suivi ma famille en ronchonnant, là racheté mon petit garçon ou amené mon Bar Mitswa pour en faire un vrai juif. C'est ici que Jésus chassa les marchands, ces pourvoyeurs qui sont revenus et emplissent leurs sacs. Il me semblait qu'ils me reconnaissaient. Jacques se moquait :

— Ce ne sont plus les mêmes. S'ils te regardent de travers c'est parce que tu ne leur achètes jamais rien.

J'entends Josef me disant : « Vois cette construction, ce marbre, ce porphyre, cette splendeur », puis aussitôt après mon fils : « De tout cela il ne restera pas pierre sur pierre. » Échos dont le choc me brutalise. Je répète la prière de ma mère : « Adonaï, pour payer nos fautes, ne nous châtie pas au prix de Jérusalem. Laisse-nous chanter longtemps le cantique des Degrés. »

Non, je n'étais pas en paix. Après tant de jours où peines et consolations nous avaient été prodiguées, une sorte d'abattement me paralysait. Était-ce Myriam qui me communiquait l'esprit parfois chagrin dont elle souffrait ? Était-ce la mort de Samuel que l'on venait de m'annoncer ?

— J'ai rencontré un ami du Grand Prêtre, me disait Jean. Le clergé nous en veut. Il prétend que nous détournons les pèlerins. Les détourner de quoi ?

Jacques aussi se tourmentait.

— Veut-on cesser de nous compter parmi les juifs ? Avons-nous trahi Israël en reconnaissant le Messie des Prophètes ?

Que de griefs : parce que nous donnions l'hospitalité à de simples Craignant-Dieu, ralliés de fraîche date, les rigoristes infatués, la caste des prêtres et des Docteurs ne nous le pardonnaient pas.

Ah ! Comme ils se plaisent à nous imputer des fautes ! Je voudrais dire aux Douze qu'ils ont tort de s'inquiéter mais je ne sais pas mentir. Il y a prétention de ma part à citer le Livre à tout instant.

— Marie, tu parles en psaumes comme les apôtres ont parlé en langues, plaisante Ruth.

Peut-être. L'essentiel est que je sois comprise. Je sais que Jacques aime l'histoire de nos Rois.

« Sois sans crainte, conseillait David à son fils Salomon, le Seigneur est avec toi. Il ne t'abandonnera pas jusqu'à ce que soit achevée la Maison que tu construis pour lui. » Il évoquait le Temple dont nous fêtons régulièrement la Dédicace. Or nos frères sont les maçons, les architectes, orfèvres, charpentiers d'une Demeure dont Jésus est le grand prêtre. Un jour, ceux qui protestent seront convaincus… Je me récite tout bas la fin du chapitre : « Prépare l'or pour ce qui sera en or, le bronze pour ce qui sera fait en bronze, toutes sortes de pierres précieuses et de l'albâtre en quantité. » J'aime la saveur de ces stances : mais elles ne réussissent pas à me contenter.

Le miel de l'alléluia, quand nous sera-t-il donné de le goûter ensemble ? Il me prend l'envie de crier à la face du haut clergé la grandeur de mes ancêtres et la pureté de mon sang. Caïphe et Hannah n'ont rien à nous reprocher. Jésus est descendant de David. Eux ne sont pas de souche sadocite. Ils tiennent leur charge de César, un impie dont ils sont les valets. Où remonte leur origine, où va leur fin ?

De gros nuages traînaient sur la ville, l'hiver serait précoce. Nous étions entrés dans le mois de Kisleu et préparions la Hanouka, fête que mon père aimait tant. Je songeais à Nazareth. La Hanouka rassemblait les habitants du bourg et ceux des alentours. Ma mère cuisinait un repas plus abondant que d'ordinaire. Je revois son visage grave, celui des dernières années, encadré par son voile gris, et je retrouve son accent lorsqu'elle appelait les convives. « Mangeons et buvons tous en présence du Seigneur. » Qu'il était rassurant, ce front uni des enfants d'Israël ! Une grande famille, abritée sous le toit des ancêtres, autour d'un seul foyer qui chauffe et éclaire. Remercier l'Unique d'une voix commune, lire sa Loi, nommer nos pères, reconnaître leurs enfants dans l'étendue de l'Univers... Que le sol tremble à Jérusalem, les secousses font frémir l'immense périphérie. Ce peuple sans faille et sans mélange va-t-il se diviser à cause de mon fils ?

La question que je viens de me poser, je cherche en vain à l'oublier. Elle part et revient. Je ne m'en débarrasse pas plus que le promontoire ne se débarrasse de la vague qui déferle. Familles brisées, frères devenus ennemis, partisans déçus, naufragés comme la mère de Judas, martyrs comme Étienne, et mon fils crucifié !... C'est ainsi que le Malin fait le compte de la Bonne Nouvelle. Lorsqu'il fréquentait les zélotes, Shimon me disait :

— Dans une révolution, on triomphe ou on meurt.

Jésus mort peut-il triompher ? Sang répandu, larmes vaines... Mais Jésus est ressuscité, signe des signes, espoir qui offre son bras...

Ce petit morceau de temps qui m'a été prêté et que

j'appelle ma vie, je me demande quelle contenance il aura dans les siècles des siècles. Que deviendra Marie ? Une ouvrière ? Je n'ai rien fait, j'ai subi et non choisi, pareille aux femmes de ma génération. Un assesseur ? Je ne suis pas un témoin, je suis une blessure. Je me suis tenue entre mon père et mon Fils, tiraillée entre deux Testaments, me réclamant de l'un, priant pour l'autre, deux êtres, deux modèles bien-aimés. Je suis la ménagère qui après la tornade inspecte la maison, regarde le dégât, ne sait comment réparer ce qui a été rompu, ni s'il convient de réparer. Tout sera-t-il remis en place, suivant l'ordre du temps jadis ?

Je ne sais pas, je suis très ignorante. J'ai enfoui dans mon cœur les choses qui me dépassent pour les garder secrètes. Ce sont elles qui ressortent à présent. S'il vous plaît, un peu de lumière, je suis perdue dans la nuit. Je n'ai pas honte de trébucher, mon fils a connu le désespoir. Au dire de ma mère, mon père a douté.

Ce n'est pas à la gaieté de Ruth, c'est au cœur tremblant de Myriam que je fais appel. Ensemble, nous nous encourageons. Ni elle ni moi ne voulons douter du salut dont le chemin est ouvert, et qui ne débouchera pas sur une porte close. Mais la destination paraît lointaine et traverse des jours si sombres !

— Autrefois, dit Myriam, tout était clair, tout avait un sens, une raison : la famille, la maison, toi et moi. Nous savions quoi faire et pourquoi... Maintenant se déroule devant nous une étendue inquiète. La vie qui se désencombre de ses objets, s'encombre de son néant. Notre âge atteint son extrémité. Ce n'est pas l'époque que nous vivons qui nous démonte. C'est notre lampe qui va se renverser...

Jacques voulait que je l'aide à préparer la fête dans les moindres détails. Il souhaitait que nous y prenions part de manière que chaque pèlerin, chaque habitant de Jérusalem voie de ses propres yeux que nous étions ses frères, que notre piété était égale à la sienne. Il me demanda de porter à ma toilette un soin plus appliqué et de recommander aux femmes d'agir de même. Je vérifiai donc les plis de ma robe avec une attention que j'avais oubliée. Jacques avait raison, ces petites choses ne sont pas négligeables lorsqu'on est la cible des méchants. Nous veillions à être nombreux pour réciter l'invocation divine : « Adonaï Élohim, seul Libéral, seul Juste, qui sauves Israël du mal, qui as fait de nos Pères Tes élus, rassemble ceux d'entre nous qui sont dispersés, délivre ceux qui sont en esclavage, regarde favorablement ceux qui sont l'objet de mépris, châtie ceux qui nous outragent, implante Ton peuple dans ton Saint Lieu. »

À cette prière, tous, juifs d'Asie, de Grèce, du Pont, de Syrie, d'Égypte, de Cilicie, au-delà des terres et des mers, d'une seule voix répondent : « Amen. »

De quoi la Communauté voulait-elle à tout prix me protéger ? On me conseillait de descendre à Nazareth pour m'y installer. Outre ce fameux « changement d'air » qu'on me recommandait, on m'assurait qu'Esther me réclamait, que Mardochaï se remettait mal d'un accident, que la famille s'était agrandie d'enfants que je ne connaissais pas. Là-dessus, l'apôtre Philippe rapportait que la Galilée se glorifiait à présent d'avoir vu grandir le Messie et que les Nazaréens qui l'avaient conspué à la synagogue étaient les premiers à l'honorer. Ruth, jamais avare de grandes résolutions revenait à la charge :

— Si tu veux, je t'accompagne. Nous reverrons Éliahoud et Schochana.

Peut-être... Mais c'est ici qu'à présent j'avais mes habitudes, les frères et les sœurs qui m'entouraient formaient ma nouvelle famille. Si les choses tournaient mal, je n'aurais de cesse de les rejoindre. À force d'hésitations, je me retrouvais au seuil de l'hiver et il était trop tard pour bouger.

Bien m'en avait pris : Ponce Pilate était destitué par Rome. Quelle revanche ! L'Éternel savait punir. La nouvelle franchit les monts de Judée plus vite que n'en sort la lune, et comme chaque fois qu'un changement de tête, juive ou romaine, apparaît en haut lieu, nous n'eûmes qu'un seul réflexe :

« Est-ce bon ou mauvais pour la Communauté ? » Les anciens discutaient à l'infini.

— En tout cas, cela devait arriver, à force de nous maltraiter, Pilate a irrité Rome. Sa faute la moins pardonnable a été celle des enseignes.

— Quelles enseignes ? demanda un jeune.

Simon-Pierre rappela l'édit de la Loi :

— Tu ne feras aucune image sculptée, ni aucune figure de ce qui est dans le ciel, ou sur la terre, ou dans les eaux. Puis il raconta :

— Ce jour-là, arrivé à Jérusalem avant le soleil, je croisai un groupe de pèlerins apeurés. Ils m'apprirent que sur l'ordre de Pilate la garnison romaine déballait des enseignes à l'effigie de l'empereur. Pour ne pas éveiller l'attention, ces enseignes avaient été introduites de nuit. Mais les sans-sommeil, maraîchers, caravaniers, avaient donné l'alerte, le peuple se soulevait, criant au sacrilège.

— Pilate a fait pire. Il a mis la main sur le trésor du Temple pour payer la construction d'un aqueduc. Comme Hérode !

Au nom d'Hérode, un disciple cracha un jet de salive. Un autre demanda comment on pouvait accéder à la chambre secrète sans la complicité des lévites.

— Tout se vend et s'achète de nos jours. Judas a bien trahi !

— Tais-toi.

— C'est pourtant vrai et pour trente sicles.

Le disciple cracha de nouveau.

Pilate à peine disparu, Vitellius restitua au Temple la garde de l'éphod et les vêtements du grand prêtre qui avaient été confisqués. Tout le monde applaudit. Vitellius était légat de Syrie et avait autorité sur la région. Dans la Province de Judée, qui serait son procurateur ? On parlait de Cupius Fadus.

Lorsqu'il s'agissait de deviner le temps qui vient, mon père disait toujours : « Nous ressemblons à des aveugles qui feraient le guet. »

Rien n'est plus vrai. À quelque temps de là, le premier apôtre accomplit son premier miracle. Un frère qui en avait été le témoin, accourut du temple et nous l'annonça :

— Jean et Pierre montaient au parvis pour la prière de trois heures. Comme à l'accoutumée, on y portait un infirme de naissance qu'on installa près de la Belle Porte. Quand l'homme les vit entrer, il leur demanda l'aumône. Pierre lui dit : « Regarde-nous. » L'infirme obéit, s'attendant à recevoir une obole. « De l'or ou de l'argent, je n'en ai pas, mais ce que je possède, je te le donne. Au nom de Jésus le Nazaréen, marche. » Et, le prenant par la main il le fit se lever. Le peuple qui se trouvait là clama sa stupéfaction. Dans le vacarme, Pierre éleva la voix : « Israélites ; pourquoi vous étonner de ce qui arrive ? Le Dieu de nos pères a glorifié son Serviteur Jésus que vous avez fait mourir. Convertissez-vous et retournez à lui. » Le frère ajouta que Pierre et Jean avaient été aussitôt appréhendés par des sbires et conduits devant le Sanhédrin.

Il est clair que, parmi les prêtres, l'indignation montait. Ce qu'ils pouvaient tolérer d'un groupe discret, ils ne l'accepteraient plus d'un parti qui se comportait dans le Temple comme en terrain conquis, allant jusqu'à y faire des miracles. Plus nous accomplirions d'actes éclatants, plus le peuple en serait troublé, et plus les dignitaires voudraient nous abattre.

— Seigneur, disait Jacques, sois attentif à ce qui nous menace et accorde-nous de dire Ta parole avec une entière assurance.

Mais si la perfidie des hommes nous plongeait dans l'anxiété, la main de Dieu nous en retirait. L'exploit de Simon-Pierre vérifiait la Promesse : « Celui qui croit en moi fera les œuvres que je fais, et il en fera même de plus grandes. » Quels qu'aient été les risques encourus, les jeunes de la Communauté insistaient pour célébrer l'événement par un banquet dont le chef des apôtres serait l'hôte d'honneur. L'idée longuement débattue en conseil provoqua l'enthousiasme des uns, l'objection des autres. Dans les circonstances où nous étions, je jugeais quant à moi le projet imprudent, mais il fut mis aux voix et adopté. Un disciple avait remarqué que depuis la mort de Jésus nous étions embarqués pour une traversée périlleuse et que nous devions avancer sans nous soucier de l'état de la mer. Un autre avait ajouté qu'en tout cas, Simon-Pierre avait été libéré par le Sanhédrin qui n'avait pu retenir contre lui aucun motif légal d'inculpation.

Mon vœu fut alors que l'allégresse soit la part de chacun. Le protocole en usage fut respecté afin d'éviter les contestations qui font partie de notre tempérament. L'ordonnance du repas copia celle que les Romains avaient mise en usage, seule règle, ou à peu près, qu'ils aient fait adopter sans réserves : trois tables dont une dite d'honneur. La discussion fut longue pour savoir où seraient les places respectives de Simon-Pierre, de Jacques et de Jean. On finit par trouver un arrangement. Iona et sa femme, Zébédée et Salomé avaient été prévenus, tous quatre étaient accourus à Jérusalem, les premiers fous de joie, les seconds un peu dépités de voir Simon-Pierre, et non leur fils, choisi comme instrument du miracle. Je les entourai de prévenances et Myriam fit griller pour eux les meilleurs morceaux. Les frères doués pour la musique jouèrent pendant le repas des refrains sur le luth et la flûte. L'un d'eux se planta en face de Simon-Pierre et entonna le refrain :

— On a gagné,

que ses compagnons reprirent en chœur. Salomé m'aborda :

— Jean et Jacob n'ont pas à se plaindre, ton fils leur donnera une bonne place dans son royaume...

Après quoi les jeunes les plus hardis, que le vin portait à l'ébriété, se mirent à battre des mains et à frapper du pied en cadence. Ils se levèrent. Je les vis scander leurs pas, pirouetter dans la cour, dérouler leurs farandoles, le visage hilare, le front luisant, comme au temps des fêtes de ma jeunesse, à Nazareth. Quand ils s'arrêtèrent essoufflés, le joueur de luth entama la mélopée que Josef avait choisie pour la circoncision de Jésus. Je m'échappai, cachant mes larmes.

Simon-Pierre avait quitté la table. On crut que c'était pour me prendre la main et partager mon émotion.

— Marie, pourquoi ai-je été choisi ? Je ne suis pas digne. Tu sais que dans la cour de Caïphe, j'ai renié ton fils.

Je le rassurai du mieux que je pus. Il avait été pardonné puisqu'il avait reçu le pouvoir du miracle.

— À Kephar-Nahum, continua-t-il, lorsque ton fils ressuscité nous est apparu, il m'a demandé par trois fois : « Pierre m'aimes-tu ? » comme s'il craignait que je trahisse encore. Jamais, pendant le reste de ma vie, le coq ne chantera sans que je me repente.

XXVII

Deux Shabbat avaient passé depuis le banquet en l'honneur de Pierre. Myriam me dit :

— Le prochain aura lieu avec Jésus dans son royaume.

Tandis que Ruth évoquait nos agapes avec gourmandise et énumérait les plats du menu qui avaient grevé la caisse commune : chevreau rôti, œufs farcis, poissons du lac pour tous les convives, avec en plus, réservé à la table d'honneur, un mets de choix : la queue grasse d'un beau mouton. À la fin du repas, une jeune fille s'était avancée vers le chef des apôtres et avait versé sur ses cheveux quelques gouttes d'huile parfumée, comme il avait été fait pour Jésus chez Simon le lépreux.

Après cette réjouissance, la communauté féminine s'était remise en route au pas régulier du chameau. mais les chefs du convoi à nouveau réclamaient la vigilance. Nous restions peu de temps dehors. Quand nous montions aux parvis, c'était pour les solennités essentielles, et nous demeurions en groupe. Les frères, de leur côté, prenaient des précautions analogues.

— Ne provoquons personne, répétait Jacques.

J'étais à genoux sur la terrasse quand j'entendis, pour la première fois, parler celui qui devait marquer d'une empreinte si forte le destin de la Communauté. Nous étions, Ruth et moi, absorbées par une besogne inhabituelle : brosser les figues. Cette année-là, elles étaient dévorées par de petites fourmis rouges qui pullulaient dans nos caves.

— Je n'en ai jamais autant vu, remarquait Ruth. Elles viennent sûrement de Rome. Tout ce qui est néfaste vient de Rome. Heureusement que les pèlerins y rapportent nos puces et nos poux en échange. À propos de vermine, Pilate n'a pas encore été remplacé. Combien de temps durera notre liberté provisoire ? Pourvu que les zélotes n'en profitent pas pour soulever le pays ou le Sanhédrin pour nous chercher noise. Quel que soit le Procurateur, sa poigne est doublement utile. Elle fait l'unité des juifs contre lui et elle nous évite le grabuge.

J'écoutais distraitement le bavardage décousu de mon amie. Décousu comme le ciel où le soleil se couchait sous un gros nuage éclaté. J'entendis Ezra derrière nous. Sa qualité de notable lui permettait de circuler partout sans encombre. Il venait souvent nous informer de ce qui se passait en ville et nous prodiguer ses conseils lorsqu'il le jugeait utile. L'heure du repas avait sonné, je l'invitai à descendre avec nous les treize marches qui nous conduisaient à la salle où s'assemblaient les frères.

— Je dois vous mettre en garde contre un pharisien que vous aurez sans doute à connaître, dit-il. Sa position ne tient ni à sa naissance ni à sa fortune mais à son habileté. Il a su faire apprécier son savoir par le haut clergé. Son nom est Shaul, Shaul de Tarse puisqu'il est originaire de cette ville. C'est un homme obstiné, infatigable pour attaquer ou défendre une cause. Il déteste Jésus. Certes, il n'est pas le seul mais je le crois plus acharné que les autres et bien décidé à tout pour vous perdre. Pardonnez ma franchise.

— A-t-il entendu l'un des Douze à la synagogue ? Ne faudrait-il pas le rencontrer, essayer de le persuader qu'il se trompe ?

Je rougis de mon excès d'audace et de naïveté : je proposai une entrevue avec celui qui voulait nous détruire. J'aurais mieux fait de me taire.

On ne peut tracer un sentier dans la mer, mais on voit le ciel se couvrir avant la tempête. Un soir, les apôtres ne revinrent pas à l'heure habituelle. Le lendemain, ils nous racontèrent qu'ils avaient été appréhendés par la police du Temple et relâchés au petit matin. Sans motif. Presque chaque jour survenait un incident bénin ou grave qui présageait mal du proche avenir. Mais ce fut Jean qui nous apprit la catastrophe. Au sortir de la synagogue des Alexandrins, une discussion s'était engagée entre Étienne et des juifs d'Égypte. Le ton avait monté, la dispute avait dégénéré en rixe, un soldat romain qui voulait s'en mêler fut projeté à terre tandis que des badauds reconnaissant le diacre l'accusaient de blasphème. Étienne qui se débattait avait été bientôt maîtrisé, livré aux lévites et finalement traîné devant le Sanhédrin.

Étienne était de ceux que la crainte n'entamait pas. Et le doute non plus. Il avait la séduction de son âge, il en avait aussi l'assurance, le goût du défi, l'intense besoin d'agir conformément à ses idées. Certes, il ne ressemblait pas à ces nouveaux convertis qui attendent la parousie sous le figuier.

— À vingt ans, disait Mathieu, on a peu de fantômes dans la tête mais beaucoup de chimères. On rêve et on frappe.

Étienne cognait dans le vif. Il maniait la parole comme un outil sur le chantier. Parfois il blessait. Jacques lui donna plus d'un avertissement.

— Attention, tiens compte de ceux qui t'écoutent. Convaincre n'est pas contrarier, c'est encore moins courroucer. Dis en araméen ce que les Grecs sont incapables de comprendre, ou l'inverse...

Un soir où j'avais voulu à mon tour le mettre en garde, il vint vers moi, chaud d'avoir couru, ses boucles collées sur le front, le visage ouvert et moqueur, tel j'imaginais Jonathan, le compagnon de David, revenant de guerre. Il s'avança vers moi, et l'air penaud, me jeta un regard de tendresse. Il m'avoua qu'il était sans peur puisqu'il avait fait à l'avance le sacrifice de sa vie.

— Jean, tu n'as pas essayé de le défendre, de courir jusqu'ici, d'appeler les frères ?

— Croyez-vous que je n'ai pas voulu ? Ils m'ont saisi, ligoté. C'est un ami d'Ezra qui m'a fait relâcher.

Simon-Pierre et Jacques savaient-ils ? Debout contre la table où les gobelets et les écuelles attendaient les convives, toutes femmes ensemble, nous nous mîmes à prier. L'inquiétude nous serrait le ventre. À l'aube, les quatre coups frappés à la porte qui signalaient Pierre nous firent sursauter. On se précipita pour lui ouvrir. On eût dit un voyageur harassé : sa ceinture relâchée laissait pendre sa tunique et sa dague, son pied saignait et sa barbe était grise de poussière. Surpris de nous voir si nombreuses, il nous enjoignit de nous disperser.

— Que celles qui n'habitent pas ici rentrent chez elles !

Toutes protestèrent : elles voulaient savoir. Lui voulait rassurer : il avait passé la nuit en démarches pour sauver Étienne et pensait réussir.

Judith ma servante, qui furetait dans les ruelles, m'apporta la première information du matin. On espérait que Nicodème et nos amis du Sanhédrin — car nous avions des amis — l'emporteraient au cours des délibérations du tribunal et qu'Étienne serait libéré. Puis, au cours de la journée, les apôtres se succédèrent avec des récits contradictoires. Ce fut un défilé incessant. Quant à moi, sur le qui-vive, je faisais des efforts exténuants pour garder une apparence de calme. Le fil fragile de l'espoir se brisa en fin d'après-midi : les anciens de la synagogue scandalisés par l'intransigeance d'Étienne avaient fini par convaincre nos adversaires de la nécessité de faire un exemple — car, hélas, nous avions aussi des adversaires. Ils rallièrent le plus grand nombre des juges et ameutèrent la foule qui réclama à toutes forces d'entendre l'accusé. Étienne aurait pu être sauvé s'il n'avait pas prononcé une diatribe plus violente encore.

— Hommes au cou raide, incirconcis de cœur, toujours vous résistez à l'Esprit-Saint. Vous connaissez la Loi et vous ne l'observez pas. Vos pères ont tué ceux qui annonçaient la venue du Juste, ce Juste que vous avez trahi et assassiné à votre tour...

— Il a parlé plus fort que Jésus, dis-je en me sentant blêmir.

L'assemblée se boucha les oreilles et, séance tenante, on le condamna au châtiment suprême. Étienne, jeté dehors, fut livré à la foule.

— Ils l'ont tué ?

— Ils l'ont roué de coups et l'ont lapidé, le supplice du blasphème !

— Ils n'avaient pas le droit de l'exécuter !

Je me cachai le visage pour pleurer, tandis que Jean cherchait les mots qui pourraient m'aider.

— À l'exemple de ton fils, il a pardonné à ses bourreaux. Il a dit : « Seigneur Jésus, reçois mon esprit. » Puis, impavide, il a fléchi les genoux pour mourir...

Jacques convoqua les apôtres et les diacres. Tous ceux qui se trouvaient au loin revinrent précipitamment, la maison s'emplit de lamentations. Dans le quartier, un nombre inattendu de demeures voisines s'étaient mises en deuil. Il semblait qu'Étienne, jeune martyr, nous adressait de l'au-delà ce message : « N'ayez crainte, continuez. »

— Celui qui fait la paix dans les hauteurs, qu'il fasse la paix sur nous et sur tout Israël, pria Jacques.

— Par Jésus son Messie, répondirent les frères.

L'assemblée se réunit pour savoir s'il convenait de barricader la maison. L'accord se fit aisément là-dessus et le diacre Timon se chargea de commander les verrous. On fut aussi d'accord pour aménager au fond de la cave une cache où les rouleaux du livre de Mathieu seraient à l'abri ainsi que le suaire et les bandelettes qui avaient entouré le corps de mon fils. Mais le débat fut vif lorsqu'il s'agit de décider si des armes devaient être achetées pour se défendre en cas d'attaque. N'était-ce pas contraire aux principes du Maître ? « Heureux ceux qui se laissent outrager et n'outragent personne », disaient déjà nos Pères. « Heureux serez-vous quand vous serez persécutés à cause de moi », avait répété Jésus. En fin de compte, prévalut l'avis qu'il fallait s'en remettre à Dieu. Mais Simon-Pierre recommanda que, chaque soir, la cour et les caves soient inspectées, avec un soin particulier la veille et le lendemain du Shabbat qui réunissait la Communauté tout entière.

Il en fut ainsi avant le dîner qui clôtura notre deuil. Dans la salle obscure dont les persiennes avaient été fermées, les jeunes filles préparèrent la table. J'admirai leur grâce et priai pour leur vie menacée. Leur sourire éclairait l'oraison :

— Nous avons connu le fouet, l'insulte, l'opprobre parce que nous confessions Jésus le Messie, mais Étienne a franchi les portes de la mort. Mes frères, demandons d'être dignes de donner notre vie pour le Nom.

Comme il avait changé Simon-Pierre ! Le disciple hâbleur de jadis était devenu le père attentif, circonspect. Mon fils l'avait jugé : un travailleur qui connaît l'outil, un pêcheur que ne surprend pas la bourrasque, un laboureur qui sait que la récolte ne dépend pas seulement de son travail mais aussi du soleil et de la pluie, un homme qui mesure les limites de l'homme. En l'écoutant parler d'Étienne, le valeureux, l'inflexible, je savais quel pardon implorait son cœur et quel était son remords.

— Un jeune homme lapidé au nom de Jésus, tué non par les goyim mais par les fils d'Israël !

— Myriam, dit Ruth, ce n'est pas aussi simple. Étienne était grec, juif, sans doute, mais de Grèce. À nos frères de Jérusalem il déclarait : « Vous avez tué le Messie. » Comme s'il ne se sentait pas concerné, comme s'il était différent des autres. Avait-il raison de parler si fort ? D'autant qu'il apercevait la colère autour de lui. Je l'ai entendu dire : « C'est surtout à moi qu'ils en veulent. »

— Étienne a vécu chez les païens. Il voyait les choses de plus loin.

— Alors il les voyait mal.

Il fallait parfois se méfier des raisonnements de Ruth. La mort d'Étienne avait été consentie par le Ciel. Comme celle de Jésus.

Mais voici que cette mort mettait en cause le pharisien Shaul de Tarse dont Ezra avait dit la valeur et dénoncé les méfaits. Lors du supplice, il avait prêté son concours aux bourreaux...

Dès que l'information nous fut rapportée, je n'eus de cesse d'en savoir davantage. J'appris que la famille de cet homme, issue de la tribu de Benjamin, était originaire de Giscala et qu'elle avait dû émigrer au temps de Varus lors des troubles de Galilée. À Tarse, en Cilicie, elle avait prospéré et acquis la citoyenneté romaine. Par quels moyens ? Le service, l'intrigue, l'argent ?

— Qu'est-ce au juste que cette ville de Tarse ?

— Une métropole païenne au pied du Taurus. On raconte qu'Alexandre s'y baigna et faillit en mourir.

— Une métropole prostituée comme toutes les villes de la mer, ajouta Jacob.

— Ce Shaul est-il vraiment juif ?

— Il a étudié à Jérusalem aux pieds de Gamaliel.

Je restai sans voix. Comment ? Gamaliel le Juste, lui qui, membre du Sanhédrin, a empêché que Simon-Pierre, Jacob et Jean soient condamnés lorsqu'ils furent arrêtés...

— Shaul est puissant. Il a l'oreille du grand prêtre qui lui confie des missions personnelles. Il n'a pas son pareil pour la délation. En échange, rien ne lui est refusé : litière quand il se déplace, escorte, lettres patentes, bourse garnie.

— Il traite d'apostats tous les baptisés et veut les anéantir.

Dans notre quartier, on s'affolait. On voyait partout des espions de Shaul. Les femmes qui se rendaient au marché faisaient demi-tour quand elles croisaient un visage suspect. Deborah les calmait à sa manière :

— Ezra arrangera les choses.

Mais Ezra, compromis à force de nous fréquenter, n'avait plus de crédit.

Des hommes luttaient ici-bas pour la gloire de mon fils. Je suppliais que leur soit épargnée la persécution. Bien que la vertu du juste souffrant ne me fût pas inconnue, je songeais aux jeunes qui nous rejoignaient sans rien ignorer des risques de l'engagement. Le martyre d'Étienne avait montré que les juifs autant que les Romains s'acharnaient contre nous. Nos adversaires étaient innombrables : la totalité du haut clergé, les Docteurs de la Loi, une grande partie des pharisiens et des scribes, la secte des esséniens et en général les rebelles qui exposent leur vie au nom de la Torah.

XXVIII

Les apôtres m'avaient avertie. Mais c'est Pierre lui-même qui convoqua les femmes originaires de Galilée et leur parla ainsi :

— Vous le voyez, nous ne sommes plus en sécurité parmi nos frères israélites. Dieu nous dira comment nous défendre. En attendant, il faut que les hommes soient déchargés du souci de leurs familles. Les femmes et les enfants quitteront Jérusalem dès que possible.

Et nous voilà à nouveau sur les chemins, nos montures lourdement bâtées. Nous emportions des couvertures, des langes pour les nourrissons, des vivres : farine de froment, grains d'orge grillés, figues, raisins secs, amandes, sans compter les ustensiles, les lampes pour l'étape et l'indispensable courge séchée pour puiser l'eau. Pourquoi faut-il que le bagage des femmes soit si encombrant ? On aurait pu croire que nous partions pour le désert ! Au dernier moment, j'avais glissé dans le ballot des coupes pour le vin du repas ainsi que les verres soufflés offerts par Hulda et que je ne voulais pas laisser derrière moi. Comme monnaie d'échange pour nos paysans de Galilée, Myriam et Ruth avaient de leur côté, caché sous leurs robes des lots de babioles qu'elles avaient ramassées dans les échoppes autour du Temple où, paraît-il, je n'achète jamais rien. Notre caravane était dirigée par Philippe à qui était confiée la délicate mission de prêcher la Bonne Nouvelle en Samarie. Car si Pierre avait décidé que les apôtres demeureraient en Judée, il avait demandé aux diacres, aux presbytres, à ceux qui avaient reçu l'imposition des mains, de rejoindre le pays natal et d'y propager la foi. Nicolas était parti pour Antioche et Barnabé pour Chypre. Philippe s'arrêterait en Samarie tandis que sa femme et ses quatre filles continueraient avec nous.

Nous avions bien failli ne pas nous mettre en route, car, au dernier moment, le mari de Ruth avait exigé que l'on change d'itinéraire :

— Jésus lui-même l'a recommandé : ne prenez pas le chemin des païens et n'entrez pas dans une ville des Samaritains.

— De quoi as-tu peur, Mathieu ? D'enfreindre les instructions du Maître ? Tu interprètes mal ses paroles, elles ne s'appliquent pas à la traversée du pays. La preuve : tu as noté dans ton livre qu'il a prié une Samaritaine qui puisait de l'eau de lui verser à boire. À cette pécheresse qui n'était pas farouche mais n'en revenait pas d'entendre un juif lui adresser la parole, il a déclaré qu'il était le Messie.

Moi, je rêvais de m'arrêter à ce puits de Sychar.

— Nous passerons vite, dis-je timidement. Éliahoud et Schochana viendront à notre rencontre. Je ne crois pas qu'il y ait grand risque.

Mathieu fléchit. Simon-Pierre renforça la colonne de deux frères parmi les plus robustes et les munit d'une épée.

— Là-bas, précisa-t-il à Philippe, tu verras l'imposteur qui porte le même nom que moi et se fait passer pour un nouveau Messie. Pilate n'en est pas venu à bout par la force. Tu devras le confondre. Nous saurons alors s'il a plu à Dieu que tu convertisses les Samaritains.

Nous avions laissé Philippe près de Sébaste et poursuivi notre route, pressés d'être à l'heure au rendez-vous d'Éliahoud. J'avais été frustrée de l'émotion que j'avais escomptée à la fontaine de Sychar : dans leur hâte nos compagnons m'avaient seulement permis d'apercevoir la margelle, humide de l'eau dont ils avaient rempli leurs outres… En rangs serrés, nous étions repartis. Les villages que nous contournions — nous dormions en rase campagne — étaient propres et défendus, le bétail sain, les champs cultivés : Hérode le tyran avait prodigué ses deniers pour récompenser le peuple qui avait soutenu ses ambitions en prenant parti contre nous.

— Ce pays, disait Jacques, est l'épine qui nous fait saigner depuis le schisme. Philippe réussirait-il à extirper le mal ?

La vue des hauteurs de Nazareth me coupa le souffle comme au retour de Péluse. Mais, au temps de ma jeunesse, l'espoir d'une paix méritée avait décuplé mes forces tandis que je revenais diminuée et vieillie, déjà inquiète des frères laissés à Jérusalem, les yeux en larmes dès que je pensais à Étienne. À l'étape, mes jambes lourdes mesuraient chichement mon sommeil.

Éliahoud était au rendez-vous. Je ne sais lequel de nous deux fut le premier secoué de sanglots. Je n'essayai pas de me maîtriser, tout le monde sait que je ne suis pas d'airain. Éliahoud me hissa sur l'âne qu'il avait amené et prit le licol. Notre petite caravane suivait le guide et le guide était le frère de Ruth, mon ami d'enfance. Trop de souvenirs, trop de motifs d'émoi affluaient pour que nous puissions nous arrêter sur un seul. Ils faisaient bloc. Nous avancions sans dire un mot.

À peine étions-nous entrés dans le bourg que je dus me prêter aux salutations. Les amis nous guettaient pour nous souhaiter la bienvenue. Schochana avait préféré nous attendre devant chez elle : autre moment d'effusion. Jusqu'à ce jour, chaque visite à Nazareth m'avait offert sa potion émotive, dose variable de sentiments assortis et en général bien supportée. Il n'en était pas de même cette fois : l'effroi qui nous avait dispersés après la mort d'Étienne, gonflait ma fâcheuse tendance à me tourmenter, comme si le présent ne suffisait pas.

Je sais heureusement me ressaisir. Un peu d'ombre et d'eau fraîche triomphent d'un coup de charaf, un mot d'amitié me ragaillardit : Éliahoud me serra dans ses bras et je sentis la force de sa protection. Encore quelques pas et nous étions arrivés. C'est un Mardochaï déplumé qui nous accueillit en se levant péniblement de son siège et, derrière lui, une Esther essuyant ses mains sur sa jupe. Les enfants braillards se poursuivaient dans la cour et nous bousculaient au passage. Là, rien de changé, mais je n'en reconnaissais aucun. Où étaient Jude et Shimon, leurs femmes, la famille ?

— À la synagogue.

— Ne me dis pas que nous sommes en Shabbat !

Éliahoud me regarda ébahi :

— Nous sommes au milieu de la semaine. Jude et Shimon sont à l'office du cinquième jour.

Je devais être bien mal en point pour avoir perdu la notion du temps.

— Viens, me dit Esther, je vais te conduire dans la chambre. On l'a blanchie pour toi. Le mur mitoyen de la terrasse a été relevé par le voisin depuis ta dernière visite mais on a toujours vue sur la vallée. Tu te souviens ?

Ma mémoire était une terre brûlée.

Il m'est pénible d'associer le désagrément du bruit au bien-être du foyer. À Jérusalem, les Douze se vantaient d'avoir réussi à imposer le silence même aux femmes. Ici, on s'apostrophait à distance. Esther n'en souffrait pas, du moins en apparence, mais elle luttait sur d'autres fronts : l'infirmité de son mari et la fièvre qui, par accès, le terrassait au point qu'il devenait alors l'esclave gémissant de son mal. Il ne se nourrissait plus du travail de ses mains, ne quittant guère sa couche et son manteau empesé de sueur. Il exigeait qu'on l'assiste aux moments les plus inopportuns, avec à la bouche des propos qui ne l'étaient pas moins. Quand il me souffla à l'oreille :

— Esther est jalouse de toi,

je restai médusée. Le vieillissement peut transformer un homme au point de déranger son âme.

La maison où j'avais vécu n'était manifestement plus la mienne, je n'y retrouvais pas les êtres et les choses dont je me souvenais. Pour échapper à la nostalgie paralysante des retours, je balayais la terrasse, je m'occupais des enfants et leur inventais des histoires mais mon attention était ailleurs, auprès des frères et des sœurs de Judée, noyau dur et jeune de la Communauté qui résistait à la dent du chacal. Chaque lendemain de Shabbat, je courais chez Éliahoud où se célébrait la fraction du pain : ces agapes fraternelles me faisaient mesurer à quel point le silence de l'amitié délivre de l'angoisse. Sur la tête et les épaules de mon vieux compagnon le talith était comme l'aile d'un grand oiseau dont nous étions la frileuse couvée.

C'est au cours de l'un de ces repas que nous parvint le récit ahurissant de la conversion de Shaul. Philippe, pour l'annoncer, avait marché nuit et jour depuis Césarée. Son arrivée inattendue fut un choc et ce qu'il nous dit en fut un autre.

— Le Seigneur Jésus s'est révélé à notre ennemi Shaul de Tarse !

L'instant de stupeur passé, le diacre reçut une volée de questions qui auraient dû le faire vaciller. Tout le monde parlait en même temps. Puis on se tut et on supplia Philippe de donner des détails.

— Shaul se rendait à Damas avec mission d'en ramener enchaînés les partisans du Messie lorsqu'il fut terrassé sur la route par une lumière qui l'aveugla tandis qu'une voix lui disait : « Je suis Jésus de Nazareth. Shaul, qu'as-tu à me persécuter ? »

On écoutait Philippe sans l'interrompre. Moi, je tremblais comme à chaque fois que l'on me faisait part d'un acte de mon fils. Ce fut Myriam qui se ressaisit la première et exprima tout haut le sentiment mitigé qui paraissait s'être emparé de plusieurs : de qui Philippe tenait-il la nouvelle ?

— D'Ananie, notre frère de Damas. Le Seigneur lui commanda dans une vision d'aller trouver Shaul. Connaissant le mal que cet homme avait fait, Ananie objecta que c'était courir un grand danger. Mais le Seigneur insista si fort que notre frère se rendit dans la rue Droite à Damas, y trouva Shaul et lui imposa les mains. Shaul, converti, se fait maintenant appeler Paul.

Philippe cherchait le regard des uns et des autres. Sans doute, et à juste titre, craignait-il de n'avoir pas été compris. Le silence contenait au moins une question : « Que nous raconte ce Grec venu de Samarie via Césarée ? » Le diacre de son côté pensait : « À quoi bon faire tant de chemin pour être si peu cru ? » Une fois encore Myriam sauva la situation ; elle se leva lentement, essuya la table et offrit à Philippe du lait de brebis. Bienheureuse diversion. Pour ma part j'ajoutai :

— J'espère que ce nouveau frère nous ralliera beaucoup de pharisiens comme lui.

Philippe reprit courage.

— Non seulement des pharisiens et des scribes mais des Grecs, des Romains, des Égyptiens... Le Seigneur a dit qu'il l'avait choisi pour répondre de son Nom devant les nations païennes.

Cette révélation eut sur nous un retentissement encore plus grand. Dès que Philippe nous eut quittés, la discussion rejaillit :

— Qu'a-t-il voulu dire par des Grecs, des Romains, des Égyptiens ? Allons-nous ensemencer la mer ?

— Le monde entier appartient au Seigneur, dit Éliahoud.

— Shaul est-il vraiment converti ? Comment le savoir ?

Il y a quelques mois j'avais demandé : « Est-il vraiment juif ? » Schochana me souffla :

— Voici peut-être la fin de nos tourments. Si Shaul, ce Paul, nous concilie le clergé et les pharisiens, grâce à ses relations, le peuple suivra. Tu pourras retourner à Jérusalem.

Elle m'avait devinée.

Mais non, je n'y retournai pas dans l'immédiat. De Paul, nous n'entendîmes plus parler. Sa conversion tomba au rang d'un fait divers et un fait divers, à Nazareth, n'était commenté que le temps d'un labour. Nous étions absorbés par la perspective de l'année shabbatique et avions retourné la terre avec l'espoir qu'elle produirait le double. Depuis que Rome nous administrait directement, c'est par Césarée que nous apprenions l'échéance et le montant des impôts, le prix des épices, la date des caravanes. Quant aux événements les plus importants concernant l'Empire, nous en étions avertis comme les paysans le sont des sauterelles : à l'horizon ils en devinent le nuage et elles fondent sur leurs biens dans l'heure qui suit.

Mon séjour à Nazareth fut long. Jean le situe après la mort de Tibère, pendant le règne de Caïus Caligula mais j'avais, moi, bien autre chose en tête que la ronde des princes et de leurs courtisans. Je regardais vers le Jourdain d'où Pierre, Jacob et Jean remonteraient pour embrasser leurs familles. Cela signifierait que les menaces avaient cessé, que les frères n'avaient plus à redouter la prison et la mort. Adar est un beau mois pour espérer. Je me levais à l'aube, j'écoutais le chant de l'oiseau, les pluies avaient ruisselé sur les flancs des collines, les anémones sortaient de terre, et avec elles, les jacinthes, les tulipes, les crocus.

« Quand vient Adar, prétend le dicton, la brebis grelotte au petit matin mais elle cherche à midi l'ombre du figuier. » Comme elle, je frissonnais la nuit sous mon manteau, et, le repas fini, je goutaîs la fraîcheur de la cour à l'abri du soleil.

Je pourrais dificilement oublier le trouble que m'apporta ma visite à Cana. À peine arrivée à Nazareth, j'avais désiré revoir les amis dont Jésus avait béni les noces, moment heureux entre tous. Je n'aime pas donner un sens à ces poussées intérieures qui forcent la soumission : le démon s'en joue pour égarer l'esprit. Je m'étais donc persuadé que la quête du souvenir était le seul motif de mon déplacement. J'étais partie en compagnie d'Esther, pas fâchée de planter là les soins du ménage et les vitupérations de son mari. Nous avions emporté nos manteaux pour passer la nuit, des friandises destinées aux enfants et surtout au dernier-né que les jambes, à sept ans, ne soutenaient pas. Après l'avoir confié aux grands-parents, mes amis l'avaient repris chez eux. Sans s'être jamais plaints, ils avaient raconté à Esther qu'ils auraient voulu amener leur petit infirme à Jésus pour qu'il le guérisse : à trois ans, ses membres ne s'affermissaient pas ; mais c'était peu avant la Passion, aux jours des menaces : ils n'avaient pas osé. Je pensais aux sœurs de Lazare disant à mon fils : « Si tu avais été là, notre frère ne serait pas mort. »

De Nazareth à Cana, la route est brève ; le soleil nous

chauffait les épaules, tandis qu'un peu de nuit froide persistait sous mon voile. Comment aider mes amis ? À mes côtés, Esther me pressait de faire quelque chose :

— Jésus aurait eu pitié.

Mère du Messie je n'étais pas Jésus. L'exercice du miracle ne m'avait pas été concédé. Mon fils avait légué son pouvoir à ses disciples, des hommes qu'il avait choisis à cette fin. Si je les sollicitais, ils viendraient à Kephar-Nahum, on chargerait l'enfant sur un âne... Mais les disciples étaient accaparés par les prêches, les conversions, les baptêmes, la conduite des Communautés, et, depuis la mort d'Étienne, ils étaient contraints à la circonspection... Mauvais prétextes que ces raisonnements qui ne me persuadaient pas. Le berger oublie le troupeau pour rattraper la brebis qui s'égare. Demandez et vous recevrez, frappez et l'on vous ouvrira. Je connaissais l'exhortation adressée aux apôtres et peut-être destinée à tous, femmes comprises.

Ma tête était emplie de questions. Mon fils, lui, avait tout résolu. Il était venu, il était vivant, il était mort suivant l'Écriture, il reviendrait comme il l'avait promis. Moi, je n'avais à ma portée que les balbutiements de mon cœur qui s'expliquait mal les choix du Très-Haut. Le sort de l'enfant infirme me déroutait. Le Seigneur avait cru bon d'apporter sa bénédiction aux noces des parents, et il avait permis ensuite que la malédiction s'abattît sur eux. Pourquoi ? Il est vrai que la fin des Temps était proche, ceci me le confirmai : le Consolateur essuierait toutes les larmes en rétablissant la justice.

Mystère de l'affliction, mystère de l'élection. Lorsque je caressai les cheveux de l'enfant, je surpris le sourire de sa mère. Esther me dit plus tard que c'était le mien lorsque je caressai Jésus au même âge. L'épreuve n'est pas le signe que l'Éternel nous abandonne. « La Croix a brisé le triangle du Mal, du Malheur et de la Malédiction. Elle a donné un autre nom au calvaire ». Ce jour-là j'ai compris ce que Jean voulait dire.

— Reste avec nous longtemps, disait le petit. Il paraît que tu connais de belles histoires. Je les aime parce que je ne peux pas jouer à courir.

Il n'y avait nulle tristesse dans sa voix.

XXIX

Pèlerinage est le mot qui convient le mieux pour qualifier mon étape forcée en Galilée. Presque chaque jour je retrouvais un épisode ancien de ma vie qui, loin de m'enfermer dans son passé, se mesurait avec le moment présent en comparaissant devant lui. Visages vieillis ou disparus, soucis différents, tristesses ou joies nouvelles : c'est le changement, bien plus que le décompte des lunes, qui chiffre notre durée. Mais parfois le regard du souvenir faisait corps avec celui des yeux pour composer une vision qui s'immobilisait entre les âges et ne leur était plus soumise. Cette joie m'était donnée chaque fois que je revenais à Kephar-Nahum. J'en prenais donc le chemin le plus souvent possible, quelle que fût la saison.

Revoir seule la petite ville, son semblant de port, son beau lac clair, était le rêve impossible que j'avais caressé dès mon installation à Nazareth. J'avais dû accepter qu'on m'y accompagne et, en fin de compte, beaucoup de monde était venu avec moi. En cours de route les habitants de Naim et de Cana nous avaient rejoints et plus bas, ceux de Magdala.

Une douzaine d'années me séparait de mon équipée avec Jacques et Jude pour rencontrer Jésus. Les chemins se croisaient aux mêmes carrefours, les prés s'étaient agrandis, la jachère nourrirait largement le bétail si l'eau ne manquait pas… À Kephar-Nahum j'embrassai le vieux Zébédée que ses fils, Jacob et Jean, encadraient. Le père essuya une larme devant ses garçons qu'il avait donnés au Béni et qui lui étaient revenus pour cette journée. Jacob et Jean retrouvaient la barque, les outils. Les filets étaient ceux qu'ils avaient noués un à un, ce ponton, ces anneaux, ils les avaient installés, ces nasses qui achevaient de pourrir, ils les avaient abandonnées. Ils empoignaient les rames : les pêcheurs d'hommes ont besoin d'exercer leurs muscles. Au village il m'aurait fallu visiter chaque maison, accepter l'hospitalité de tous pour ne déplaire à personne. Je reconnaissais la plupart de ceux qui venaient m'embrasser mais parfois j'hésitais : ce visage, ce sourire, c'était tel ami, tel parent. Sur la plage traînaient comme toujours les jouets délaissés par les enfants, le radeau ajusté par le père, la canne à pêche qui ne tirerait aucun poisson. Une jeune mère me désignait ses deux marmots : les enfants de qui ? Étaient-ils des miens ?

C'était une fête, une véritable fête, pour la Judéenne que j'étais devenue, que cette première soirée au bord du lac. On s'asseyait en rond autour du brasero où cuisaient les poissons. On se bousculait pour me pousser au premier rang : les hommes ne sont pas habitués à céder la place à une femme, fût-elle âgée comme moi. Quelques-uns parmi les anciens avaient connu mes parents et venaient me le dire. En témoignage ils m'apportaient un souvenir, une anecdote. Tous avaient approché Jésus. Ici même, un Romain était accouru pour qu'il porte secours à son fils mourant. Jésus lui avait dit : « Va, ton fils est guéri. » Où était ce miraculé ? Était-il retourné aux idoles ? Non, puisqu'il était un de ces païens travaillés par la foi que nous appelons Craignant-Dieu, des presque juifs, des juifs en puissance. Le passé, on aimerait l'amarrer au présent par un cordage...

Simon-Pierre et son frère André étaient arrivés à l'improviste. À l'improviste ? Je n'en suis pas sûre, c'est plutôt Iona qui, pour me faire une surprise, ne m'en avait rien dit. Les vrais amis ont de ces malices. Aussitôt les deux disciples accaparèrent l'attention : ce sont des enfants du pays. Aux questions qu'on leur posait, ils répondaient avec tant de maîtrise qu'on ne reconnaissait plus les pêcheurs frustes d'autrefois. La fréquentation du Maître et l'apostolat les avaient transformés.

— Iona peut être fière de son premier-né, il en sait plus qu'un Docteur, disait-on de Simon-Pierre.

— Il a autant de vouloir que de savoir, disait-on d'André.

Il y avait ce jour-là, outre Éliahoud et Schochana qui m'avaient accompagnée, Jude qui était de passage, Myriam et Ruth qui, de Bethsaïda, nous avaient rejoints en fin de soirée. Je n'en finirais pas de nommer les amis qui s'assemblaient autour de nous, des fidèles, mais aussi des villageois plus ou moins acquis à Jésus qu'ils avaient rencontré, suivi ou lâché : pêcheurs émules de Simon-Pierre, neveux, cousins, parents. Je me sentais à l'abri dans cette foule de Kinnereth, travailleuse, généreuse, dont la foi solide, le rude bon sens excitaient les bravoures et modéraient les fougues. Ni forfanterie ni bassesse. On était loin des vaines turbulences de Jérusalem.

Le poisson, en grillant, nous enfumait un peu. Le soir posait sur les eaux tranquilles les teintes pâles que mon fils aimait. Myriam, souriante, s'était assise près de moi. Ruth assignait à chacun sa place dans un cercle dont Simon-Pierre était le centre : aux questions qui fusaient, il faisait face de son mieux.

— Shaul de Tarse, qui est-ce ? demanda un convive.

Depuis sa fracassante conversion, nous n'avions rien su de lui.

— Un pharisien à qui le Messie est apparu, répondit Simon-Pierre. Il a prêché dans les synagogues de Damas et a fait preuve d'autant de hardiesse que de science. Le voici parmi nos frères !

— Il n'a pas connu Jésus vivant, il s'est converti en un instant, vous en faites un apôtre et le laissez prêcher à sa guise.

Éliahoud s'étonnait. Il avait été formé aux rigueurs de l'enseignement et, plus tard, aux étapes persévérantes de l'initiation essénienne. Il ne comprenait pas.

Le visage de Simon-Pierre était dans l'ombre et je ne pouvais y lire toute sa pensée.

— Il n'y a pas longtemps, Paul est monté à Jérusalem pour nous rencontrer, Jacques et moi. Nous avons eu un entretien, seul à seul, nous avons beaucoup discuté et nous nous sommes entendus.

J'imaginais la séance, d'un côté Simon-Pierre et Jacques encore meurtris du martyre d'Étienne, de l'autre l'ancien tortionnaire, imbu de son savoir et de sa vocation nouvelle.

La nuit claire découpait la chaîne de Moab. Le chef des apôtres mordait dans son poisson refroidi :

— Après quoi, Paul est parti pour Tarse, son pays d'origine, où il pourra tout à son aise exercer son ministère. Quant à Barnabé, nous l'avons envoyé à Antioche.

C'est alors qu'un homme que nous n'avions pas remarqué s'avança et, lorsqu'il fut près des braises, je reconnus en lui un étranger : il était sans barbe et portait un manteau de laine rase, un Romain sans doute. Il s'adressa à Simon-Pierre :

— J'ai entendu que tu parlais de Paul de Tarse que je connais. Et toi aussi, je t'ai vu à Césarée, nous avons soupé ensemble chez Cornélius le centurion.

Éliahoud intervint courtoisement :

— Tu dois te tromper, nous autres juifs, nous ne mangeons pas à la table des païens.

Il s'excusa :

— Ce n'est pas à moi de justifier le chef des apôtres, j'en demande pardon.

Confus, l'étranger se retira. Simon-Pierre poussa un soupir puis se tourna lentement vers moi :

— A toi, Marie, mère de mon Maître, à vous ses disciples et amis, je dois la vérité, ce Romain a dit vrai. J'ai dîné avec lui chez un païen, un centurion à Césarée.

— Toi, Simon, un juif, fils de Iona et de Mikal, le premier des apôtres ?

— J'ai fait ce que le Seigneur m'a commandé.

Comment ? Simon-Pierre aurait trahi les ordonnances du Livre en croyant obéir à une requête d'en Haut ? Je sentais la tunique de la Loi me brûler la peau. Simon-Pierre expliquait que, s'étant endormi sur la terrasse de son hôte, le corroyeur de Jaffa, il avait eu une vision : étalées sur une nappe se trouvaient des chairs d'animaux impurs, crabes, bêtes rampantes, poules d'eau dont une voix le sommait de se nourrir. « Ce qui souille l'homme, ce n'est pas ce qui entre dans sa bouche, mais ce qui en sort. »

Jamais je n'oublierai la scène. Simon-Pierre, seul au centre d'un cercle de fauves, attendant la griffe de ceux qu'il venait de blesser. Mon désarroi entravait l'élan de compassion qu'en d'autres temps je n'aurais pu retenir.

Éliahoud fut le premier à attaquer :

— Es-tu sûr de n'avoir pas imaginé que tu rêvais ? Encore qu'à ma connaissance, tu aies peu rêvé dans ta vie.

Jude vint après lui :

— Pour violer la Loi, une vision te suffit ?

Moi, je pensais : Josef aussi a obéi aux songes. Sa vie, la mienne, ne peuvent s'expliquer sans eux.

— Pierre, dis-je, ne t'offusque pas et comprends. Tu as été le compagnon de Jésus qui t'a parlé longtemps. Tes yeux ont vu et tes oreilles ont entendu. Il est normal que tes frères t'interrogent.

Il tremblait. Jamais je ne l'avais vu ainsi depuis le jour où nous avions célébré son premier miracle. Comme un pénitent libère sa conscience, il déclara qu'il allait tout dire et qu'on jugerait...

Donc il était encore à Jaffa lorsque deux hommes frappèrent à sa porte, le priant de se rendre à Césarée, chez Cornélius, Romain de la cohorte Italique, homme réputé pour ses bonnes œuvres et sa crainte de Dieu. Ayant examiné leurs justifications, l'apôtre se mit en route derrière eux. Dès l'arrivée, Cornélius l'accueillit en se prosternant à ses pieds. Puis il le mena vers la table où des convives attendaient. Simon leur exposa la fraternité en Jésus, Seigneur de tous les hommes, et à peine avait-il terminé que les assistants furent illuminés comme autrefois à la fête de Shavouot.

— Pouvais-je empêcher Dieu de répandre la foi chez les incirconcis ? Je n'ai rien décidé de moi-même, conclut l'apôtre.

« Tue et mange. » Je me répétais l'ordre que Simon-Pierre avait reçu de la bouche du Seigneur. J'avais trop de respect envers le chef des Douze pour douter de lui. Mon fils l'avait désigné. Mais nos Livres saints, nos traditions sacrées, notre élection ?... Devant le foyer dont rougeoyaient les braises, je me disais que le feu purifie en détruisant et que la flamme renaît sans cesse. « Je suis venu apporter le feu sur la terre. » Ainsi avait parlé Jésus.

J'étais à peine de retour à Nazareth qu'un envoyé de Jérusalem vint nous trouver. À sa mine défaite, je sus tout de suite qu'il apportait une mauvaise nouvelle. Un malheur à Jacob, à Jean, à Jacques ? Myriam s'affolait. Ce n'était ni l'un des apôtres ou des diacres, ni la Communauté qui était en cause, mais notre Dieu, le Dieu d'Israël. Le nouvel empereur Caligula avait décidé d'ériger sa propre statue dans le Temple.

— Nous voici revenus aux jours de Pompée !

— Pompée a violé le Saint des Saints en osant y pénétrer, Antiochus Épiphane a voulu y installer l'effigie de Zeus. Caligula est plus fou que les deux réunis : il se proclame Dieu lui-même.

— Les prédictions des Prophètes et les avertissements de Jésus se complètent. « Quand vous verrez l'odieux dévastateur installé là où il ne faut pas... que ceux qui sont en Judée fuient dans les montagnes, ceux qui seront sur les terrasses qu'ils n'en descendent pas, qu'ils ne rentrent pas dans leur maison pour chercher quelque chose... » Mathieu s'en souvient et l'a noté.

L'abomination... la profanation du Sanctuaire, le signe de Daniel, le déclenchement des catastrophes... La nouvelle se déversa sur les pentes de Nazareth comme un flot dévastateur. « Adonaï, prends pitié. Voici que se creuse sous nos pieds le puits de l'abîme. » Je levai les yeux au ciel dans l'espoir que mon fils allait en descendre avant que les sept fléaux ne surgissent. S'il tardait, sur quel monceau de cadavres se poserait la nuée qui devait l'amener ? Resterait-il un juif pour l'accueillir ?

— Nous mourrons tous ou nous serons sauvés tous

ensemble, clamaient les anciens. Plus que jamais soyons frères.

Les hommes déchiraient leurs vêtements, les femmes poussaient de longs cris, le regard des jeunes s'emplissait de combats. Était-ce l'épreuve fortifiante qui, à l'approche de la fin, referait l'unité d'Israël ?

J'éprouvais une sorte de soulagement. Foin des divisions et des discordes, des arguties subtiles, qu'elles soient de Paul ou de Pierre. Sans cesse déchirée entre mon fils et mon père, c'est à celui qui m'a engendrée que j'en appelais. Je lui avais promis que je le porterais au-delà de la mort. Il est présent quand s'annoncent les grands malheurs. Mon cœur est assez large pour qu'il y soit à son aise, à côté de mon fils.

Au marché, on se lamentait, on prévoyait, on espérait.

— Jamnia, la ville cédée à Livia par Salomé, vient d'ériger un autel en l'honneur de Caligula.

— Maudites soient les villes païennes prêtes à l'infamie pour conserver un privilège.

— Doit-on amasser des provisions ?

— À quoi bon s'il faut fuir ?

— Non, il ne faut pas fuir.

Le bruit courut que le légat de Syrie, Petronius, faisait traîner à Tyr l'exécution de la statue qu'il était chargé de surveiller. Ce goy clairvoyant méritait nos prières. Par contre les voyageurs de Samarie, trop contents de nous affliger, affirmaient que la statue était presque achevée, toute en or, gigantesque. Qui disait vrai ? On nous rapportait qu'à Jérusalem le peuple, fou d'angoisse, se précipitait aux sacrifices. Le prix des agneaux et des tourterelles avait triplé. On se frappait la poitrine en implorant l'Éternel.

À l'instar de chacun, j'examinais ma conscience. Mon long séjour à Nazareth, par exemple, était-il justifié ? J'avais accepté de quitter les frères. Mais les apôtres eux-mêmes s'en allaient à la conquête du monde alors que la Palestine n'avait pas encore accueilli la Bonne Nouvelle.

Je revenais de la rivière en compagnie de Judith ma petite servante de Jérusalem, et, tout en réglant mon pas sur le sien, je surveillais la corbeille de linge mouillée qui dansait sur sa tête. J'avançais parfois mon bras vers elle, geste inutile : la corbeille était stable, bien calée par son propre poids. Ni Judith ni moi n'avions envie de parler, nos bouches étaient verrouillées par l'indignation. Comment empêcher le pays de se précipiter dans la guerre ? Les saccades meurtrières qui ébranlaient Israël étaient les soubresauts d'une agonie de quinze siècles qui nous laissait épuisés.

À cette heure, le soleil se couchait dans le vide. Les Nazaréens tremblants d'avoir clamé trop haut leur colère étaient rentrés chez eux. Mais on devait discuter à voix basse derrière les portes. Je pressais Judith : vite ! la maison, l'abri, la famille !

En évitant la synagogue, on passe obligatoirement devant l'auberge, celle que Mardochaï avait construite au temps où Jésus était à Jérusalem. Le trop-plein des rues continuait à s'y déverser à l'occasion des foires et des fêtes, et, chaque soir, colporteurs, brigands, jeunes gens en maraude ou en fuite, zélotes de cœur ou de main, toutes gens que le vin émèche s'y donnaient rendez-vous. Aucun de nos fils ne fréquentait ces lieux. Je retins un cri de surprise.

— Shimon !

Aucun doute, Shimon en sortait et il n'était pas seul, il soutenait un ivrogne qui titubait. Je poussai Judith sous un porche.

— L'homme au bras de Shimon est Bar Abbas, me souffla-t-elle.

Ce qui m'étonne encore est de n'en avoir pas douté. Où ma petite servante avait-elle rencontré Bar Abbas ? Bar Abbas dans les bras de Shimon ! Je n'étais plus à Nazareth, mais à Jérusalem, la nuit du procès. Le prétoire, le procurateur, la chaise curule, la foule poussant à la surenchère. « Qui préférez-vous que je gracie en ce jour de la pâque ? Jésus ou Bar Abbas ? » Bar Abbas ou Jésus : équivalence dans la bouche de Pilate. Trente sicles d'argent ou Jésus, équivalence dans celle de Judas... Shimon, le fils chéri à la tête chaude, soupesait entre chien et loup le prix de Jésus.

J'espérais qu'à table les caprices des petits enfants, mes va-et-vient, la visite des voisins venus partager le repas me rendraient contenance. Nous récitâmes les bénédictions. Shimon était de retour et ne disait rien. La honte pour moi avait un corps, celui d'un homme qui chancelait dans les bras de Shimon, elle aurait bientôt un visage. Elle l'eut le lendemain.

Shimon m'amena Bar Abbas après que j'y eus consenti.

— Marie, ce n'est pas moi qui ai voulu la vie sauve, j'avais mérité de la perdre. Si tu refuses de me pardonner, je te comprendrai.

Je cherchais à retrouver le combattant vigoureux que Shimon, autrefois, m'avait présenté. Affaissé, le regard bas, il portait le double de son âge.

— Assieds-toi et sois en paix, pas un instant je ne t'ai mis en cause.

J'eus soudain pitié de lui.

— Viens-tu de loin ?

— De Golan, la ville de refuge, de l'autre côté du Jourdain, dans la tribu de Manassé. Je n'avais pas besoin de réclamer le droit d'asile, puisque j'avais la grâce de Pilate. Mais les hommes meurent et quand ils sont en terre, on ne peut plus compter sur eux.

— À Golan, comment vis-tu ?

— J'y ai mes habitudes, y compris celle d'avoir la ville en haine. Elle est ma prison. J'y subsiste. Souvent je me demande pourquoi. Regarde ! Ma tête est chauve, mes mains tremblent, mes dents branlent. Ton fils n'a pas connu l'affliction de vieillir.

Il lapa bruyamment le bol d'eau fraîche que Judith lui avait offert, le lui rendit après l'avoir vidé, se frotta la bouche du dos de la main. Il ne paraissait ni heureux ni malheureux, possesseur d'un sursis dont il avait renoncé à mesurer le délai. Il regarda son compagnon Shimon, ancien zélote comme lui, complice de ses mauvais coups contre Rome.

— Toutes nos vies débouchent sur la nuit, la mienne, la

tienne, celle de Jésus. Nos parties sont perdues. Chacun à notre manière, nous avons cru au triomphe du Souverain Bien sur l'Impie et le Mauvais. Mon poignard portait un message de justice dans les coups qu'il frappait. De nos combats il ne reste qu'un peu de vent, même pas de quoi rafraîchir un coin de mémoire pour une génération.

Il parlait tranquillement, sans regret, avec peut-être même une pointe de plaisir malsain.

— Après nous, notre nom s'éteindra.

— Tu te trompes, ouvre les yeux sur les signes accomplis par mon frère, compte les fidèles qui le suivent, dit Shimon.

— Des signes, d'autres en ont fait, notre histoire en est pleine. Les Messies qui ont vu le jour en Israël sont plus nombreux que les pierres de ce mur. Tous ont eu leurs partisans. Or ce n'est pas le Saint, béni soit-Il, qui lève le tribut mais César qui continue à nous bafouer. Caïus va ériger sa statue en plein milieu du Sanctuaire, il veut être adoré à l'égal de l'Unique. À quoi ont servi nos combats ? Une passion, Marie, nous harcelait. Et toi, Shimon, elle te possédait aussi : ouvrir le chemin du Royaume.

— Quel Royaume ? demandai-je.

Sans doute allait-il me parler du rêve consolant qui berçait nos Pères et avait été un temps celui de Josef et le mien. Un rêve nourri par les Prophètes, assez confus pour que chacun pût y ajouter son lot personnel, ses ambitions, ses intérêts, et où la soif d'une revanche nationale fortifiait le désir de voir triompher l'Éternel : la tente des Patriarches, le peuple rassemblé autour de son Roi et du grand prêtre, l'ennemi chassé loin des frontières, le goy écrasé. Que sais-je encore ? Pour moi, ainsi que pour Shimon, il est vrai ce rêve n'était pas loin.

— Le Royaume qui est devant nous, Marie, c'est celui de César. Tu te réjouis parce que des Romains acceptent le baptême de ton fils, mais tu ne vois pas ce que cela veut dire. Tu ne vois pas que les incirconcis triomphent. Ce n'est pas à nous, juifs, qu'ils se rallient, au contraire. Par la brèche qu'ont ouverte Paul et après lui Simon-Pierre, ils feront irruption parmi nous, en brandissant cette nouvelle loi qui les dispense de la nôtre. Pour les vrais fils de Moïse, les militants du Décalogue, comment tenir tête ? Oui, Jérusalem est menacée. Et deux fois. Pris entre la troupe des païens et les cohortes des convertis, nos enfants n'auront pour eux qu'un abri à peine suffisant pour contenir leurs lamentations. Les uns chercheront à pactiser, les autres à résister. Les premiers seront noyés, les seconds décimés. Des deux côtés, le sang d'Israël sera perdu. Réponds, Marie, es-tu sûre que Jésus ait voulu cela ?

Il me sembla à ce moment que les yeux de Shimon se mouillaient de larmes qui ne coulaient pas. Moi, je me bouchais les oreilles. Mais brusquement Bar Abbas éclata de rire, un rire terrifiant comme seul le démon peut en emplir la gorge. Shimon posa la main sur l'épaule du vieux guerrier.

— N'enfouis pas nos raisons de vivre. Que reste-t-il au veuf de l'espérance ?

Je vis Bar Abbas franchir la porte. Je croyais avoir entendu la plainte de Jérémie : « Ma blessure est incurable, rebelle aux soins. Le Seigneur est devenu pour moi une source trompeuse, au débit inconstant. » Non, Bar Abbas n'était pas un adversaire, c'était un zélote vaincu, un frère découragé qui ne croyait plus à rien parce que de la gourde dont chacun est muni pour s'abreuver au temps de la soif, il avait épuisé toute l'eau.

Ruth et Myriam m'approuvaient : je devais rentrer à Jérusalem. J'obtins le consentement du chef des apôtres qui m'envoya une petite escorte. Nos bagages furent vite bouclés. À Jéricho, je mis mes pas dans ceux de mon fils, cherchant le lieu exact où il avait guéri l'aveugle, l'arbre où Zachée avait grimpé pour le voir passer. En approchant de Béthanie, à quinze stades de Jérusalem, je fus surprise par l'absence de trafic sur la route jadis si fréquentée. Dans la ville, volets clos, places désertes. Un piéton solitaire nous croisa :

— Nous arrivons de Galilée. Renseigne-nous.

L'homme répondit :

— Caligula est mort.

Comme Daniel dans la fournaise lorsqu'il vit qu'il ne brûlait pas, nous sommes tombés à genoux. Le Seigneur avait étendu son bras et épargné son peuple.

— L'empereur a été traqué comme une bête dans son palais. Il a été transpercé de trente coups de glaive... Arrêtez-vous ici, vous n'entrerez pas aujourd'hui dans Jérusalem, la légion est sur le pied de guerre. Il y a des barrages jusque dans les cultures du Temple.

Nous sommes partis cependant dès le lendemain, l'estomac lourd et la tête vide. Nos hôtes, amis de Lazare, nous avaient régalés de leur meilleur vin et de volaille rôtie. Il faisait beau, très beau, comme aux jours de bonnes nouvelles. Le vent avait nettoyé le ciel. Certes, la fumée nauséabonde des ordures brûlées infestait la vallée du Hinnom mais le Temple se dressait plus haut, plus lumineux que jamais, fier de sa victoire. Je chantai ma joie :

— Que la terre éclate d'allégresse, hommes et bêtes, ce qui vole dans les cieux et nage sous les eaux, alléluia !

Je descendis de mon âne pour le soulager et caressai son flanc.

Je ramassai un caillou. Ainsi faisais-je lorsque, petite fille, je traversais le jardin de Gethsémani et qu'éblouie par la beauté de Jérusalem, je descendais en courant, la main fermée sur mon trésor. C'est depuis ce temps-là que j'aime les pierres dorées dont sont construites les murailles. Elles ont absorbé tant de levers et de couchers de soleil qu'elles en restituent la couleur, de chaque matin et de chaque soir elles font des mariages entre l'air et la terre. Le caillou était lisse et dur, gage de pérennité. Là, devant mes yeux, je voyais le ciel descendre en Jérusalem et Jérusalem s'élever vers le ciel. Sous mes pieds, une charogne de rat crevé, bourdonnante de mouches, proclamait ce qu'est la vie, mélange de fraîcheur et de pourriture.

Dès l'arrivée, je laissai aux hommes le soin de débâter et aux femmes celui de dénouer notre bagage. Je distribuai aux enfants les bonbons au jasmin et les dattes que j'avais achetés à Jéricho. Je recommandai l'outre de vin doux destinée au repas du Seigneur. Ruth la plaça elle-même dans la cave. En cette saison, le vin ne risquerait guère de s'aigrir.

CINQUIÈME PARTIE

XXX

J'avais repris ma place dans la Communauté. Nous n'habitions plus la maison prêtée par Nicodème, mais deux autres, jointives, dans le faubourg commerçant de Bethesda, qui appartenaient à Hefer et que son fils Ezra nous avait laissées. Nous les occupons encore. L'une, couverte de tuiles, la plus vaste, est réservée aux hommes, et c'est là que se tiennent les réunions. L'autre est plus modeste, son toit est fait de roseaux, mais j'y possède ma chambre sur la cour qu'abrite un figuier. Les femmes avaient tissé un tapis en poils de chèvre pour mes pieds, elles avaient accroché un rideau à ma porte afin de me protéger du froid, renouvelé la natte de ma couche, posé une cruche neuve à ma portée et des remèdes en cas de besoin. Ces attentions m'avaient remué le cœur, d'autant plus que la fin de Caligula y avait déposé l'espérance. Devant la perspective de jours meilleurs, la Communauté s'organisait et s'ordonnait. Ruth faisait la remarque :

— Ce n'est pas trois ans que nous avons passés à Nazareth, c'est mille.

Il n'était pas difficile, en effet, de s'apercevoir du changement. Aux assemblées, les frères étaient devenus si nombreux que la grande salle les contenait à peine. Beaucoup d'entre eux m'étaient inconnus. Ils venaient de loin. Le rituel du pain et du vin les réunissait chaque huitième jour. Ils appliquaient le commandement : « Aimez-vous les uns les autres », mais entre eux les susceptibilités étaient vives, autant que la volonté de faire le bien. Lors des discussions, l'orateur veillait à ne froisser personne et savait qu'en échange il ne serait pas interrompu. Je regrettais parfois les colloques trépidants et intimes des premiers temps où l'on voyait Jacob s'aventurer dans l'étroit silence disponible pour en être vite expulsé par Jean l'impétueux que Jacques coupait à son tour, tandis que Simon-Pierre, tapant sur la table au nom de la discipline, réclamait pour lui-même l'attention des autres. Cette fois des groupes se formaient suivant les âges, les affinités, les provenances, les écoles. Les anciens écoutaient Pierre, les natifs de la Diaspora étaient acquis à Paul, les jeunes piaffaient. En grandissant, la Communauté a changé de visage, même si le cœur est demeuré le même. Solidaire dès que naît le péril, elle se divise quand apparaît la clémence du Ciel. L'apaisement amène les schismes.

Le nouvel empereur Claude avait choisi pour régner sur nous Agrippa, fils d'Aristobule, petit-fils d'Hérode. Personne ne le connaissait. On savait seulement qu'élevé à Rome, il devait son trône à ses intrigues auprès du sénat. Sa réputation était plus que douteuse. On le disait sans scrupules, jouisseur, méchant et endetté.

— Tibère l'a jeté en prison, Caligula l'en a sorti, Claude le couronne. Attendons de voir.

Mais il était juif. À peine intronisé, il avait multiplié les largesses afin de flatter les masses.

— Il vient d'offrir cent bœufs en sacrifice, s'exclamait le peuple émerveillé.

On murmurait aussi :

— D'où tire-t-il l'argent ? Qui va payer ?

De ses initiatives, la plus louable était celle de relever le mur nord de Jérusalem pour rendre la cité imprenable. C'est toujours de ce côté que survient l'envahisseur.

— Il a beau être l'ami des Romains, il n'oublie pas ses origines.

Ces éloges que j'entendais chaque jour et que l'on proférait à voix haute ne masquaient que faiblement la vieille inquiétude d'un peuple rassasié de tromperies.

— Pourvu qu'il ne soit pas empêché de terminer les travaux…

— Tais-toi, tu vas nous porter malheur !

J'assistai au conseil qui eut lieu chez Marie, mère de Jean-Marc, où les frères avaient pris l'habitude de se réunir. Pierre (on ne disait plus Simon-Pierre) ouvrit la séance :

— Depuis le couronnement du roi, pas une goutte de sang juif n'a été versée. Nous devons en toute justice saluer l'événement sans en être dupe.

C'est bien ce que chacun pensait. Puis il évoqua les méfaits de l'empereur assassiné à Rome. Après quoi, un diacre se leva et fit le bilan des ressources de la Communauté.

— Nos biens fonciers n'ont cessé d'augmenter. Beaucoup de nos adeptes ont liquidé leur patrimoine pour nous en verser le produit. Les autres nous font des donations. De sorte que nous sommes presque riches et pouvons sans peine gérer nos œuvres avec profit tout en participant à celles de la ville. Nous avons contribué récemment à la distribution du vin de Seder en faveur des indigents et avons accordé une grosse somme pour l'affranchissement des esclaves convertis. La bienfaisance étant la troisième colonne qui soutient le Monde, ni le clergé, ni la cour, ni le peuple, ni même les zélotes ne peuvent nous reprocher de manquer au précepte essentiel de la Torah. Nous sommes également en accord avec notre Maître qui a dit : « Ce que vous ferez au moindre des malheureux, c'est à moi que vous le ferez. »

Pierre reprit la parole pour aborder le chapitre des missions.

— Vous vous souvenez des œuvres de Philippe en Samarie. Nous l'avions envoyé là-bas pensant de prime abord qu'un helléniste y serait mieux accueilli qu'un Judéen. Par la suite, Jean et moi sommes allés lui prêter main-forte. Ce n'était pas inutile. Nous avons rencontré Simon le magicien, l'homme qui séduisait le peuple en professant une doctrine qui n'était pas de Vérité. L'histoire de sa conversion vaut la peine d'être racontée : lorsque l'imposteur nous a vus imposer les mains et appeler l'Esprit-Saint, il nous a offert de l'argent pour acquérir le même pouvoir. « Périsse ton argent, et toi avec lui qui prétends acheter le don de Dieu. Repens-toi et prie le Seigneur. » C'est ce que nous avons dit. « Priez-le vous-même afin qu'Il me pardonne », a répondu Simon en tombant à genoux. Philippe lui donna le baptême et en profita pour baptiser aussi un grand nombre de Samaritains. Ce n'est pas tout car notre frère, nous ayant quittés pour Gaza, a rencontré en cours de route un eunuque éthiopien, haut fonctionnaire de la reine Candace, qui descendait de Jérusalem. Il l'a instruit et l'a baptisé dans l'eau d'une rivière. Ainsi la Parole sera-t-elle entendue dans son pays. D'Antioche, nous avons par ailleurs d'excellentes nouvelles. Barnabé et Paul ont reçu en Syrie un accueil chaleureux. Ensemble, ils multiplient les adhésions parmi les juifs — je nomme Simon dit le Noir, Lucius de Cyrène, Menahem, frère de lait d'Hérode Antipas — et aussi parmi les prosélytes ou les Craignant-Dieu. Même les païens affluent à la synagogue lorsqu'ils y prêchent. Mais ils ont un problème pour la fraction du pain : certains juifs refusent de partager le repas avec des incirconcis, fussent-ils baptisés.

Ayant passé en revue la situation, le chef des apôtres fit part de son intention de nommer Jacques à la tête de l'Église de Jérusalem avec pouvoir d'ordination. L'assemblée approuva car Jacques avait la confiance de tous. Cette décision prise, Pierre annonça qu'une série de missions, chacune dirigée par un frère, partirait vers l'Asie tandis que d'autres iraient au Midi. Lui-même visiterait les cités du littoral, il se rendrait au Pont, en Bythinie, en Macédoine, en Achaïe et à Rome. Au nom de Rome, certains bronchèrent. Pierre balaya l'objection :

— Il importe que toute la terre habitée connaisse la Révélation.

Pour finir il signala que le Seigneur, par le truchement d'Agabus, avait prévenu qu'il fallait s'attendre à une grande disette dans les années à venir.

— Si la sécheresse coïncide avec la période où la terre est

en repos, nous aurons faim. Mais nous pouvons compter sur les communautés qui seront épargnées pour nous secourir.

Jacques avait la confiance de tous, Pierre l'avait affirmé et il ne se trompait pas. Mais Jacques tel que je le connaissais, lui qui conjuguait la vigueur et la rigueur, n'avait pu approuver aisément que le chef des apôtres ait franchi la limite des interdits de Moïse en s'attablant avec des infidèles. Il avait dû se faire plus grande violence encore pour accepter les exigences de Paul, et admettre que les incirconcis puissent recevoir le baptême de la Nouvelle Alliance sans que leur soit imposé le signe de l'Ancienne. Je n'osais considérer les conflits que ces bouleversements étaient capables de provoquer parmi les frères de Jérusalem. Il n'était ni dans mon rôle ni dans mes capacités de prendre parti, mais je ne pouvais faire autrement que de réfléchir et de m'alarmer. Les uns disaient : Il est juste et salutaire que le campement d'Israël s'élargisse jusqu'aux frontières de l'Univers et accueille toutes les créatures de l'Unique, quelle que soit la diversité de leurs langues, de leurs lois ou de leurs lieux. Les autres protestaient : En ce cas, notre tente ancestrale sera arrachée et notre vocation noyée. Le courant nous emportait avant que ne soit fixée notre direction et que nos moyens ne soient mis en place pour le maîtriser. Artisans et partisans de la Voie appelaient toutes les nations à les suivre tandis que je m'interrogeais sur la manière de contenir ces foules tout à coup invitées au repas du Seigneur.

Devant moi un diacre s'était demandé de quel prix serait payée l'administration des nouvelles églises. Il ne parlait pas seulement du poids de l'argent, mais du temps, de la sueur, du labeur, de la charge que réclamerait l'exercice d'une telle fonction sur tant d'âmes. Déjà les apôtres dispersés, n'ayant même plus le loisir de se rencontrer pour prier ensemble, étaient absents de partout. Des mois à l'avance, Pierre envisageait la réunion d'un concile où s'exprimeraient les évêques et les presbytres : des mois à l'avance pour un rendez-vous de quelques jours !... La multitude des fidèles submergeait les compagnons de Jésus, les tâches de la propagande les éloignaient du foyer domestique où, comme au soir d'Emmaüs, pouvait se revoir le visage du Maître. Mon cœur se tourmentait en se souvenant que mon ventre, dans la grotte de Bethléem, s'était ouvert pour délivrer ce fils dont le triomphe, après la croix, déracinait Israël. Ventre flétri que je couvrais de mes deux mains.

Ce fut un réel événement que le mariage de la fille de Nicodème. Le Sanhédrin, le clergé, les notables, les commerçants et jusqu'aux parias se réjouissaient d'assister de près ou de loin à la fête et d'en tirer plaisir ou bénéfice. Lesquels parmi nous seraient conviés ? La question était dans l'esprit de tous et chacun espérait en secret être du nombre, y compris Ruth.

— Songe donc, Marie, un si grand personnage, le plus riche négociant du pays qui marie sa fille ! Quelle occasion ! Et un ami de surcroît ! Il paraît que cent musiciens et le même nombre de pâtissiers ont été convoqués pour le repas de noces ; on ne compte plus les agneaux commandés dans les meilleures bergeries, ni les serviteurs, ni les esclaves dont une moitié sera d'ailleurs affranchie. On jase sur le montant de la dot : un million de deniers d'or, à quoi le beau-père ajoute encore quelque chose... J'espère que Nicodème n'oubliera pas les œuvres de la Communauté. Quand il va au Temple, il fait dérouler des tapis sous ses pieds et laisse les pauvres s'en emparer derrière lui...

Craignant que la déception de ceux qui ne seraient pas invités ne tourne en jalousie contre les autres, Pierre décida qu'une délégation choisie parmi les frères se rendrait au banquet mais éviterait de trop manger et de rester tard. Lui-même s'en priverait. Il irait la veille féliciter Nicodème et l'assurer de nos prières pour sa descendance. Nul ne pouvait ignorer les bienfaits qu'il avait répandus sur nous et ce qu'il avait fait pour Jésus. Puis le chef des apôtres demanda au Conseil d'approuver ce qu'il avait résolu.

Mathieu qui travaillait toujours à son livre en profita pour noter les paroles du Messie sur le mariage. Il m'en fit la lecture devant Judith, ma jeune servante, qui n'en perdait pas un mot :

— Des pharisiens, lut-il lentement, s'avancèrent vers Jésus et lui tendirent un piège : « Est-il permis de répudiier sa femme pour n'importe quel motif ? » Il répondit : « N'avez-vous pas eu connaissance que le Créateur, au commencement, les fit mâle et femelle et qu'il a dit : l'homme quittera son père et sa mère et s'attachera à sa femme, les deux ne feront qu'une seule chair ? Que l'homme ne sépare pas ce que Dieu a uni. » Les pharisiens objectèrent : « Pourquoi donc Moïse a-t-il prescrit de délivrer un certificat de répudiation quand on répudie ? » Jésus répondit « C'est à cause de la dureté de votre cœur que Moïse a permis que vous répudiiez vos femmes mais, au commencement, il n'en était pas ainsi. Je vous le dis : si quelqu'un répudie sa femme, sauf en cas d'union illégale, et en épouse une autre, il est adultère. »

Mathieu ayant terminé sa lecture invita Judith à donner son avis. Elle devint rouge comme la pourpre et dit en se sauvant :

— Le Rabbi était bon pour les femmes.

La Communauté faisait ses comptes : le nombre de fidèles allait croissant. Moi, je pensais à mes amies perdues. Les sœurs de Lazare étaient introuvables, elles avaient quitté Béthanie pour rejoindre leur frère, nul ne savait où. Marie de Magdala avait distribué ses biens et avait également disparu. Rachel demeurait à Babylone, elle était veuve et avait renoncé aux pèlerinages. Deborah s'affaiblissait lentement. Je ne savais rien de Hulda, sinon que son mari avait accompagné Antipas déporté en Gaule. Elle devait vivre là-bas, au-delà de la Grande Mer, dans le pays des géants blonds qu'Hérode en son temps avait recrutés pour sa garde et dont quelques descendants s'étaient fixés par ici. Nous avions reçu d'elle un seul message : « Je veux mourir à Jérusalem. » Myriam me rassurait :

— Elle reviendra.

Car Myriam était comme Ruth toujours disponible pour

moi. Elles s'évertuaient à m'assister quand j'avais besoin de leur secours. Avec elles, je goûtais aux menus faits du jour comme on croque une amande pour tromper la faim. Nous remuions nos souvenirs dans la pâte sucrée de notre enfance. Ensemble, nous regardions le changement sans retour de la vie.

Ces allées et venues de leur cœur au mien étaient interrompues par la visite de jeunes adeptes converties qui demandaient à me voir. À vrai dire, ces visites me gênaient et je ne savais quelle contenance adopter. Elles me fatiguaient aussi. Ruth en fit la remarque aux diacres. À partir de ce moment, les précautions dont on usa à mon égard furent tout aussi éprouvantes. Je ne souhaitais pas être coupée des autres et demeurer face à moi-même alors que de grandes affaires occupaient les esprits. Où allions-nous ?

— Moi aussi j'ai le vertige, disait Ruth. Shaul et les siens imposent les mains aux incirconcis, ils les baptisent, leur nombre domine celui des juifs. J'ai voulu en parler à Jacques. Dès que j'ai abordé la question, son visage s'est rembruni.

— Il faut comprendre, mère, expliquait Jean, les goyim viennent à nous si nombreux qu'on ne peut les obliger à la circoncision. Le songe de Pierre est un signe de Dieu.

— Soit. Pourtant je ne peux m'empêcher de voir le doigt de Paul dans cette publication précipitée de la Bonne Nouvelle. En prêchant aux Gentils, comment leur parle-t-il ? Pense-t-il comme nous ?

Je me reprochais aussitôt mes doutes. Mais la sévérité de Ruth m'entraînait et dépassait la mienne.

— Paul est plus grec que juif, plus romain que grec.

Elle faisait une moue qui illustrait sa pensée avant que sa bouche n'en trouve les mots.

— Il n'a jamais fait un pas pour te rencontrer, saluer la mère du Christ, ce Christ qu'il a vu sur un chemin en allant à Damas. Est-ce normal ?

Je devais en convenir. Paul n'avait pas accompagné mon fils, il n'était pas à son procès, il ne l'avait vu ni souffrir ni mourir. Il ne s'était pas enquis de son enfance, de sa famille, de nous tous.

Ruth frémissait :

— Il prêche un Jésus que je ne connais pas. Il prétend en savoir plus que les Douze. Il est plus ravageur qu'un vol de criquets dans le champ des Anciens.

Comment deviner ce qui est bien, ce qui est mal quand on marche à ras de terre ? On ne voit pas ce qui est devant, ni le gué du torrent ni l'écueil du ravin. Tandis que, ce qui est derrière, on l'aperçoit dans la mémoire. Fallait-il s'arrêter sur le chemin de nos Pères, ne pas s'écarter de leurs traces ? Dans la Communauté beaucoup s'interrogeaient, l'angoisse suspendue au-dessus du doute.

Une fois de plus, Ruth et moi, sur le parvis des femmes, parlons de la conversion. Brusquement Ruth me quitte et revient avec deux tourterelles.

— Pour mon péché, dit-elle. Un sacrifice de réparation.

— Deux tourterelles ? Quelle faute si grave as-tu commise ?

— J'ai médit de Paul de Tarse, et j'ai pensé encore pire. Il affirme que ton fils lui est apparu et lui a parlé. S'il disait vrai ?

— Ruth, retourne chez le marchand et achète deux autres tourterelles car ce péché-là, tu le commettras encore...

Puisque nous étions presque riches, comme disait ingénument Pierre, nous avions acheté trois agneaux en prévision de la fête, un pour dix convives. Jean et André les avaient rapportés d'Ein-Kerim sans discuter leur prix. Judith qui en avait la charge jusqu'au jour du sacrifice, les lâchait dans la cour où je les voyais apeurés, cherchant leur mère. J'entendais Josef me dire :

— Tels sont les rites institués par Moïse. Il ne nous appartient pas de les modifier.

À Nazareth, on se rassemblait sur l'aire pour discuter du pèlerinage. Combien le feraient cette année ? Les paysans de chez nous sont pieux, ils respectent les fêtes, mais aussi les redoutent à cause de la dépense, à quoi s'ajoutent les risques du voyage. Néanmoins, ils viendraient nombreux, pères, mères, enfants, pour honorer le Nom.

Les Romains, eux, craignaient l'afflux et le débordement des foules. Mais ce n'était plus un des leurs qui nous surveillait du haut de l'Antonia, c'était Agrippa, un roi juif. Je ne l'avouais à personne : quand j'entendais passer le cortège royal, je ne pouvais m'empêcher de l'escorter de mes vœux. Je faisais partie de la Nation Sainte et priais pour celui qui en avait reçu la charge. « Que Dieu le maintienne entre les murs de la Loi. »

XXXI

Retour des jours tragiques : Satan était entré dans le cœur d'Agrippa. Comme au temps d'Hérode, un sceptre indigne pesait sur le domaine des Justes. Pierre, jeté en prison, ne dut la vie qu'à une poussée soudaine qui, de nuit, ouvrit la porte de son cachot, mais Jacob appréhendé en même temps fut passé par le glaive. Il nous faut toujours affronter le mystère, notre Dieu est trop proche pour que nous ne lui prêtions pas de raisons.

— Pierre a été épargné parce qu'il est à la tête de l'Église et qu'on a besoin de lui.

Ainsi le comprit la Communauté. Mais on ne trouva rien qui pût consoler Jean dont la douleur était indicible : l'exécution de son frère rongeait ses yeux et sa gorge. À voir ainsi affligé le disciple chéri de mon fils, je sentis mon cœur fondre comme cire. Ses larmes étaient les miennes, je me retrouvais avec lui au pied de la croix. Il répétait :

— Les juifs ont tué mon frère.

Jacques lui répondait :

— Nous nous sommes trompés sur Agrippa. Il est de ces princes qui ouvrent la bouche vers le Ciel mais dont la langue balaye la terre.

— Qu'avait-il à s'en prendre à nous ? gémissait Shimon. La Galilée, la Judée, la Pérée, la Samarie, il tenait dans sa main autant que Salomon. Jacob sera vengé.

Je dis à Jean :

— Tu as le droit de savoir pourquoi Jacob est mort. Demande à Nicodème qui est membre du tribunal.

Jean oserait-il interroger Nicodème ? Nicodème oserait-il répondre ? Ce fut lui qui annonça sa visite en nous faisant livrer, la veille de la fête des Tentes trois couffins de lulabs et autant d'ethrogs. Nous étions sortis du deuil mais pas du souvenir. Salomé qui était montée à Jérusalem pour les obsèques de son fils avait dû aussitôt repartir pour Kephar-Nahum où son mari Zébédée se mourait. J'aurais voulu me dérober à l'entretien mais Jean avait insisté pour que je sois présente.

Nicodème entra, accompagné de son gendre et de sa fille. Avec nous se trouvaient Barnabé et Tite, les compagnons de Paul. Dès que Nicodème m'aperçut, il s'approcha pour me saluer. L'homme que je n'avais pas rencontré depuis longtemps avait certes vieilli mais il avait conservé le soin méticuleux de ses apparences : cheveux teints et bien peignés, tunique finement tissée, regard patricien. Au cours de la conversation, il se tourna fréquemment vers moi, comme s'il reportait sur la mère la sollicitude distante mais attentive qu'il avait eue pour le fils.

Sa première question fut pour nous demander ce que nous savions des circonstances de la mort de Jacob. En vérité il s'inquiétait de nos sentiments.

— Mon frère a subi le châtiment des rebelles, dit Jean. Il a péri par le glaive et non par lapidation comme Étienne. Or Jacob n'était pas un rebelle, mais un partisan de Jésus. Ne s'est-il pas trouvé deux hommes pour en témoigner ?

— Je n'assistais pas au procès, s'excusa Nicodème. J'étais absent de la ville.

Pierre retint la main de Jean qui allait bondir.

— En frappant votre Église, continua Nicodème, Agrippa a voulu faire un exemple. Pour fortifier son pouvoir, il a besoin non seulement de collaborer avec l'occupant mais de plaire au clergé, aux notables, aux pharisiens, à tous ceux qui comptent dans la cité. Je crois aussi (là, il reprit son souffle), je crois aussi que le retour d'un Messie, espérance qui nourrit vos fidèles, l'annonce d'un Royaume qui n'est pas le sien, n'a pu que l'irriter. Il n'a pas compris.

— Pourquoi ne lui a-t-on pas expliqué ?

Le jeune innocent qui avait parlé souhaita aussitôt être englouti. Mais Nicodème, au lieu de sourire, vint à son secours.

— Il n'est pas toujours facile de pénétrer ce qu'a dit Jésus. Moi-même, autrefois, quand il me disait que si un homme ne naissait à nouveau, il ne serait pas sauvé, je n'en voyais pas le sens. Le Rabbi parlait en paraboles, il distinguait la lettre et l'esprit. En tout cas, il a secoué les consciences et les institutions, ce qu'un roi juif ne peut admettre s'il tient à son royaume. Et puis...

Nicodème hésitait, Jacques acheva pour lui :

— Il y a le baptême des païens.

— J'allais le dire. Amener les nations à l'Unique fait partie de la vocation d'Israël. Mais au nom de la Torah, pas au nom de Jésus. Voyez-vous, ce n'est pas la Loi qui est en cause, à Jérusalem tout au moins vous la respectez. Ce qui scandalise, c'est que vous mettez quelque chose ou quelqu'un au-dessus d'elle.

Brusquement il changea de sujet et de ton.

— Vous avez en Paul de Tarse un pharisien qui s'est fait apôtre. J'admire son assurance et sa réussite. Il n'a peur de rien ni de personne. Moi, je suis allé vers le Rabbi en cachette, de nuit. Lui l'a rencontré face à face, en plein jour. Le Rabbi m'a parlé en termes voilés, à Paul il s'est découvert.

Il y avait de la tristesse dans son aveu, voire du dépit. J'étais sûre à cet instant qu'il avait aimé Jésus.

— Je devine ta pensée, Nicodème, intervint Pierre. Il nous a fallu beaucoup d'humilité pour accepter Paul parmi nous : tu vois que ma franchise répond à la tienne et si tu souhaites parler de lui, je veux bien. Paul se réfère à notre ancêtre Abraham, Père des Multitudes en qui sont bénies toutes les nations. Il cite son nom aux juifs comme aux païens, car Abraham a eu la foi et cette foi seule a suffi pour le justifier.

Barnabé, le compagnon de Paul, appuya Pierre.

— Croire en son cœur mène à la Justice du Saint. Quand

les païens font naturellement ce qu'ordonne la Loi, ils prouvent que l'œuvre de la Loi est voulue par leur cœur.

— Moïse, pourtant, nous a séparés : il reçut les Tables qui n'étaient données qu'à nous seuls.

Je me levai pour allumer la lampe. Éclairée, la robe de la fille de Nicodème lança des feux d'or et d'argent. Mathieu entra :

— Notre scribe, le présenta Jacques.

Mathieu refusa le siège qui s'offrait : en face du notable, le publicain renaissait en lui. La conversation interrompue ne reprit pas, Nicodème se leva pour prendre congé.

Barnabé tint à avoir le dernier mot :

— Tous ceux qui croient au Christ, juifs ou gentils, ont droit à la paternité d'Abraham.

Christ, c'était Jésus, mon fils. Barnabé parlait comme un Grec. Quand Nicodème nous eut quittés, j'entendis le chef des apôtres :

— Ces controverses ne doivent pas ébranler notre profession de foi. Le temps est venu de travailler à l'unité des esprits. Cette unité, c'est une assemblée de tous les fidèles qui la forgera.

Avant que Deborah ne s'endorme pour rejoindre ses Pères, Ezra son fils reçut l'imposition des mains et le baptême. Il nous avait tant fréquentés qu'il n'eut pas besoin d'instruction pour s'y préparer, quelques jours de jeûne et de prières suffirent. L'immersion devait avoir lieu dans le Jourdain, non loin de l'endroit où Jean avait baptisé. Ruth serait marraine, elle s'était chargée des préparatifs.

À vrai dire, c'était une simple échappée familiale. À force de sillonner la route de Jérusalem au fleuve, on savait ce qu'il convenait d'emporter, d'éviter, de prévoir. Au panier de vivres, on ajoutait l'outre de vin nouveau et le pain de froment pour le repas du Seigneur, une trousse contenant le baume de Galaad et le vinaigre en cas de blessure, les sels pour les évanouissements, les sandales de rechange, les dagues et l'épée pour parer aux agressions. Des commerçants ingénieux avaient bâti des abris où l'on pouvait se reposer. Ils les louaient bon prix aux foules qui, depuis les temps du Baptiste, ne cessaient de s'y rassembler. Attirés par cette clientèle, les brigands et autres détrousseurs s'y donnaient aussi rendez-vous.

Je regardai partir Ezra et ses amis le cœur gros. Car j'avais peu de jours auparavant glissé sur une marche du Portique royal et m'étais ouvert le genou. Judith, ma petite servante, se dévouait pour me soigner, les jeunes filles de la Communauté se disputaient le privilège de m'apporter les repas, je me désolais d'ajouter au travail des autres et de me voir désœuvrée. Les pensées moroses abusaient de moi et ma blessure provoquait des lancements qui me tiraient des grimaces dont j'avais honte. Quand des pas s'approchaient je me composais un sourire, j'étais la Guebira, la Mère. Ma douleur elle-même ne m'appartenait pas, d'autres la mesuraient, en faisaient le commentaire, et je n'avais rien à y ajouter. La vénération m'isolait depuis longtemps mais cette fois je devais me cacher pour gémir. Jadis, les apôtres accouraient vers moi comme des agneaux craintifs, aujourd'hui, ils étaient forts, pour eux j'étais l'enseigne dc la cohorte, celle que l'on arbore un moment et que l'on s'empresse de ranger.

Des mois s'étaient écoulés depuis la mort de Jacob. Longtemps le roi Agrippa s'était cru immortel. Un jour, à Césarée, sur une estrade, il s'était montré aux ambassadeurs vêtu d'habits étincelants et l'assistance l'avait acclamé comme un dieu. Une autre fois, à Jérusalem, il avait voulu marquer la nuit de son sceau fastueux. D'innombrables torches éclairaient le ciel, des mélodies enchantaient les places de la ville, des libations étaient offertes à tous, le bétail des sacrifices avait été décuplé. La foule exultait cependant que le roi, doublant sa piété feinte d'une modestie qu'il n'éprouvait pas, paradait sur les parvis. On entendit cette oraison de sa bouche :

— Souviens-toi Adonaï Élohim de ce que j'ai accompli en faveur de ton peuple et porte-le à mon crédit.

Puis il exhala un soupir et, avant de succomber au soudain déchirement de ses entrailles, il eut le temps de dire :

— J'ai été trop heureux.

Ma vie devenue plus dépendante était aussi plus étroite. J'étais la prisonnière à l'affût des mouvements qui n'étaient pas les siens : dans l'échoppe du coiffeur voisin, on se bousculait, on braillait, les clients libérés de leur vœu de naziréat célébraient par une beuverie la fin de leur engagement ; les mendiants, eux, ne bougeaient pas, postés qu'ils étaient depuis des siècles. Ils me connaissaient et s'étonnaient de ne plus apercevoir la mère de l'homme que le procurateur avait mis en croix. Ils ne savaient pas que je me tenais derrière cette porte verrouillée, impuissante à soulager leurs maux. Le tour du soleil sur le rempart, le piétinement des passants, m'enseignaient la durée d'un temps dont je n'avais que faire. Quand je levais les yeux, je voyais au-dessus des murs le pinacle du Temple dont les pointes d'or repoussent les oiseaux. Lui aussi m'imposait son horaire. Je m'éveillais quand la Belle Porte grinçait sous la poussée des lévites. Le soir, la trompette qui annonçait sa clôture me condamnait au sommeil, un sommeil coupé de cauchemars. Je rêvais de l'effondrement du Sanctuaire qu'avaient prédit les Prophètes et dont mon fils avait parlé. Sur l'esplanade calcinée, il ne reste plus rien, des enfants jouent, une petite fille m'interroge :

— Où étaient les agneaux de ton temps ? Est-ce ici qu'on les égorgeait ? Comment le Seigneur pardonne-t-il maintenant qu'on ne peut plus lui offrir de sacrifices ?

— Ce n'est plus la peine, un homme est mort, agneau de Dieu, pour le rachat des péchés.

Sa grande sœur l'interrompt :

— Tais-toi, elle est sa mère, tu vois bien que tu lui fais de la peine.

— Non, mon fils est assis à la droite de l'Éternel et il reviendra bientôt.

— Quand, demain ?

— Demain, oui.

— Il y a longtemps qu'il est mort ?

— Très longtemps, avant ta naissance.

Rien n'est plus familier aux enfants que la mort. Familier et improbable parce que la vie qui les inonde a l'abondance des sources d'Ein Guedi. Ma vie est un filet d'eau qui sèche. Je me souviens des vieilles de Nazareth. Elles avaient à peine plus que mon âge d'aujourd'hui. Elles venaient nous visiter et s'arrêtaient devant la porte. Avant de s'asseoir sur le banc, elles le tâtaient de la main pour ne pas le manquer, puis elles posaient le menton sur leur canne et attendaient. Elles attendaient parce qu'elles n'avaient plus les yeux pour trier les lentilles, le souffle pour tourner la meule, le bras pour balayer la cour, l'oreille pour écouter les enfants. De laquelle suis-je le portrait ? De la mère d'Issachar ? De celle d'Esther ? Elles avaient toutes deux le regard qui cherche la certitude. Je n'ai jamais vu le mien sauf quand j'étais jeune, dans le miroir de Deborah : il était tendre envers ceux que j'aimais, heureux souvent, inquiet toujours. Comment est-il à présent ?

Je recommençais peu à peu à arpenter ma chambre : Judith me prêtait son bras et m'y forçait, Ruth et Myriam m'appliquaient deux fois par jour des compresses d'huile et de vin, alternant avec des emplâtres au miel. J'avais refusé le baume de Judée qu'affectionnent les Romains mais qui est trop coûteux pour notre bourse. D'ailleurs ma plaie se refermait, ma prison s'agrandissait.

Déjà Nisan ! Les pèlerins commençaient à arriver, ceux du moins qui pouvaient s'offrir un long séjour dans la Ville sainte. Le chef de l'Église, en route pour sa lointaine mission, nous avait demandé de participer la tête haute à toutes les célébrations. Telle a toujours été notre politique. Mais, plus que jamais, nos frères juifs affûtaient leur langue et la brandissaient sous le nez du procurateur pour qu'au moindre incident il dirigeât sur nous sa punition. Leurs dents sont des flèches qui voudraient nous percer. Pourquoi cette haine, alors que nos pieds ne quittent pas les sentiers de la Loi ? Cumanus, le nouveau procurateur, écouterait-il nos détracteurs ? Le temps ramenait nos craintes, Jean me parle de Jacob, d'Étienne, de Jésus... Vingt ans déjà...

— Vingt ans, oui...

— Il avait renoncé à assister à la Fête, puis finalement il y est venu en secret. Il a annoncé son départ à ceux qui étaient présents. Je l'ai entendu.

— Il a aussi annoncé son retour...

— Il a dit que la joie suivrait l'affliction et que cette joie ne serait pas ôtée. Il a ajouté que là où il allait, il préparerait une demeure pour chacun.

— Une demeure pour ton frère Jacob.

— Une demeure pour toi, mère, la plus belle. Ce soir-là quand la nuit fut descendue et que les Parvis s'éclairèrent, il s'écria :

« Je suis la lumière du monde. » À la fontaine de Siloé, il déclara : « Si quelqu'un a soif, qu'il vienne à moi. »

J'ai soif, le temps me dure. Jean me prend la main. Vingt ans sont passées...

Comble d'épreuves, le Ciel, comme aux jours d'Élie, se ferma. Adar n'avait pas apporté l'ondée fraîche qui, à cette époque, ouvre le secret bienfaisant de la fécondité. L'eau manquait, tout séchait, le sang des victimes sur le marbre du Sanctuaire, la boue dans le ruisseau, la terre des jardins et des champs. Le bétail maigrissait et déjà coûtait trop cher. Bientôt il ne lui resterait plus que les poils et les cornes, le pèlerin le mangerait plutôt que de l'offrir en sacrifice. L'année prochaine serait shabbatique et le sol ne porterait pas de fruits. Agabus avait dit vrai : nous connaîtrions la famine.

J'étais trop petite quand une calamité du même nom s'abattit sur nous. C'était la treizième année du règne d'Hérode, nul ne saurait oublier cette date et ce malheur. Bien que j'aie eu largement atteint l'âge de marcher, ma mère me suspendait à son cou pour m'éviter l'effort. Je suçais son lait pauvre alors que j'aurais dû être sevrée, sans soupçonner qu'elle pût mourir comme les mamans des orphelins que nous avions recueillis. Aussi tenace que le Décalogue sur les tables de pierre, ma mémoire a inscrit une vision du coin de notre rue, où je vois des charrettes que l'on pousse vers le lieu des morts, et des paquets de cadavres, couchés partout où se pose le pied, pourritures vivantes. Je mesure aujourd'hui la grandeur du drame. Manger impur ne se pouvait pour le juif pieux qu'était mon père. Ma mère a-t-elle fléchi ? Je me souviens seulement du bruit d'une terrible querelle... À la pénurie succéda la peste. Elle décima les troupeaux efflanqués, puis les hommes.

Des maux semblables en épouvante nous menaçaient. Le mois d'Éloul nous observait de ses yeux d'incendie. Déjà on se disputait une amphore d'eau, une mesure de grains, on s'arrachait la poudre de sauterelle. Le souci de manger prenait le pas sur les autres. L'homme monte péniblement vers le bien, comme il tombe aisément dans le mal ! Toutes les passions font des prodiges, même les plus basses. La peur de manquer crée l'inconcevable.

Dans la Communauté, la vision de l'Apocalypse brouillait nos courages affaiblis. Était-ce la fin des temps ? Étions-nous parvenus aux frontières du Royaume où il n'y aura plus ni pleurs ni grincements ? Beaucoup laissaient s'exercer en eux une puissance qui les détruisait après avoir effacé leur force. D'autres rêvaient de pêche miraculeuse et couraient vers le lac. Pierre et André avaient mis un terme à leurs sermons et avaient repris leurs filets. À Kephar-Nahum, ils étaient les enfants du pays, ils connaissaient les bons endroits, les rives peu fréquentées où les roseaux dépassent les épaules : car le procurateur avait envoyé un détachement pour surveiller les barques et rationner les prises, il ne faisait pas bon se laisser surprendre en infraction de l'édit romain. La sanction était la mort. Comme on voit les pauvres grappiller les épis oubliés en bordure des champs après la moisson (ce que la Loi permet), on croisait sur les berges une foule d'affamés qui remuaient le gravier pour y découvrir le mou salé d'un coquillage ou d'une larve (ce que le milicien permet, mais que le Livre interdit). La faim est plus forte que le dégoût et que la honte. Lorsqu'un disciple remontait du lac sans avoir été inquiété en route, et qu'il déballait son panier de poissons, il était fêté comme un héros, on lui lavait les pieds, on lui avançait le meilleur siège. On dénombrait, on admirait, on soupesait, on partageait, avant de faire cuire. Puis on se barricadait, toutes issues closes, de peur que le voisin alerté par l'odeur ne survînt pour exiger sa portion, en menaçant de dénoncer la Communauté entière.

Le jour où Nicodème nous gratifia de deux cruchons de miel et d'une bourriche de fèves soustraits aux entrepôts du Temple, mon trouble augmenta. Fallait-il accepter ? Quelques-uns s'abstinrent : on leur jeta à la figure des sarcasmes et même la qualification de pharisien. J'assistai aux ruses que l'instinct de survie impose aux plus honnêtes. Pire que tout était le spectacle de ceux qui s'enrichissaient aux dépens de la détresse commune. Un seah de farine coûtant d'ordinaire une drachme s'achetait treize ou quatorze derrière la boutique. Une fortune, à ce compte, était vite amassée. Mais un journalier, qui gagnait par jour le quart de cette somme, ne pouvait que dépérir, à moins de recourir au brigandage ou à la délation.

C'est alors que de l'Église d'Antioche et conformément aux prévisions de Pierre, nous parvint le plus opportun et le plus substantiel des secours. Les fidèles s'étaient cotisés et nous expédiaient du grain et des olives en quantité suffisante pour notre subsistance d'un mois. Tout de suite après, l'Église de Corinthe et celle d'Éphèse nous envoyèrent un messager accompagnant un convoi plus généreux encore. D'autres communautés les imitèrent. Nous étions sauvés par les amis de Paul répartis sur le pourtour de la Grande Mer : sous nos yeux se manifestait cette assistance qui nous venait de loin et qui était la solidarité ardente de la Foi. Paul avait raison : la doctrine volait de victoire en victoire à travers les provinces.

Au même moment, la reine d'Adiabène fit acheminer sur Jérusalem une caravane de vivres et de vêtements. À quoi s'ajouta la cargaison de deux navires que le procurateur avait mandés d'Ostie. La population, aussitôt soulagée, se rendit au Temple. La distribution posa des problèmes difficiles et fut réglée par les lévites. Étant suffisamment pourvus, nous n'en fûmes pas bénéficiaires. Il est vrai que, de notre côté, nous n'avions pas partagé nos réserves.

XXXII

Non, nous n'avions rien partagé : la famine n'avait réuni que nos amis autour de la table. Au temps de Caligula, le malheur avait pourtant rassemblé tous les juifs.

Le mois de Marschevan nous fit présent d'un renouveau hivernal grâce aux trombes qu'il déversa. Les orages parcoururent les toits de la ville, inondant les terrasses, noyant les cours, gorgeant les citernes, cependant que les rafales de vent nettoyaient les rues et les parvis souillés par les fêtes d'automne. En un mois la terre but l'eau d'un an et puis le soleil apparut. Au printemps qui suivit, le Créateur fit germer l'orge, les collines se drapèrent de blé pour la moisson des Azymes. S'estimant pardonné de ses fautes, le peuple compta ses morts et remplit ses caves. L'espérance triompha dans les cieux déployés.

Jamais la procession des prémices ne connut plus d'enthousiasme. Les charrettes accourues des alentours étaient acclamées tout au long de la route comme des butins de victoire : pour se concilier le Seigneur, les paysans restituaient de la main droite ce qu'ils avaient soustrait de la main gauche. Prémices de Judée qui me rappelaient celles de la Galilée, au temps de mon enfance ! Prémices de l'Alliance Nouvelle, vingt ans plus tôt, lors de cette même fête, quand l'Esprit-Saint descendait sur les disciples et déliait leurs langues. Les boulangers pétrissaient le pain des offrandes, on fêtait le retour des marchands ambulants avec leurs gâteaux frits dans l'huile, leurs sauterelles salées, leurs beignets, leurs amandes, leurs bonbons roses et verts vendus à la criée. Il n'y avait que le porteur d'eau pour se plaindre...

À la maison, on enfourna tout le jour. Les mazzot s'empilaient sur la table : nous étions nombreux, il en fallait beaucoup. On avait sorti les plats de fer étamés réservés aux grands jours, ma petite servante se mirait dans l'eau des bassines. Les noms de Siloé la fontaine, de Bethesda la piscine, étaient ceux des rendez-vous, ils avaient à l'oreille la douceur du luth, à la bouche la suavité de l'alléluia.

Mais la satiété qui apaise la faim et la soif ne chasse pas le démon du cœur des hommes. Entre Romains et juifs, le vieux, le séculaire mépris aiguisait ses couteaux. Entre juifs et chrétiens, le choc n'était pas toujours visible mais il était profond et faisait mal. La famine laisse derrière elle des comptes à régler : larcins, délations, jalousies, tromperies. Le Sanhédrin était débordé. Le Procurateur s'employait à tort et à travers pour établir un semblant de paix ou une apparence de justice. Le plus souvent, il renvoyait les adversaires dos à dos. Par crainte des zélotes qui sillonnaient les campagnes et dont la menace s'accroissait, il amassait dans les sous-sols de l'Antonia des réserves pour un siège et des armes pour une bataille. Quand Jésus reviendra-t-il mettre de l'ordre dans tout cela ?

Avec la belle saison, la navigation reprit sur la Grande Mer. J'espérais que Pierre reviendrait à temps pour préparer le concile. Sa présence était nécessaire. Il fallait aussi que Paul nous explique les incidents d'Antioche de Pisidie. Barnabé et lui s'étaient fait huer pour avoir crié aux juifs :

— Puisque vous repoussez la Parole du Seigneur et que vous vous jugez indignes de la Vie éternelle, nous irons chez les païens.

Les femmes avaient été les premières à s'indigner. Elles n'avaient jamais osé changer une lettre de la Loi et voilà que tout à coup un juif, grec, citoyen romain, leur expliquait qu'il était permis de fréquenter les goyim !...

Ruth me raconta :

— À Lystres, en pleine ville païenne, Paul a guéri un

homme qui n'avait jamais marché. Aussitôt la foule l'a pris pour le dieu Hermès, et Barnabé pour Zeus, si bien qu'on a amené un taureau pour leur offrir un sacrifice. Ce Paul, quel ouvrier ! Rappelle-toi le mashal : si le grain tombe sur la bonne terre et qu'il n'est pas étouffé par l'ivraie ni mangé par les moineaux, il germe. Paul sème, arrache, chasse les moineaux tout à la fois. Il récolte si vite qu'il n'est pas sûr de tout engranger. Les vrais paysans doivent mettre la terre au repos, ils savent s'arrêter un peu...

— C'est peut-être ce que décidera le concile, dit Myriam.

— J'ai peur du contraire On dit déjà que Jean partirait pour Éphèse. Et toi avec lui.

— Tu rêves, Ruth. Qu'irais-je faire à Éphèse ?

Malgré tout, je me renseignai. J'appris qu'Éphèse était le sanctuaire païen du culte d'Artémis, déesse de la fécondité, une cité de pèlerinage aux mœurs dissolues, habitée par de riches négociants. Si les apôtres décidaient d'y porter la Bonne Nouvelle, je ne pourrais être à côté d'eux qu'une gêne et un souci. En me faisant émigrer cherchait-on à me préserver d'un danger ? C'était peine perdue : j'avais le droit de mourir là où est mort mon fils. Le Seigneur a choisi Sion pour résidence. Elle sera toujours son lieu de repos.

Paul arriva à point nommé, tout de suite après Pierre. Les diacres, les presbytres, les chefs des communautés de Galilée et d'au-delà du Jourdain affluèrent ensuite. Cela faisait beaucoup de monde. Bien entendu aucune femme n'assistait aux séances mais elles servaient à table, elles écoutaient, et parfois plaçaient un mot.

Les réunions avaient lieu chez la mère de Jean-Marc, qui avait offert la grande salle dont elle disposait chez elle. Après les assemblées plénières, les participants discutaient en colloques ou se répandaient en ville. Cela dura d'un shabbat à l'autre.

Je ne puis m'attarder sur ce courant d'air qui traversa la Communauté entre deux portes, Shaul de Tarse, que tous nommaient maintenant l'apôtre Paul. Avant de le rencontrer, j'étais intimidée comme une gamine de Nazareth à la pensée qu'un homme d'une telle renommée serait parmi nous, que nous entendrions cette voix qui haranguait les païens, que nous verrions ces yeux qui fulminaient contre nos adversaires, que nous aurions l'honneur de le servir et de le nourrir. Je n'étais pas la seule femme à être sur le qui-vive. Bien des hommes l'étaient aussi.

— Il faut que tout soit parfait, disait Ruth. Ces juifs de la Diaspora verront à quoi ressemblent les femmes de Jérusalem. Les mères, les vierges, les épouses de chez nous ne sont pas les prostituées des cités païennes.

Elle pensait sans le dire à Paul et Barnabé. Je rectifiais :

— Mais ils ont déjà vu nos filles. Ils ont vécu ici : Barnabé est un ancien lévite, Paul a été l'élève de Gamaliel.

Nous vérifiâmes que nos robes et nos voiles étaient sans accroc et sans taches, détails compris dans le terme « bonne tenue ». Aux jeunes il fut recommandé de soigner leur coiffure.

— Non aux fibules et aux épingles, oui aux rubans, mais discrets, pour maintenir les cheveux, et rien le jour du shabbat.

Quant aux parfums, on y renonça. Nous conservions, il est vrai, non pas le nard coûteux que la pécheresse avait répandu sur les pieds de mon fils, mais un pot de cinnamome à l'odeur fraîche et camphrée, pour un jour de joie exceptionnelle qui ne s'était pas encore présenté.

De Bethsaïda la famille de l'apôtre Philippe, et de Kephar-Nahum, les parents de Pierre nous expédièrent des corbeilles de poisson séché : du Negueb arriva la poudre de sauterelle pour épicer les galettes frites ; les légumes secs ne manquaient pas, nous en avions toujours en réserve. Les plus humbles fidèles nous apportaient la salade de leur jardin, une poignée d'olives, d'amandes ou de noix, les mieux nantis nous offraient de la fleur de farine ou du vin doux pour le repas du Seigneur. Et puis, ô surprise de la dernière heure, des amis de Paul nous envoyèrent agneaux et chevreaux à ne savoir qu'en faire : on dut les parquer dans les cours des maisons voisines avant de les offrir en sacrifice de paix.

Les juifs de Grèce dont nous soupçonnions les habiletés, ceux de Syrie dont la prospérité faisait envie, ceux de Tarse qui provoquaient la méfiance, ceux de Babylone qui paraissaient si lointains, ceux d'Égypte imbus de leur supériorité, tous se trouvaient côte à côte, assis à la même table, la nôtre. Nous avions à cœur de leur prouver qu'en Judée on avait le palais aussi raffiné qu'ailleurs, que le savoir-vivre était en vigueur comme chez les goyim les plus délicats, que l'esprit était délié même si l'accent était différent, que l'on savait se mettre en frais sans en avoir l'air, ce qui est la distinction suprême. Chez nous, l'hospitalité est une règle, la dignité un précepte.

— Préparons des bassines pour les ablutions afin que nos hôtes puissent se rafraîchir.

Ce fut ma première recommandation pour l'accueil des nouveaux arrivants. Les frères de Jérusalem s'empressèrent de ceindre un linge et d'imiter les gestes de Jésus lorsqu'il lava les pieds de ses disciples. Pierre donna l'exemple mais, puisqu'il se baissait difficilement, Jean lui tendait la serviette.

Mon naturel avait pris le pas sur mes résolutions : au cours de cette fameuse semaine, je ne pus m'empêcher de guetter les uns et les autres et surtout Paul. Ce m'était d'autant plus facile qu'il ne me prêtait aucune attention. Irait-il au Temple ? Il y alla. Combien de fois par jour ? Deux fois. Pourquoi pas trois comme tout le monde ? Oublierait-il les phylactères et les téphilim pour la prière ? Non, il ne les oublia pas. Son talith était dans ses bagages. Il avait eu l'idée d'apporter en cadeau une de ces tentures tissées de poils de chèvre qu'il confectionnait, ce qui avait dû compliquer son voyage. Il n'avait aucune prestance mais de bonnes manières, il attendait que les autres fussent servis pour commencer à manger et quittait la table le dernier. J'appelais la Grâce pour l'aimer…

Je priai aussi pour que nos visiteurs fussent en sécurité. Quelle belle occasion s'offrait à nos adversaires s'ils voulaient décapiter la Communauté. Tous les chefs de l'Église étaient à portée de leurs coups.

— Paul a partout des amis influents, remarquait Ruth. Il est citoyen romain. Il peut en appeler à l'empereur. S'il est arrêté, il ne sera ni fouetté ni battu.

— Lui peut-être, mais les autres ?

Myriam acquiesçait :

— Il devrait se mettre au niveau de tous, faire quelque chose qui le rapproche d'eux. Le vœu de naziréat par exemple. Qui pourrait le lui conseiller ? Toi, Marie ?

— Tu plaisantes...

— J'ai peur que le concile, au lieu de nous rassembler, nous divise.

C'était la pensée obsédante de Ruth. La mienne aussi. Les frères revenaient de leurs réunions renfrognés, peu loquaces. Le lendemain, ils repartaient au pas de charge. Une nuit apparut le spectre d'un schisme irréductible, qui se dissipa, Dieu soit loué, avec la brume du matin. Barnabé avait joué les conciliateurs, Paul s'était efforcé de ne blesser personne, il s'était même réconcilié avec Jean-Marc le fils de la maison brouillé avec lui depuis longtemps. Pierre avait cité les paroles de Jésus : « Vous êtes la Lumière des nations et vous porterez le salut aux extrémités de la terre. » Puis il avait évoqué la circoncision du cœur.

Ce même matin, Luc arriva. J'ouvris les bras à ce jeune médecin d'Antioche, grec baptisé. Le petit garçon curieux de l'enfant Jésus était devenu un adulte, un chrétien, un savant. Au risque d'éveiller chez Jean un peu de jalousie, je le reçus dans ma chambre, ce qui était critiquable et fut en effet désapprouvé par les femmes de la Communauté. Avais-je basculé dans un monde étranger à nos vieux usages ? J'avais commis un écart que ma mère m'aurait reproché. Pire inconvenance, je ne regrettais rien : Paul et ses amis avaient raison, c'était partout le moment de l'audace. J'appelai Ruth, je lui présentai l'enfant grandi à qui j'avais jadis, en bavardant, donné la manne de vérité. Le temps fait l'ouvrage, il pénètre ce qui est caché. Ce qui a été dit au concile et qui nous paraît obscur se révélera un jour.

— J'y aiderai, dit Luc.

Le regard admiratif que je lui jetai exprimait ma propre satisfaction d'avoir jugé à sa valeur l'enfant qui m'avait posé tant de questions sur le mien.

— Toi, Luc, tu es curieux de la vie de Jésus, contrairement à l'apôtre Paul. Déjà tu l'étais quand j'essayais de te raconter les épisodes les plus à même de te toucher. Je vois que j'ai réussi.

J'engageai mon jeune docteur, guérisseur des corps, à soigner aussi les âmes. En lui, je déposai mon espérance : voir les nouveaux disciples, à l'instar de leur aîné Mathieu, recueillir les souvenirs de ceux qui avaient connu mon fils, afin que leur témoignage franchisse les jours et affermisse les générations. Non pas à la manière de Paul, par des exhortations et des remontrances, mais par de simples récits dont s'éprenne la mémoire. C'est un véritable testament que m'inspirait soudain la vue de mon petit Luc converti. En ce temps-là, je ne pouvais me confier à personne. Les disciples étaient accaparés par la Communauté débutante, affolés par le travail à accomplir ou l'écueil à éviter. Devant les hommes, ceux du moins qui ne sont pas des enfants, le silence a été longtemps mon repli, et je me suis fermée sur lui comme je me suis ouverte au tourment. De tous deux ma vie a été rassasiée. Encore aujourd'hui, la vieille juive garde pour elle son tremblement. Elle prévoit une Jérusalem déchirée, les disciples de Jésus menacés ou traqués… Pour moi, je sais que mon fils est à la droite du Père et que j'irai le rejoindre. Mais les autres, s'ils émigrent, ce sont leurs ancêtres qui quitteront avec eux la Terre promise et s'avanceront vers le monde étranger. Toi, Luc, qui connais les goyim, dis-moi ce qu'ils sont ?

Au fils d'Éliahoud, j'avais posé la même question. C'était au temps de Jésus. Il m'avait parlé d'un frémissement qui saisissait l'Univers dans l'attente d'un Sauveur. Les païens, je n'avais jamais douté qu'ils aient des Justes parmi eux.

— Mais comment ces Justes pourraient-ils parcourir en un jour la distance que nous avons mis deux mille ans à couvrir vers la connaissance de l'Unique ?

— Mère, rassure-toi. Beaucoup ont déjà pris le chemin. Car le ciel de leur tradition est encombré de dieux incapables qui ne consolent aucune détresse et n'expliquent aucun mystère. Je le sais, moi qui en ai souffert et qui suis venu à Jésus pour trouver à la fois l'enseignement du Livre et l'effusion de l'Amour, pour ne plus confondre la créature et le Créateur. Innombrables sont les païens qui se posent la question terrible de l'Origine et de la Fin, qui s'interrogent sur ce qui précède le temps et ce qui vient après. Ils étaient cohortes, ils sont légion. Pauvres ou riches, esclaves ou puissants, ignorants ou savants, romains, grecs, égyptiens ou barbares, les voilà sur la Voie, à la rencontre non pas d'un dieu qui les dompte mais d'un Dieu qui les cherche. Quant à Paul, je le vois et je l'écoute. Il est le guide et le conquérant. C'est un archer dont les traits vont au but.

— Luc, le temps presse, nous ne serons pas longtemps ensemble. Bientôt tu reprendras ta place, tu accompagneras l'archer et participeras à sa victoire. Je devine qu'elle sera dure à remporter mais j'ai confiance en ton courage. Songe à garder la trace de ce qui aura été fait au nom de Jésus, car cette trace est un instrument de la conquête. Mon cœur t'accompagne. En attendant demain, prions pour aujourd'hui. Que le concile qui réunit les frères dans la Ville sainte leur apporte l'unité. Le reste de mes jours est assoiffé de concorde comme le désert l'est de la pluie.

Jean entra :

— Tu peux répandre les parfums, mère. Les frères sont tombés d'accord. Ils ont fait droit au baptême des incirconcis. C'est Pierre et non Paul qui a revendiqué la primeur de la décision. Jacques a cité les Prophètes : « Je relèverai la tente de David afin que le reste des hommes cherche le Seigneur avec toutes les autres nations... » Le dernier mot a été scellé dans un écrit adressé aux fidèles des Églises. Écoute : « Les apôtres, les anciens et les frères aux frères d'entre les Gentils d'Antioche, de Syrie, de Cilicie, salut. Nous avons appris que certains des nôtres que nous n'avions chargés d'aucune mission, vous avaient troublés par des propos qui ont abattu vos âmes. Aussi avons-nous, d'un commun accord, jugé bon de choisir des frères et de vous les envoyer avec nos bien-aimés Barnabé et Paul qui ont exposé leur vie pour le Nom de Notre-Seigneur Jésus-Christ. Nous vous avons donc délégué Jude et Silas qui vous diront les mêmes choses de vive voix. L'Esprit Saint et nous-mêmes avons jugé bon de ne pas vous imposer d'autres charges que celles-ci qui sont nécessaires : vous abstenir de viandes immolées aux idoles, de sang, de chair étouffée et de la prostitution. En renonçant fidèlement à ces choses, vous agirez bien. Adieu. »

— Et le Shabbat Jean ? Ils ont oublié le Shabbat !

Une nouvelle année commence. Le Seigneur a dans sa main la guerre et la paix. Nous sommes montés au Temple, malgré tout. Des grands apôtres aux petits frères, ils sont là répartis sur les parvis. Seuls les païens baptisés n'ont pas franchi le rempart des Israélites où il est écrit en hébreu, en grec et en latin : « Défense aux non-circoncis d'aller au-delà sous peine de mort. » On les aurait lapidés s'ils avaient dépassé la limite. Je me tiens avec les femmes sous la Belle Porte.

L'œil du procurateur dans la forteresse Antonia maîtrise la foule, les soldats romains patrouillent. Le jeûne et l'anxiété m'ont affaiblie et j'ai dû forcer l'assentiment de Jacques pour être ici, mais il me faut m'associer aux supplications des miens et glorifier le Seigneur : « Non pas à nous, mais à Toi... » À la prière de tous les assistants nous ajoutons celle qui nous rassemble : « Que le sacrifice de notre Sauveur se consume lui aussi sur l'autel des holocaustes et que l'Éternel le reçoive !... Que le cri du Chofar ressuscite nos morts, qu'il retentisse sur toute la terre habitée et nous rallie nos frères. »

XXXIII

C'est au terme de son cours que le fleuve se divise avant de se jeter dans la mer. Pour nous, le maître-bras est celui des circoncis baptisés qui sacrifient au Temple et que nous recevons à notre table, les Saints comme ils s'appellent. Parmi eux certains acceptent la fraction du pain avec les goyim venus au Christ, d'autres s'y refusent, ce qui fait deux branches. On connaît aussi des observateurs de la Loi qui ont entériné du bout des lèvres la décision du concile sur la conversion des païens sans y adhérer de plein cœur, et qui constituent un rameau mitoyen. En face, le flux torrentueux des juifs se divise à son tour. Le plus grand nombre se contente de brandir la Torah contre nous, qu'il s'agisse de pharisiens, de zélotes, de sadducéens, d'esséniens : notre peuple excelle à se chicaner et chacun porte en soi un avis qu'il ne partage avec personne. Dans cette foule désunie, une poignée veut notre mort. J'ai vécu trop longtemps.

Mais le Tout-Puissant qui détient dans la main les luminaires du Ciel m'a montré une étoile : rencontre qui éclaire le reste obscur de ma vie. C'est une petite grecque d'Éphèse qu'Aquilas et Priscilla ont amenée pour le pèlerinage de la pâque. Elle se nomme Eunice.

Aquilas et Priscilla sont des juifs originaires du Pont et qui vivaient à Rome quand l'édit de Claude les en a expulsés. Réfugiés à Corinthe, ils ont connu Paul lorsque celui-ci y est venu prêcher : leur profession les rapprochait : ils étaient aussi fabricants de tentes. De Corinthe, ils sont partis pour Éphèse avec l'Apôtre dont ils sont devenus les ardents missionnaires. Ils font régulièrement le pèlerinage, non par obligation puisque le baptême les en a affranchis mais par respect de la tradition. Leur compagne Eunice est la fille d'un orfèvre de la métropole d'Asie. Enflammée par la prédication de Paul, elle s'est échappée du foyer familial pour connaître le pays où a vécu le Sauveur. Jean me dit :

— Voici une audace que n'aurait aucune fille de chez nous. Il est vrai que les Grecs ont des usages étranges et qu'ils ne craignent pas la mer.

Le Seigneur a protégé nos amis. Ils sont arrivés à Ptolémaïs après une traversée sans encombre, bien qu'éprouvante, le caboteur qui les avait pris à son bord étant lourdement chargé de pèlerins. Les voici parmi nous.

Ruth, toujours rapidement informée, me raconte :

— Écoute ce qu'Eunice dit de Paul : « Il est petit mais sa parole le grandit et en fait un colosse, il est laid mais quand il prêche il devient superbe. » À Éphèse, elle a été le voir partout, à la synagogue où elle n'était jamais entrée, à l'école du rhéteur Tyranos qui est le plus célèbre de la ville, en pleine agora, et même sur l'esplanade du théâtre. Elle a dit : « Ma raison et mon cœur, préparés pour l'accueillir, sont tombés d'accord avec sa Vérité. » Sa raison, son cœur, cette petite Grecque a des mots que nos maîtres eux-mêmes hésitent à employer...

Eunice a demandé à me rendre visite. Moi qui ne reçois personne, j'ai fait exception pour elle. J'ai prié Judith d'apprêter un plateau de friandises et de rafraîchissements, auxquels j'ai ajouté des fruits de saison. J'ai mis de l'ordre dans la chambre et recouvert mon lit du tapis de laine offert par les femmes de la Communauté. Je me suis demandé si j'allais ouvrir la fenêtre ou la fermer : finalement, je l'ai entrebâillée.

— Pourquoi cette agitation ? s'étonne Myriam. Une Grecque baptisée, il y en a des centaines maintenant.

Soit. Mais une chose est de savoir, une autre est de voir. Cette enfant est née dans la cité de la déesse Artémis, j'ai besoin de constater qu'elle a sincèrement tourné le dos aux idoles. Je n'aime pas avouer qu'un peu de curiosité, aussi, m'inspire. La vieille femme que je suis n'a pas perdu le regard ébahi de la jeune mère sur les routes d'Égypte, découvrant des villes et des gens dont elle n'avait pas idée.

Agitée, je le suis davantage depuis qu'Eunice s'avançant vers moi m'a fait entendre au lieu du Shalom que Priscilla lui soufflait à l'oreille, ces mots qui viennent de si loin :

— Tu es bénie entre les femmes.

S'apercevant de mon trouble, elle se troubla à son tour. Priscilla me dit après l'entretien :

— Pour elle également le contact est difficile, tout lui paraît nouveau, mettons-nous à sa place.

Une sympathie réciproque et soudaine a balayé ces timidités. Tout à coup, j'ai pensé à Hulda, à sa jeunesse, son enthousiasme. Je remercie Priscilla :

— Ta jeune amie mérite vraiment notre affection.

Mise en confiance, Eunice se livre. C'est d'ailleurs à quoi la porte son tempérament. Elle aime les jeux, la danse, la musique, à Éphèse elle rencontrait publiquement ces bandes de jeunes gens et jeunes filles de son âge qui déambulent le long des avenues, parfois même jusqu'à la nuit tombante. Je regrette d'avoir si largement dépassé l'étape d'une jeunesse qui eût côtoyé la sienne. Il est vrai que tout nous eût séparées, elle a grandi dans une cité païenne aux mœurs faciles, je suis née juive dans l'étau de la Loi. Le miracle est que nous puissions aujourd'hui nous aimer.

Eunice a troqué sa robe de lin et son manteau brodé contre une tunique en laine d'Hébron et noué ses cheveux sous un voile rayé. Une vraie juive. La mère de Jean-Marc qui l'héberge l'a ainsi transformée à sa demande pour qu'elle puisse parcourir les rues à son aise. Je m'en amuse autant qu'elle. Les mots d'araméen qu'elle connaît lui suffisent à se faire comprendre : d'ailleurs, en ces jours de pèlerinage, les parlant-grec sont nombreux à Jérusalem. Pour être franche, je crains que notre cité la déçoive. Je l'interroge sur la sienne : je serais contente d'avoir son avis de femme. Et d'abord ce qui me paraît essentiel : comment vivent les juifs à Éphèse ? Sont-ils nombreux ? Sont-ils heureux ?

— Ils ont leurs quartiers, ils ne fréquentent ni le théâtre ni le gymnase. Dans les rues et sur l'agora on ne les voit guère.

— Et ceux qui sont baptisés ?

— Cela dépend. Les Éphésiens les confondent avec les autres. Les païens convertis, comme moi, continuent à vivre suivant leurs habitudes avec leurs amis grecs.

— Mais ils sanctifient le Shabbat ?

— Oui, le plus souvent. Il y a beaucoup de cultes, mère, à Éphèse. Chacun suit sa pratique. C'est une singularité de la ville. Le port, les avenues, les bibliothèques, le marché, les boutiques de changeurs sont pleins d'étrangers ; les vêtements, les langues, les coutumes, les dieux se côtoient.

Eunice est fière d'être née dans la métropole d'Asie. Elle n'a pas connu le tremblement de terre qui en a détruit les principaux monuments. Elle évoque leur reconstruction.

— Un immense chantier. Tout est neuf ou agrandi. Le théâtre, l'odéon, le gymnase, les thermes, les avenues, le stade. Et surtout l'Artémision, une des merveilles du monde. On vient de partout pour l'admirer. Par sa splendeur, ce temple ressemble au vôtre.

Elle dit cela... Peut-on comparer l'incomparable ? Ce qu'elle me décrit est tellement différent, ne serait-ce que la longue perspective qui mène au Sanctuaire, bordée d'effigies et de colonnes sculptées. Elle ajoute :

— Il faudra qu'un jour, au centre du temple, on érige la statue de Notre-Seigneur. On le fera, j'en suis certaine.

Elle me demande :

— Dis-moi comment était ton fils ? Ce devait être le plus beau des hommes. Quelle était la couleur de ses yeux, de ses cheveux ? Est-ce vrai qu'il était roux comme le roi David ?

Elle s'étonne de me voir vivre en communauté.

— Pourquoi la mère du Sauveur n'a-t-elle pas un palais et des esclaves pour la servir ? Chez nous, elle serait plus vénérée que la déesse Artémis. Êtes-vous sûre que son fils soit content de ce que vous lui donnez ? Plus tard, on lui consacrera des chapelles.

Je l'écoute, stupéfaite, émerveillée que cette petite sauvage soit appelée dans le sein d'Abraham. Je suis également inquiète. Elle ne sait rien de la Torah, de ce long cheminement de la Parole au travers de notre histoire : l'alliance du Sinaï entre le Créateur et le Peuple qu'Il a choisi, le don de la Loi, la conquête de la Terre promise, tous ces événements providentiels qui ont préparé les jours d'aujourd'hui.

— Il faudrait l'instruire, compléter l'enseignement de Paul, dis-je à Priscilla. Quel maître pourrait s'en charger... une jeune fille...

Priscilla n'est pas de cet avis.

— À quoi bon encombrer sa tête ? Elle croit qu'un Dieu d'amour a envoyé son Fils parmi nous, et qu'il est mort pour nos péchés, qu'il est ressuscité et reviendra bientôt pour nous faire entrer dans sa Gloire. Cela suffit.

Quoi qu'en pense Priscilla, j'ai composé cette nuit un petit discours avec la ferme intention de le répéter dès le lendemain à Eunice : lui nommer nos Prophètes, les Ancêtres qui, contre vents et marées, ont tenu bon ; châtiés et récompensés tour à tour, tentés mais fidèles, ils ont parcouru la vie, le monde des siècles sans trahir l'Unique. Quand s'est levé le jour, mes yeux se sont ouverts sur un mur : transmettre un pareil héritage à ceux qui ne sont pas nés sous le toit est au-dessus de mes forces.

Et puis, mon rôle à présent, qu'est-il ? Je me suis glissée dans la robe étroite des veuves. Ma vie est terminée depuis longtemps. Il fallait que je sois vivante pour que naisse le Sauveur : aujourd'hui, je peux m'en aller, en tout cas me taire. Jésus n'a pas besoin de sa mère pour réapparaître. D'autres travailleront au message.

Le jour qui s'éteint m'offre un dernier regard de tendresse. Je revois Bethléem, la longue marche en Égypte, l'atelier de Nazareth, l'enfant perdu et retrouvé au Temple, les noces de Cana : toutes ces choses très vieilles qui représentent ma jeunesse et dont le trésor m'appartient. Je les livre à ma petite amie ; là se borne ma confidence : je n'évoque pas les soucis que me causaient les absences de mon fils, ni les années turbulentes de son ministère, ni le mystère de son sacrifice. Mes larmes ont sur mes lèvres noyé mes mots. Ceux qui ont entrepris d'écrire la vie de Jésus savent aussi où je souhaite qu'ils s'arrêtent lorsqu'ils parlent de moi, et quel doit être le seuil de leur silence.

Eunice m'invite à l'accompagner à Éphèse puisque Jean doit s'y rendre. Qu'irais-je faire à Éphèse, à mon âge ? Il n'est pas loin, Eunice, le temps de la fin. Lorsque j'ai été conçue dans les entrailles de la terre conformément au dessein de Dieu, une place m'y était réservée et je vais m'y étendre à côté des miens. Le Semeur a quitté son champ dans la fatigue et la peine, mais il reviendra. Il reviendra dans la joie pour cueillir les gerbes. Appelle ma sœur Myriam, et Ruth mon amie, j'aimerais qu'elles soient près de moi.

LEXIQUE

Alliance : Nom donné aux pactes que Dieu, selon l'Écriture sainte, a conclu avec les hommes pour les amener à une vie de communion avec Lui. Avant celle que Dieu établit avec Abraham, il faut prendre en compte celles qu'il fit avec Adam, puis avec Noé. Mais en se révélant à Abraham, Dieu institua son Alliance dans la suite des temps par le signe de la circoncision :

> « Dieu dit à Abraham : Toi tu garderas mon Alliance, toi et tes descendants après toi... tout mâle parmi vous sera circoncis... et ce sera un signe d'Alliance... » (Genèse VII 9,14).

C'est lors de la quatrième Alliance, entre Dieu et les Israélites, que les commandements divins sont dictés à Moïse et gravés sur la pierre (tables de la Loi). La cinquième et dernière Alliance eut Jésus-Christ pour médiateur, qui la scella de son sang. Les termes « Ancienne Alliance » et « Nouvelle Alliance » désignent respectivement le mosaïsme et le christianisme.

Arche d'Alliance : Symbole de la Présence de Dieu au milieu de son peuple. Coffret de bois d'acacia recouvert de plaques d'or où étaient renfermées les dix Paroles écrites du doigt même de Dieu sur la terre. L'Arche, abritée sous la Tente, était le sanctuaire mobile accompagnant Israël depuis ses origines. L'histoire de l'Arche connaît à la fois son couronnement et son terme lorsque le roi David la fait entrer solennellement à Jérusalem. Salomon l'installe au Temple. Elle disparaît lors de la destruction de ce dernier.

Bar Mitswa : Littéralement : Fils du Commandement. C'est-à-dire astreint à l'observance de la Loi. Qualificatif du garçon ayant atteint sa majorité religieuse et qui, à l'âge de treize ans, entre dans le monde des adultes dont il assume dorénavant toutes les obligations.

Calendrier : Le comput du temps était, pour les Hébreux, à l'époque de Marie, d'origine divine. Les « tablettes du ciel » avaient été révélées par l'archange Gabriel. L'année était lunaire — 364 jours — et le mot qui désigne le mois, yerah, signifie lunaison. Si l'on remarque que les Samaritains ne se pliaient pas aux calculs de Jérusalem, que les villes grecques suivaient le calendrier macédonien, que l'Égypte avait choisi le comput solaire et qu'en 46 av. J.-C., César avait adopté le même calendrier solaire auquel se conformaient les fonctionnaires de Rome, on imagine l'imprécision et le désordre qui régnaient en cette matière. Les mois hébreux étaient à cheval sur les nôtres et s'énuméraient ainsi :
Nisan (mars-avril), Iyar (avril-mai), Sivan (mai-juin), Tamuz (juin-juillet), Ab (juillet-août), Ellul (août-septembre), Tishri (septembre-octobre), Mareshwan (octobre-novembre), Kisleu (novembre-décembre), Tebet (décembre-janvier), Sebat (janvier-février), Adar (février-mars).

Charaf : Ou : Hamsin, vent de sable du désert. (On écrit *khamsin* en français).

Circoncision : Rite initial qui permettait d'entrer en possession des privilèges de la famille de Dieu, représentée par Abraham et ses descendants, de la lignée d'Isaac. L'opération consiste à enlever le prépuce, au huitième jour de la naissance.
Dans son sens le plus large, la circoncision est le signe de la mortification du désir charnel (Épître aux Colossiens, 2.II). Circoncire le cœur, c'est le régénérer à tel point qu'il ne s'obstine plus dans le mal (Deutéronome, 10,16).

Craignant-Dieu : Païens qui adhèrent au monothéisme juif sans s'astreindre à la circoncision. Le christianisme originel recrute de nombreux adeptes parmi ces « Gentils » déjà préparés à l'accueillir.

Dédicace : Ou : Hanoukka. Inauguration solennelle et consécration du Temple après les victoires de Judas et Simon Macchabées sur Antiochus Épiphane qui avait voulu imposer l'hellénisation aux juifs. La Dédicace (Hanoukka) est fêtée le 2 du mois de Kisleu.

Dieu : Dieu a révélé son Nom à Moïse par la phrase : « Je suis ce que je suis. Je suis celui qui est. » Un grand mystère entoure le Nom divin, désigné par le tétragramme YHVH, dont la prononciation est inconnue et secrète et dont les chrétiens ont fait Jehovah. Dieu est couramment évoqué par les vocables sémitiques : *El,* fort, premier, refuge ; *Élohim,* pluriel du précédent. (Paradoxe pour désigner le Dieu unique. Peut-être est-ce la trace d'une conception du divin en tant que pluralité de forces.)
Dieu est vivant, saint, unique… Il est esprit et non chair… Il est infiniment grand, mais toujours à portée de voix. Il est appelé *Adonaï* dans les prières, ou *Très-Haut, Éternel, Tout-Puissant.* Seul le grand prêtre avait le privilège, une fois par an, le jour des Expiations, de prononcer le nom de Dieu. Cette prononciation s'est perdue avec la ruine du Temple.

Docteur de la Loi : Ou : Scribe. Tout Israélite pouvait prétendre à ce titre s'il en était jugé digne par le maître qui le dirigeait. Ce qui exigeait parfois trente ou quarante ans d'études. Il ouvrait alors une école et enseignait à son tour. Il en était le rabbi. Ses leçons étaient gratuites et il exerçait un autre métier pour vivre. Les scribes ne faisaient pas partie de la classe sacerdotale mais étaient représentés au Sanhédrin. Juristes, canonistes, moralistes, casuistes, ils furent avant tout les gardiens de la Loi. Ils ont joué un rôle essentiel dans sa préservation, donc dans le maintien de l'identité juive. Au Ier siècle Hillel, Shammaï, Gamaliel I et II furent des docteurs célèbres.

Élohim : Voir *Dieu.*

El Shaddaï : Voir *Dieu.*

Essénien : La découverte des rouleaux de la mer Morte a permis de beaucoup mieux connaître la secte des esséniens. Ils obéissaient à des règles rigoureuses : célibat, partage des biens, pureté rituelle, partage du pain et du vin, observance du Shabbat. Ils ne reconnaissaient pas le culte du Temple. La thèse selon laquelle Jésus aurait été essénien a été abandonnée, mais on s'accorde à penser que Jean-Baptiste a pu être de cette secte, au moins un certain temps.

Ethrog : Cédrat. On le joignait au lubab pour la fête des Tentes.

Eunuque : Dans le langage de la Bible : homme qui a renoncé aux femmes et pratique la chasteté.

Goy, goyim : Nom hébreu désignant les païens. Dans les Actes, ils sont appelés les Gentils.

Hamsin : Voir *Charaf.*

Hanoukka : Voir *Dédicace.*

Haphtara : Extraits du Livre des Prophètes lus aux offices de la synagogue par le célébrant.

Haroset : Herbes amères que l'on consommait à la veille de la pâque, au repas du Seder, pour commémorer les temps difficiles de l'esclavage en Égypte et du séjour au Sinaï.

Hazan : L'homme qui dirige les offices de la synagogue.

Jour du Seigneur : Le lendemain du Shabbat, notre dimanche. Jour où les premiers chrétiens célébraient l'eucharistie.

Kaddish : Prière juive, récitée pour les morts.

Loi : Le terme s'applique parfois à la totalité de l'Ancien Testament, mais il désigne le plus souvent la Torah (Josué I, 18 ; Néhémie 8,2). Le peuple entier entendit la promulgation des dix commandements donnés à Moïse sur le mont Sinaï. L'ensemble des ordonnances réglant le culte, inspirant la conduite individuelle, établissant le droit, prescrivant les cérémonies des sacrifices et des fêtes, fut donné en même temps que les dix commandements, mais communiqué par Moïse. Le rôle spirituel de la Loi est de révéler les exigences de Dieu et de mettre en évidence les transgressions (Épître aux Galates 3,19).

Paul prêche que le chrétien — le juif ou la païen baptisé — se trouve affranchi de la Loi puisqu'il est régénéré par la présence du Christ qui lui permet d'accomplir joyeusement par l'Esprit ce que commandait la Loi.

Lulab : Branches de palmier, de saule, de myrte, que l'on arborait pour la célébration de la fête des Tentes.

Mazzot : Pain azyme que les juifs mangent au temps de la pâque pour commémorer leur départ précipité d'Égypte lors de l'Exode.

Mashal : Histoire instructive, parabole.

Midrash : Commentaire sur les textes.

Nazir : Se vouait à Dieu pour un temps déterminé, mais ne s'excluait pas de la société. Pendant la durée de son vœu, il s'abstenait de prendre du vin, des boissons fermentées, ne se coupait pas les cheveux, ne touchait pas un cadavre. Au terme de son naziréat, le nazir offrait un sacrifice, rasait sa chevelure et la brûlait.

Néoménie : Fête en l'honneur de la nouvelle lune.

Parasha : Extraits de la Torah lus chaque Shabbat à la synagogue avec la Haphtara.

Parvis : Espaces, dans le Temple de Jérusalem, réservés aux pèlerins, d'où ils assistaient aux offices. On distinguait le parvis des Gentils, accessible à tous, circoncis ou non ; celui des femmes, séparé du premier par une porte de bronze ; le parvis des Israélites, réservé aux seuls juifs circoncis et séparé des autres par une balustrade où une inscription en hébreu, grec et latin stipulait que l'accès était interdit aux non-circoncis sous peine de mort ; et le parvis des Sacrificateurs entourant le Lieu saint. Le mot « Parvis » est souvent employé dans l'Écriture pour signifier le Temple de Jérusalem.

Pessah : La fête de la pâque. La première des trois solennités annuelles à l'occasion desquelles tous les Israélites hommes devaient se présenter au Temple. Elle fut instituée en Égypte pour commémorer l'événement fondamental de la délivrance des Isréalites.

Pharisien : L'un des trois principaux partis juifs, les autres étant constitués par les sadducéens et les esséniens. Les pharisiens croyaient à l'immortalité de l'âme, à la résurrection corporelle, à l'existence des esprits, aux récompenses et aux sanctions dans l'au-delà. Très attachés à l'observance de la Loi, ils devinrent très formalistes. Les points faibles de leur système devinrent prépondérants. Jésus et le Baptiste furent très sévères dans leur jugement sur les pharisiens. Gamaliel, le maître de Paul, était pharisien.

Pourim : Fête commémorant l'intervention de la reine juive Esther auprès de son époux Assuérus afin que celui-ci ne poursuive pas les juifs de sa vindicte.

Rabbi : Voir *Docteur de la Loi.*

Sadducéen : Très opposés aux pharisiens, ils rejetaient la tradition orale, ne croyaient ni à la résurrection des morts ni à la vie future. Ils appartenaient surtout à l'aristocratie sacerdotale. Ils étaient détestés du peuple qu'ils pressuraient. Ils s'opposèrent farouchement à la prédication de Jésus-Christ.

Sanhédrin : Grand conseil politique, tribunal qui siégeait à Jérusalem. Dans un cas grave il pouvait prononcer la peine capitale, mais, sous la domination romaine, l'exécution ne pouvait avoir lieu sans l'accord du gouverneur romain. La présence des 71 membres était obligatoire pour une délibération portant sur un cas grave. Dans les cas ordinaires la présence de 23 membres était suffisante.

Séder : Repas de pâque.

Shabbat : Repos sacré que les juifs observent le septième jour de la semaine.

Talith : Châle de prière.

Temple : Unique sanctuaire des juifs qui s'élevait sur le mont Moria, à Jérusalem. Construit sous le roi Salomon, il fut détruit une première fois par les Chaldéens en 588, reconstruit en 516, agrandi par Hérode en 18 av. J.-C., puis détruit à nouveau au cours de la prise de Jérusalem par Titus, en 70 ap. J.-C. (Voir *Parvis.)*

Téphilim : Instruments que portent les juifs pour la récitation de leurs prières : bandes de cuir terminées par deux petites boîtes contenant des morceaux de parchemin où sont inscrits certains versets.

Torah : Nom que les juifs donnent à la Loi mosaïque et au Pentateuque qui la contient.

Yom Kippour : Jour de l'Expiation. Fête solennelle célébrée le dixième jour du septième mois. Grand jeûne ayant pour but la réconciliation avec Dieu par l'expiation et la purification des péchés.

Cet ouvrage a été composé par Eurocomposition
et imprimé par la S.E.P.C. à Saint-Amand-Montrond (Cher)
pour le compte des Éditions de la Table Ronde
40, rue du Bac, 75007 Paris.
Achevé d'imprimer en mai 1989.

N° d'édition : 2465.
N° d'impression : 940.
Dépôt légal : juin 1989.